O DIREITO AO MÍNIMO PARA UMA EXISTÊNCIA DIGNA

B624d   Bitencourt Neto, Eurico
        O direito ao mínimo para uma existência digna / Eurico Bitencourt
Neto. – Porto Alegre: Livraria do Advogado Editora, 2010.
        189 p.; 23 cm.
        ISBN 978-85-7348-657-5

        1. Direitos e garantias individuais. 2. Direitos econômicos e sociais.
I. Título.

                              CDU – 342.7

        Índices para catálogo sistemático:
Direitos e garantias individuais   342.7
Direito econômicos e sociais   342.7

(Bibliotecária responsável: Marta Roberto, CRB-10/652)

Eurico Bitencourt Neto

O DIREITO AO MÍNIMO
PARA UMA EXISTÊNCIA DIGNA

livraria
DO ADVOGADO
editora

Porto Alegre, 2010

© Eurico Bitencourt Neto, 2010

Capa, projeto gráfico e diagramação
Livraria do Advogado Editora

Revisão
Rosane Marques Borba

Direitos desta edição reservados por
Livraria do Advogado Editora Ltda.
Rua Riachuelo, 1338
90010-273 Porto Alegre RS
Fone/fax: 0800-51-7522
editora@livrariadoadvogado.com.br
www.doadvogado.com.br

Impresso no Brasil / Printed in Brazil

À Luísa, com muito amor.

À Júlia, ao Luís, à Marta e ao Juca,
pelo acolhimento e pela amizade.

A Lisboa, por tudo.

Registro meu agradecimento à Faculdade de Direito da Universidade de Lisboa e, em especial, ao Professor Doutor Paulo Otero, exemplo de rigor acadêmico, espírito crítico e respeito à liberdade de pensamento, mestre instigante que nos marcou a todos.

Trabalho realizado com o apoio do Programa Alβan, programa de bolsas de alto nível da União Europeia para a América Latina, bolsa nº E06D101808BR

Prefácio

O Mestre Eurico Bitencourt Neto, meu aluno do Curso de doutoramento em Ciências Jurídico-Políticas, publica agora o seu relatório da disciplina de Direitos Fundamentais, versando "O Direito ao Mínimo para uma Existência Digna".

O tema, revelando a abrangência multiplicadora de efeitos do postulado da dignidade da pessoa humana num Estado dotado de uma cláusula constitucional de bem-estar, mostra-se aqui abordado através de um estudo que é, a diversos títulos, notável: pela abrangência e complexidade da investigação, pelo enquadramento político-filosófico traçado e ainda pela profundidade da construção jurídico-dogmática que alcança.

O presente estudo, tendo obtido a mais elevada classificação, espelha com toda clarividência as elevadas qualidades científicas do seu autor: o Mestre Eurico Bitencourt Neto, actual doutorando na Faculdade de Direito da Universidade de Lisboa, é um investigador de excelente nível, atento ao pormenor e com uma notável capacidade de raciocínio e argumentação, sendo a sua futura dissertação de doutorado aguardada com grande expectativa pela Academia, coroando as esperanças que o estudo agora publicado é já indício certo.

Formulando-se votos de muitos sucessos científicos e académicos, em ambos os lados do Atlântico, espera-se que as novas investigações do Mestre Eurico Bitencourt Neto confirmem as qualidades deste estudo e já reveladas pelo seu Autor!

Lisboa, Agosto de 2009.

Paulo Otero
Prof. Catedrático de Direito Constitucional e de Direito
Administrativo da Faculdade de Direito da Universidade de Lisboa

Sumário

Nota de Leitura 13

Apresentação – *Ingo Wolfgang Sarlet* 15

Introdução 19

Parte I – Garantia de meios materiais de existência: breve histórico 23

    1. Preocupação social no pensamento moderno 23

        1.1. Período pré-liberal: as utopias renascentistas 23

        1.2. Socialismo 27

        1.3. Doutrina Social da Igreja 34

    2. Assistência pública e direito à existência digna 41

        2.1. A assistência aos necessitados no período pré-liberal 41

        2.2. A assistência pública no Estado liberal 45

        2.3. O direito a uma existência digna no Estado social de Direito 49

    3. O Direito ao mínimo para uma existência digna em Constituições
       analíticas quanto a direitos sociais: o caso das Constituições
       portuguesa de 1976 e brasileira de 1988 58

        3.1. Razões para a escolha dos sistemas constitucionais
           português e brasileiro 58

        3.2. Identidades entre os sistemas de direitos fundamentais 62

           3.2.1. Dignidade da pessoa humana como alicerce 62

           3.2.2. Estado de Direito democrático e social 71

           3.2.3. Consagração expressa de amplo rol de
               direitos sociais a prestações 76

        3.3. Distinções relativas aos sistemas de direitos fundamentais 79

           3.3.1. Técnicas de constitucionalização 79

           3.3.2. Exercício de função legislativa e direitos sociais 87

        3.4. Consagração constitucional do direito ao
           mínimo para uma existência digna 91

**Parte II – Construção dogmática do direito ao mínimo para
    uma existência digna** 99

    1. Fundamentos do direito 99

        1.1. A dignidade da pessoa humana 99

        1.2. A igualdade material 103

        1.3. A solidariedade social 107

1.4. Fundamentos do direito e sua existência em Constituições analíticas quanto a direitos sociais 113
2. Conteúdo do direito 117
2.1. Existência digna, mínimo e médio para uma existência digna 117
2.2. Dimensões de defesa e de prestações 124
3. Eficácia do direito 127
3.1. Vinculação do Estado 127
3.2. Vinculação de particulares 134
3.3. Renúncia, perda e não exercício do direito 137
4. Mínimo para uma existência digna e máxima eficácia dos direitos sociais 144
4.1. Fundamentalidade dos direitos sociais e interposição legislativa 144
4.2. Fundamentalidade dos direitos sociais e condicionamentos para o legislador: dever de legislar, progressividade de realização e proibição de retrocesso arbitrário 159
5. Natureza do direito ao mínimo para uma existência digna 164
5.1. Direito adscrito 164
5.2. Direito híbrido 168
5.3. Direito sobre direitos 172

Conclusões 175

Bibliografia 181

Notas de Leitura

1. As obras citadas em notas de rodapé são referidas pelo nome do autor, título (somente com a inicial maiúscula) e páginas correspondentes à citação; em relação àquelas que possuem título e subtítulo, somente o primeiro será referido nas notas, constando os dados completos da bibliografia ao final do trabalho, sem prejuízo de algumas exceções.

2. Não se fez opção por referência resumida das obras em nota de rodapé, em nome de uma maior facilidade de identificação dos trabalhos citados. Apenas quando houver mais de uma citação da mesma obra, na mesma nota de rodapé, a segunda referência e as que a seguirem serão feitas utilizando o nome do autor, acompanhado da expressão *op. cit.* e das páginas correspondentes.

3. As páginas das obras citadas em notas de rodapé, quando separadas por hífen (por exemplo, 10-20), identificam uma sequência (de 10 a 20); já quando separadas por ponto e vírgula (por exemplo, 10; 20), identificam páginas determinadas (10 e 20). Por vezes podem, ainda, ser indicadas seguidas da expressão *ss.* (por exemplo, 10 e ss.), que indica as páginas seguintes (10 e seguintes).

Apresentação

Praticamente desconhecida entre nós (pelo menos no que diz com a produção acadêmica dedicada ao tema na seara jurídico-constitucional, para sermos mais precisos) até a entrada em vigor da Constituição Federal de 1988, a noção de um direito ao mínimo para uma existência digna, que assume a condição de título da presente obra, da lavra do jovem e talentoso Professor Eurico Bitencourt Neto, foi incorporada à gramática constitucional brasileira em larga medida pela obra referencial do ilustre Professor Doutor Ricardo Lobo Torres, autor, aliás, de essencial e impactante monografia sobre o tema, recentemente publicada pela Editora Renovar, que reúne o conjunto de contribuições do eminente jurista carioca sobre o tema. O presente texto, concluído antes do advento do livro do Professor Ricardo Lobo Torres (mas que considera, como devido, a produção anterior do grande Mestre), soma-se agora ao universo da literatura sobre o tema, revelando que não apenas é necessário seguir investindo no tópico, quanto dá conta de como é possível agregar valor efetivo ao debate.

No que diz com o autor, que tivemos a oportunidade de conhecer pessoalmente quando da nossa estada como Professor Visitante em Lisboa, é sempre bom frisar que, a despeito de sua juventude, trata-se de alguém que registra produção acadêmica intensa, considerando que a obra ora apresentada constitui, nada mais, nada menos, do que a quarta monografia publicada desde que veio a lume o seu texto sobre *Improbidade Administrativa e Violação de Princípios* (Belo Horizonte: Editora Del Rey, 2005), seguido da publicação de trabalho sobre o *Mandado de Injunção na Tutela de Direitos Sociais* (Salvador: JusPodivm, 2009), e, por último, do lançamento do texto sobre o *Devido Procedimento Eqüitativo e Vinculação de Serviços Públicos Delegados no Brasil* (Belo Horizonte: Editora Fórum, 2009). Tal como o presente texto – que corresponde ao relatório final de investigação apresentado pelo autor na disciplina "Direito da Vida", regida pelo eminente Professor Doutor Paulo Otero –, as duas últimas obras publicadas pelo autor são resultado da fecunda pesquisa realizada no âmbito do doutoramento na Faculdade de Direito de Lisboa.

Bastariam, por certo, as credenciais referidas (relevância e atualidade do tema, origem do texto e currículo do autor) para referendar, com ênfase, a sua publicação. Por outro lado, não sendo o caso de nesta quadra e oportunidade enfrentar o tema propriamente dito, ou mesmo antecipar o conteúdo da obra para o leitor, que deverá ter assegurado o seu próprio olhar sobre o trabalho, portanto, sem qualquer "contaminação externa", limitamo-nos aqui a indicar alguns dos pontos fortes da obra e que a fazem merecedora da veiculação pela Livraria do Advogado Editora, que, zelando pela rigorosa seleção dos textos e limitação do número de obras publicadas anualmente, mais uma vez revelou sensibilidade em apoiar um produto de qualidade. Com efeito, além do rigor metodológico, já evidenciado pela estruturação do discurso, o texto se caracteriza por uma linguagem fluída e clara, sustentado por ampla e atualizada revisão bibliográfica. O autor, por outro lado, não deixou de inserir, na primeira parte, o direito ao mínimo existencial no seu contexto histórico e jurídico-constitucional contemporâneo, mediante um diálogo com a teoria dos direitos fundamentais e com os sistemas constitucionais (portanto, com o direito constitucional positivo) do Brasil e de Portugal. Na segunda parte, investindo naquilo que designou de construção dogmática do direito ao mínimo para uma existência digna, o trabalho cresce em densidade, visto que o autor investe não apenas no resgate crítico do desenvolvimento doutrinário, mas também no papel da jurisprudência na definição do conteúdo e alcance concreto do direito ao mínimo existencial, explorando, além disso, a sua multidimensionalidade (dimensão objetiva e subjetiva, função negativa e positiva), bem como a complexa temática da vinculação do poder público e dos agentes privados.

Assim, por mais que se saiba que a própria noção de mínimo existencial tem sido, não raras vezes, alvo de críticas (algo que também não escapou ao autor) especialmente considerando o seu uso muitas vezes retórico e mesmo panfletário, sem falar nas dificuldades de sua definição, é justamente esta mais uma razão de se dar as boas-vindas ao presente texto, destinado que está a contribuir de modo relevante para o avanço do debate acadêmico, assim como instrumento efetivo para o aperfeiçoamento da difícil missão (cometida tanto ao Estado quanto à Sociedade) de assegurar, na vida real e cotidiana, uma vida digna para todos os membros da comunidade humana.

Por todo o exposto, almejamos que o autor e sua nova obra encontrem a merecida receptividade.

Porto Alegre, agosto de 2009.

Prof. Dr. Ingo Wolfgang Sarlet

Titular da Faculdade de Direito e dos Programas de Mestrado e Doutorado em Direito e em Ciências Criminais da PUCRS.

Introdução

O trabalho que se segue constituiu o relatório final da investigação realizada no âmbito da disciplina Direitos Fundamentais, sob regência do Professor Doutor Paulo Otero, no Curso de Formação Avançada para o Doutoramento em Ciências Jurídico-Políticas, na Universidade de Lisboa, ano letivo 2006/2007, aqui publicado com alterações de pormenor.[1] O objeto de investigação foi eleito no quadro do tema geral proposto pelo regente da disciplina: "Direito da Vida".[2]

A escolha do tema desta investigação, *O Direito ao Mínimo para uma Existência Digna*, se deu basicamente por quatro razões principais: a) a estreita conexão do direito a uma existência digna com o tema geral da disciplina, o Direito da Vida, em especial nos Estados de Direito democráticos e sociais, fundados na dignidade da pessoa humana; b) o reconhecimento jurisprudencial de um direito a um mínimo para uma existência digna a partir de modelos de Constituições sociais distintos entre si, como são, de um lado, o alemão e de outro, o português e o brasileiro, o que impõe a construção de bases comuns de sua identificação; c) a ainda insuficiente construção dogmática do direito ao mínimo para uma existência digna; d) a tendência verificada, por exemplo na doutrina brasileira, em se vincular um direito ao mínimo para uma existência digna a uma concepção minimalista dos direitos fundamentais sociais.

Em síntese, a principal razão para a escolha do tema está na inexistência de um tratamento dogmático específico, que lhe identi-

---

[1] Excluídas algumas alterações de índole formal e alguns poucos esclarecimentos que se julgaram necessários, o texto publicado é o relativo ao relatório apresentado em 1.10.2007.

[2] Cf. OTERO, Paulo. *Direito da vida*: relatório sobre o programa, conteúdos e métodos de ensino, Coimbra, 2004.

fique os fundamentos, o conteúdo, as formas de eficácia, sua relação com o regime dos direitos sociais e sua natureza constitucional. O tratamento muitas vezes pontual e sem sistematização do direito ao mínimo para uma existência digna gera duas consequências negativas: a) o uso da expressão de modo pouco preciso, podendo significar, por exemplo: a exequibilidade de uma dimensão dos direitos sociais, correspondente a seu núcleo essencial;[3] ou um princípio constitucional estruturante da ordem econômico-social, segundo o qual todos têm direito a um núcleo básico dos direitos sociais, "sempre que constitua o *standard* mínimo de existência indispensável à fruição de qualquer direito";[4] ou, ainda, direitos originários a prestações vinculados ao direito à vida e ao princípio da dignidade da pessoa humana;[5] b) a confusão que muitas vezes se faz entre o direito ao mínimo para uma existência digna e o regime de eficácia prestacional dos direitos sociais, o que pode levar ao enfraquecimento da "Constituição social".[6]

Daí que um tratamento teórico do direito ao mínimo para uma existência digna que identifique suas raízes históricas e trace seu perfil, no âmbito do modelo de Estado de Direito que se disseminou em boa parte do mundo ocidental após a Segunda Guerra Mundial, de natureza democrática e social, mostra-se útil como uma contribuição para a construção de sua fundamentação constitucional e a compreensão de suas potencialidades. Por outro lado, no âmbito da realidade constitucional, o quadro de pobreza e desigualdades sociais que marca o mundo contemporâneo, mesmo nos chamados países industrializados do hemisfério norte, é razão suficiente para justificar o estudo de um direito que visa a assegurar a todos meios materiais mínimos para existir com dignidade.

Existência digna é expressão que conduz a inúmeras possibilidades de abordagem; mesmo se o trabalho não ultrapassar o âmbito jurídico, a existência digna e os meios para viabilizá-la impõem vastíssimo campo de investigação, pelo que convém, desde logo, delimitar o objeto de que se trata. Este pode ser descrito como a fun-

---

[3] Por exemplo, cf. ANDRADE, José Carlos Vieira de. *Os direitos fundamentais na constituição portuguesa de 1976*, 3. ed., p. 67; 387-388; 398.

[4] CANOTILHO, José Joaquim Gomes. *Direito constitucional e teoria da constituição*. 7. ed., p. 518.

[5] SARLET, Ingo Wolfgang. *A eficácia dos direitos fundamentais*. 7. ed., p. 373-374.

[6] O que se pode verificar, por exemplo, nas seguintes lições de Ricardo Lobo Torres: *O mínimo existencial e os direitos fundamentais*, p. 33-35; *A cidadania multidimensional na era dos direitos*, p. 285-286; e *A metamorfose dos direitos sociais em mínimo existencial*, p. 1-46.

damentação e a configuração de um direito ao mínimo de recursos necessários para uma existência digna. Para tanto, são descritos os traços gerais de suas raízes no pensamento moderno e na experiência do constitucionalismo, a partir dos quais se procede a esforço de construção dogmática de um direito ao mínimo existencial. O objetivo principal é o de demonstrar que, no âmbito de ordenamentos constitucionais alicerçados na dignidade da pessoa humana, como são, por exemplo, o português e o brasileiro, é possível fundamentar a existência de um direito, ainda que não expressamente estatuído, ao mínimo necessário para uma existência digna.

O trabalho está estruturado em duas partes gerais: a Parte I cuida de um breve histórico sobre a garantia de meios materiais de existência, seja no pensamento moderno, seja na experiência de assistência e proteção social que se verificou ao longo da história, até a justificação constitucional de um direito ao mínimo existencial. A Parte II significa um esforço de contribuição pessoal para uma construção dogmática do direito ao mínimo para uma existência digna, partindo de seus fundamentos constitucionais e tratando de seu conteúdo, suas formas de eficácia, suas relações com o regime dos direitos sociais e sua natureza constitucional.

Registre-se que não se pretendeu fazer análise exaustiva da vasta bibliografia relativa ao tema dos direitos fundamentais, em virtude da natureza deste trabalho, que significa uma busca de aperfeiçoamento e aprofundamento da exposição oral feita no Seminário de Direitos Fundamentais, no âmbito do Doutoramento em Ciências Jurídico-Políticas, tendo na devida conta as críticas e sugestões feitas pelo regente da disciplina, Professor Doutor Paulo Otero e pelos demais participantes. Assim, a prioridade para as citações foram as doutrinas portuguesa e brasileira, no que se considerou mais significativo para o tema, bem como a doutrina em língua estrangeira a que se teve acesso durante o período de elaboração do trabalho e que se considerou relevante para o seu desenvolvimento. Algumas ausências da doutrina brasileira também se explicam pelo fato de o trabalho ter sido integralmente elaborado em Lisboa.

A investigação se baseou principalmente em análise doutrinária, não se fazendo uso de estudo jurisprudencial, sem prejuízo da menção a algumas decisões jurisdicionais relevantes para o reconhecimento do direito ao mínimo para uma existência digna, relativas ao Tribunal Constitucional Federal da Alemanha, ao Tribunal Constitucional de Portugal e ao Supremo Tribunal Federal do Brasil. Tratando-se de direito de reconhecimento jurisprudencial, o mínimo existencial, por outro lado, é um direito adscrito de fonte constitucional, pelo que se justifica o uso da jurisprudência, de maneira geral, com finalidade de ilustração e de registro histórico, e não como base central de fundamentação do objeto investigado.

A finalidade principal do trabalho é buscar um tratamento sistemático do direito ao mínimo para uma existência digna, que torne mais claras as bases de sua justificação constitucional e as suas potencialidades e, mais que isso, sujeitar a construção jurídica que se pretendeu fazer a críticas e considerações, tendo em vista, especialmente, a necessidade de que a dogmática jurídica continue contribuindo, dentro de suas limitadas possibilidades, para a superação do imenso fosso existente entre as generosas disposições das Constituições sociais e a dura realidade a que continua sujeita larga parcela da Humanidade.

Parte I
Garantia de meios materiais de existência: breve histórico

1. Preocupação social no pensamento moderno

1.1. Período pré-liberal: as utopias renascentistas

O fenômeno da indigência, ou da ausência de meios mínimos de subsistência, está presente já nos primórdios da sociedade humana, tendo havido, ao longo da história, várias tentativas, com uso de meios diversos, para sua atenuação ou mesmo abolição[7] – ainda que se possa considerar utópica, ao menos em análise retrospectiva da história da Humanidade, a pretensão de extinguir as carências materiais no âmbito social. Não obstante, a utopia tem sido o motor da intervenção social para atacar as causas da indigência, o que se tem feito com fundamento em valores sociais como os da caridade, do amor ao próximo, da fraternidade ou da solidariedade.[8]

A doutrina chega a registrar, para além do mundo dos valores, a identificação de intervenções de auxílio aos membros da comunidade mais necessitados também entre animais não dotados de consciência e razão, chegando-se a afirmar que "o auxílio mútuo corresponde a um impulso instintivo",[9] embora se deva reconhecer que são os valores decorrentes das relações humanas o elemento propulsor do desenvolvimento da preocupação social. Não obstante ser possível identificar raízes do pensamento social em períodos anteriores da história,[10] opta-se, neste esforço de síntese, pela análise de

---

[7] VENTURI, Augusto. *I fontamenti scientifici della sicurezza sociale*, p. 1.

[8] VENTURI, Augusto. *I fontamenti scientifici della sicurezza sociale*, p. 3.

[9] VENTURI, Augusto. *I fontamenti scientifici della sicurezza sociale*, p. 3.

[10] Assinalando que, apesar de o social não ter sido objeto de primordial atenção na filosofia pré-socrática, o esboço de formação de uma consciência coletiva nesse período constituiu-se em primeira condição para que tivesse lugar posterior desenvolvimento do pensamento social na Grécia clássica, cf. GINER, Salvador. *História del pensamiento social*, 9. ed., p. 17.

suas manifestações mais marcantes no quadro histórico do Estado de Direito, regressando, não obstante, a ideias-força construídas a partir do período renascentista, em que começaram a se consolidar as bases da civilização moderna, nascida das Revoluções liberais.[11]

Assim, a escolha do marco revolucionário não impede que o ponto de partida desta síntese histórica deva recuar um pouco mais, buscando no pensamento utópico europeu, ao menos em algumas linhas gerais que o caracterizaram, uma espécie de "pré-história" do pensamento social que marcaria, a partir das Revoluções liberais e com a evolução que se seguiu à consolidação da industrialização, a consagração de direitos fundamentais, transformando a ideia de dignidade da pessoa humana, de postulado ético, em fundamento de direitos oponíveis ao Estado.

Sendo possível identificar na República de Platão marco do pensamento utópico na Antiguidade clássica,[12] as utopias renascentistas, com grande conteúdo crítico, marcadas pelo desencanto com a realidade de conflitos que marcaram a Europa nos campos social, religioso, político, econômico e moral, lançaram a semente da crítica social[13] que se iria aprofundar no período liberal. Registre-se, como um dos marcos embrionários do humanismo renascentista, podendo mesmo ser considerado o "primeiro autêntico manifesto do Humanismo",[14] a obra *Oratio de Hominis Dignitate*, ou simplesmente *De hominis dignitate*, de Giovanni Pico della Mirandola, escrito em 1487, pioneiro discurso sobre a dignidade humana.

Em síntese, o Discurso sobre a Dignidade do Homem marca concepção antropocêntrica,[15] em que o homem é digno de admiração por ter sido dotado pelo criador do arbítrio e da razão, sendo o mediador dos mundos celeste e terreno e capaz de se autodeterminar, pelo que recebe de Deus a qualidade de "soberano artífice de ti mesmo".[16] Tal obra se revela de importância singular, constituindo-se

---

[11] GINER, Salvador. *Historia del pensamento social*. 9. ed., p. 161.

[12] GINER, Salvador. *Historia del pensamento social*. 9. ed., p. 31-32.

[13] GINER, Salvador. *Historia del pensamento social*. 9. ed., p. 189.

[14] MARTINS, José V. de Pina. Estudo introdutório, *Utopia*, p. 20.

[15] Segundo a fala do criador ao homem: "*Tu, pelo contrário, não constrangido por nenhuma limitação, determiná-las-á (as leis) para ti, segundo o teu arbítrio, a cujo poder te entreguei*". "*Coloquei-te no meio do mundo para que daí possas ver melhor tudo o que há no mundo*" (PICO DELLA MIRANDOLA, Giovanni. *Discurso sobre a dignidade do homem*, p. 53).

[16] PICO DELLA MIRANDOLA, Giovanni. *Discurso sobre a dignidade do homem*, p. 53.

em uma das raízes fundamentais a partir das quais se desenvolveu a ideia contemporânea de dignidade da pessoa humana, que alicerça boa parte dos ordenamentos jurídicos hoje vigentes.

Pode-se atribuir a Thomas More papel central no gênero utópico renascentista,[17] que se inicia no âmbito da decadência do sistema feudal e do crescimento das cidades de base mercantil e burguesa. Em sua obra capital, *Utopia*, de 1516, Thomas More (1477[18]-1535), que se tornou, em 1935, santo da Igreja Católica, tendo sido canonizado por Pio XI – também tendo sido homenageado por Lênin, em obelisco central em Moscou, em 1918,[19] traz as histórias de Hytlodeu, um navegador português, em tempos de grandes descobrimentos. histórias que descrevem uma sociedade ideal, vivendo na ilha da Utopia, localizada no Novo Mundo, em que há igualdade na repartição de bens e abundância para todos. A equidade na distribuição dos bens necessários à vida, que é uma das bases da organização social da Utopia, "não é possível sem eliminar totalmente a propriedade privada",[20] causa de pobreza e miséria. A ausência de propriedade privada permite, na Utopia, a organização comunista da vida de seus habitantes.

No Livro Segundo, onde é descrita a ilha com pormenor, menciona-se sistema coletivo de trabalho em que não faltam alimentos para todos, sendo repartidos os excedentes da produção.[21] A agricultura é ocupação comum a todos, o trabalho se faz em seis horas diárias, sendo as primeiras horas do dia dedicadas à instrução pública.[22] Há hospitais públicos[23] e, em geral, todos vivem em estado de felicidade, em um sistema comunitário de todos os bens, o que previne as necessidades materiais, fazendo com que todos tenham, mais que condições mínimas de subsistência, uma existência digna e apta ao desenvolvimento das pessoas e do grupo. Na ilha da Utopia, a solidariedade é princípio geral na garantia do bem-estar de todos.

---

[17] GINER, Salvador. *Historia del pensamento social*. 9. ed., p. 190.

[18] Na edição da Utopia da Fundação Calouste Gulbenkian, de 2006, texto consultado para esta investigação, consta o ano de 1477 como o do nascimento de Thomas More (cf. *Utopia*, p. 9 e 92); não obstante, Salvador Giner faz menção ao ano de 1478 (cf. *Historia del pensamento social*. 9. ed., p. 190).

[19] Cf. cronologia descrita na edição citada da *Utopia*, p. 328.

[20] MORE, Thomas. *Utopia*, p. 479.

[21] MORE, Thomas. *Utopia*, p. 491-493.

[22] MORE, Thomas. *Utopia*, p. 503-505.

[23] MORE, Thomas. *Utopia*, p. 519-521.

A Utopia, de Thomas More, é descrita como exemplo de humanismo, tendo sido contraposta ao *Príncipe*, de Maquiavel – embora esta obra, escrita dois anos antes, só tenha sido publicada dezesseis anos depois[24] –, como crítica à razão de Estado em nome de exigências da dignidade humana, na medida em que More analisa a realidade em função do que considera direitos morais do homem.[25] É nesse sentido que se encontra justificação para o fato de o Livro I, que trata da descrição dos males sociais em que se vivia, ter sido elaborado depois de já feito o Livro II, que descreve a ilha da Utopia; Livro I de que se utilizou Karl Marx, no capítulo XXVIII, do Livro I, de *O Capital*, para descrever a crise social e econômica da Inglaterra nos reinados de Henrique VII e Henrique VIII.[26]

Francis Bacon, com a obra *Nova Atlântida*, também se insere como importante marco do gênero utópico renascentista, descrevendo uma sociedade harmônica que, ao invés das riquezas e do conforto material, valoriza principalmente o conhecimento, ou a luz – primeira criação divina.[27] Bacon se refere ao trabalho de manipulação genética que se fazia com animais, buscando o aperfeiçoamento de espécies, para se tornarem criaturas "perfeitas", além da criação de espécies híbridas,[28] referência que ganha relevância especial em nosso tempo, visto que a técnica da clonagem se vai disseminando e desafiando discussões éticas.

Cite-se ainda o florentino Francisco Doni, tradutor da Utopia, de More, e autor de *Mondi celesti, terrestri ed infernali*, em que pregava a conservação da família, mas a abolição da propriedade, a educação das crianças, a troca gratuita dos produtos, a distribuição igualitária, o fim de pobres, ricos, carrascos, juízes e advogados.[29] Também florentino, Bonifacio, nas obras *Arti liberali e meccaniche imparate da gli animali bruthi agli uomini* e *La republica delle api*, deu prosseguimento ao gênero.[30] Tommaso Campanella, depois de ter pretendido fundar uma república igualitária, de lutar contra católicos espanhóis e de ser preso e torturado pela Inquisição, escreveu na França *A Cidade do*

---

[24] Sobre análise comparativa da Utopia com O Príncipe de Maquiavel, cf. o Estudo Introdutório de José V. de Pina Martins, *Utopia*, p. 31-44.

[25] É o que infere José V. de Pina Martins no Estudo Introdutório à *Utopia*, p. 32.

[26] Cf. o Estudo Introdutório de José V. de Pina Martins, *Utopia*, p. 32-33.

[27] BACON, Francis. *Nova atlântida*, p. 41.

[28] BACON, Francis. *Nova atlântida*, p. 65.

[29] Cf. COSTA, Affonso. *A egreja e a questão social*, p. 37-38.

[30] COSTA, Affonso. *A egreja e a questão social*, p. 38.

Sol, em que descreve uma sociedade ideal baseada na propriedade comum, no trabalho segundo forças e aptidões e no fim da família.[31]

Na linha de evolução do pensamento social europeu, já no caldo cultural que deflagrou a Declaração dos Direitos do Homem e do Cidadão, de 1789, registrem-se, no pensamento basilar dos movimentos sociais que culminaram na Revolução Francesa, ideias jusnaturalistas e iluministas que alteraram as bases de fundamentação e de justificação da assistência pública aos necessitados, que deixa de ser entendida como dever social ou como fruto do sentimento cristão de amor ao próximo, para passar a ser concebida como decorrência de um direito natural dos cidadãos.

Nesse sentido, por exemplo, atribui-se a Turgot, em 1750, a afirmação segundo a qual "o pobre tem direitos incontestáveis sobre a abundância dos ricos".[32] Além disso, em 2 de novembro de 1789, o deputado Chapelier sustenta, na Constituinte, a tese do confisco de bens do Clero para criar trabalho para os necessitados, exprimindo a utópica ambição dos revolucionários, segundo a qual "não haverá pobres além daqueles que o queiram ser".[33] Não obstante os arroubos retóricos que ilustravam o pensamento revolucionário e mesmo pré-revolucionário, pretensões de tamanha ousadia ficaram de fora dos instrumentos normativos formais, tendo a Constituição de 1791 previsto a organização de instituição de assistência aos necessitados, mas sem referir a um direito inato a uma vida digna.[34]

1.2. Socialismo

Socialismo é expressão que comporta inúmeros sentidos ou visões de mundo, mais ou menos próximas entre si,[35] pelo que, neste

---

[31] Cf. COSTA, Affonso. *A egreja e a questão social*, p. 38.

[32] VENTURI, Augusto. *I fondamenti scientifici della sicurezza sociale*, p. 31.

[33] VENTURI, Augusto. *I fondamenti scientifici della sicurezza sociale*, p. 31.

[34] Augusto Venturi faz referência a relatório do Comitê para os socorros públicos que, em 1792, concluiu faltar à Declaração dos Direitos de 1789 o reconhecimento do direito do cidadão à própria subsistência pelo trabalho ou por seguros gratuitos, na impossibilidade de trabalhar (cf. *I fondamenti scientifici della sicurezza sociale*, p. 32).

[35] Salvador Giner aponta manifestações, ao longo da história, de valores antecedentes ao socialismo utópico e que considera expressarem ideias similares, descritos desde a epopeia homérica, passando pela República de Platão, por sociedades pré-cristãs, pelas utopias re-

tópico, o uso do termo *socialismo* será feito para designar três conjuntos de ideias que, tendo em comum forte crítica social e econômica de seu tempo, propunham soluções distintas: o chamado socialismo utópico; o anarquismo, especialmente o propugnado por Proudhon;[36] o marxismo ou socialismo científico.[37] A opção por agrupar estas três concepções no mesmo tópico se faz tendo em vista o caráter ilustrativo – e não exaustivo ou analítico – deste Capítulo, a par de que elas configuraram importantes marcos do pensamento moderno relativo à luta contra as carências sociais, buscando superar o paradigma liberal vigente a partir da crítica social de seus postulados.

O socialismo utópico construiu suas bases nos primórdios da industrialização, criticando os fundamentos do sistema social que se instalara e denunciando as mazelas vividas pelos trabalhadores,[38] submetidos a sistemas cruéis de trabalho. O sistema capitalista atingiu ponto crítico na primeira metade do século XIX, fundado em ordem econômica individualista e amoral, que culminou com um dos mais perversos sistemas de exploração do homem pelo homem de que se tem notícia, com condições degradantes para os trabalhadores, como o trabalho de crianças por até 16 horas por dia, chegando-se a empregar crianças de seis anos de idade nas minas de Gales, podendo-se ilustrar tal contexto com um decreto de 1813, na França, que proibia o emprego nas minas de crianças com menos de 10 anos de idade.[39]

---

nascentias, os *diggers* na Revolução inglesa, até as origens da tradição socialista na Revolução Francesa (cf. *Historia del pensamento social*, 9. ed., p. 455-459).

[36] Incluindo o anarquismo como um dos tópicos da ideia geral de socialismo, ao menos para efeito didático, cf. GINER, Salvador. *Historia del pensamento social*, p. 472-491.

[37] Karl Marx e Friedrich Engels, no Manifesto do Partido Comunista, elaborado em 1847, afirmaram que o socialismo utópico de Saint-Simon, Fourrier, Owen e outros surgiu em fase ainda pouco desenvolvida da luta entre o proletariado e a burguesia, tendo percebido o antagonismo das classes e a ação de elementos dissolventes na sociedade dominante, mas não viu, do lado do proletariado, espontaneidade histórica ou movimento político que lhe fosse próprio. Assinalaram, ainda, que tal movimento socialista, não tendo compreendido as condições materiais de emancipação do proletariado, buscou na imaginação tais condições, procurando substituir a organização gradual e espontânea do proletariado em classe pela ficção de uma sociedade fabricada (cf. *Manifesto do partido comunista*, p. 71).

[38] Não obstante a crítica formulada, Karl Marx e Friedrich Engels reconheceram que o socialismo utópico construiu importante crítica social, que forneceu *"materiais de grande valor para educar e esclarecer os operários"*, como as proposições de supressão do antagonismo entre a cidade e o campo, a abolição da família, do lucro privado e do trabalho assalariado, a proclamação da harmonia social e a transformação do Estado numa administração da produção – o que inferem ser a antecipação do desaparecimento do antagonismo das classes (cf. *Manifesto do Partido Comunista*, p. 72-73).

[39] MARTÍNEZ, Pedro Soares. *Manual de direito corporativo*, 3. ed., p. 85 e nota 1.

Citam-se, em nota ilustrativa, três grandes expoentes do socialismo utópico:[40] Henri de Saint-Simon; Charles Fourier e Robert Owen. Saint-Simon (1760-1825) construiu análise social a partir da busca de um princípio ordenador da sociedade industrial pós-revolucionária. A força social mais importante havia de ser a classe industrial, produtora das riquezas, sendo inúteis os que não se incluíssem nos grupos produtivos.[41] À visão algo tecnocrática, Saint-Simon juntou princípio igualitário, fundado na igualdade de oportunidades, e não no fim da propriedade privada.[42] Defendia, assim, uma espécie de socialismo sem socialização dos meios de produção, com apoio aos mais necessitados. Cabe relembrar a marcante frase "cada um segundo suas capacidades, a cada um segundo suas necessidades",[43] que haveria de influenciar novas visões do socialismo.

Também merece referência Charles Fourier (1779-1837) que, se tinha ideias como a reorganização do mundo de acordo com alterações cósmicas, de outro lado postulava a aplicação do princípio da solidariedade nas relações de trabalho, mediante um sistema geral de garantias que, para além de esboço de um sistema de seguridade social, buscava libertar o homem de sua dependência das empresas privadas, lançando a semente do cooperativismo, que ultrapassou as fronteiras da França, chegando até os Estados Unidos.[44] Além da proposta de um modo cooperativo de produção e consumo, Fourier legou ao pensamento social a concepção do poder público como responsável pela garantia de saúde, trabalho e educação.[45]

Robert Owen (1771-1858), embora tenha avançado menos na utopia de suas concepções sociais, foi um industrial britânico que propugnou uma espécie de socialismo reformista, atacando o indivi-

---

[40] Sobre escolas socialistas nascidas na França, na esteira da doutrina de Saint-Simon e de Fourier e que desembocam no nascimento do socialismo científico, cf. COSTA, Affonso. *A egreja e a questão social*, p. 56-63.

[41] GINER, Salvador. *Historia del pensamiento social*, 9. ed., p. 460-461.

[42] Assinala Salvador Giner que o socialismo de Saint-Simon não era de classe, mas fundado na garantia de iguais oportunidades (cf. *Historia del pensamiento social*, 9, ed., p. 461).

[43] GINER, Salvador. *Historia del pensamiento social*, 9. ed., p. 462.

[44] GINER, Salvador. *Historia del pensamiento social*, 9. ed., p. 463-465. Assinala o Autor que Victor Considérant (1808-1893), discípulo de Fourier, transformou sua ideia de garantia social no princípio de que o Estado deve garantir o trabalho de todos os cidadãos, com o qual foi lançada a noção de direito ao trabalho (op. cit., p. 464). Affonso Costa, com base em Benoit Malon (*Histoire du socialisme*, v. 2, p. 70), assinala que Fourier chegou a ser, em 1844, o homem mais popular nos Estados Unidos da América, depois de Napoleão Bonaparte (cf. *A egreja e a questão social*, p. 53).

[45] GINER, Salvador. *Historia del pensamiento social*, 9. ed., p. 465.

dualismo e, após fracassar em experiência de criar a "Nova Harmonia", em colônia norte-americana, liderou importantes movimentos sindicais e cooperativistas que se fortaleceram na Inglaterra inspirados em suas ideias, dando origem, posteriormente, aos modernos sindicatos britânicos (*Trade Unions*).[46]

Uma série de circunstâncias, como o aumento da classe proletária, a expansão da indústria e os crescentes conflitos entre operários e patrões – que mitigaram vários postulados utópicos – contribuiu para a consolidação das ideias socialistas, no decorrer do século XIX e para a sua organização em bases distintas, a partir da experiência na luta política.[47] A intensificação da luta operária se manifesta, por exemplo, pelo cartismo inglês, que, embora vencido, deixou o legado da postulação da Carta do Povo, fundada em seis pontos: sufrágio universal; escrutínio secreto; pagamento aos membros eleitos do Parlamento; supressão do censo de elegibilidade; igualdade das circunscrições eleitorias e eleições anuais.[48] A mudança de paradigma também se fundou na construção de uma crítica socialista frontal da filosofia econômica do liberalismo, cujo pioneirismo é atribuído a Simone de Sismondi (1811-1882), a partir da verificação da crise econômica que assolava a Inglaterra, gerando fome, miséria e a destruição das máquinas como forma de protesto, levando à conclusão de que o liberalismo concentrava riquezas e gerava miséria.[49]

Figura central do anarquismo,[50] pelo que se justifica sua citação neste tópico, Pierre-Joseph Proudhon (1809-1864) chegou a afirmar que a propriedade privada é um roubo – ainda que mais tarde a aceite como correspondente à liberdade individual –, sob a crítica de ser ferramenta do sistema capitalista, como direito exclusivo de uma minoria; também, em sua concepção, seria injusta a proprie-

---

[46] GINER, Salvador. *Historia del pensamento social*, 9. ed., p. 465-467.

[47] GINER, Salvador. *Historia del pensamento social*, 9. ed., p. 467. Karl Marx e Friedrich Engels assinalaram que a importância do socialismo utópico estava na razão inversa do desenvolvimento histórico: à medida em que a luta de classes se amplifica e se organiza, os esforços para se elevar acima desta luta se tornam inúteis e corroem a justificação teórica do movimento. Assim, afirmam que se, "sob muitos aspectos, os autores desses sistemas eram ainda revolucionários, os seus discípulos, pelo contrário, constituem meras seitas reacionárias" (cf. *Manifesto do Partido Comunista*, p. 73).

[48] GINER, Salvador. *Historia del pensamento social*, 9. ed., p. 469.

[49] Salvador Giner assinala que as críticas de Sismondi foram recebidas friamente pelos socialistas, por demasiado tímidas, mas abriram caminho à crítica sistemática ao liberalismo econômico (cf. *Historia del pensmento social*, 9. ed., p. 468-469).

[50] Assinalando que Proudhon foi quem utilizou pela primeira vez o vocábulo anarquismo, em 1840, cf. *Historia del pensmento social*, 9. ed., p. 472.

dade coletiva ou comunitária, já que pertenceria somente a certas fases do desenvolvimento da humanidade, pelo que a solução para a libertação do homem da escravidão que decorre da propriedade seria substituí-la pela posse, no sentido de uma forma restrita de propriedade, subordinada ao direito eminente da sociedade e por ela controlada.[51]

Proudhon objetivou a instauração da liberdade na sociedade moderna, que, segundo pensava, não podia ser alcançada pelos métodos do liberalismo, que permitia e fomentava a exploração da maioria dos homens.[52] Por outro lado, os experimentos socialistas que se implantavam, segundo entendia, criavam uma concorrência entre o Estado-capitalista e a empresa privada, submetendo o indivíduo à coletividade e, por conseguinte, aumentando a opressão estatal. Daí, a solução para a liberdade deveria estar no "socialismo libertário", fundado em uma federação livre de associações operárias baseadas na ajuda mútua.[53]

Sobrevive no anarquismo de Proudhon a doutrina do contrato social, mas baseado em acordo entre indivíduos, fundado na dignidade e na honra dos participantes, como um mutualismo de entrega individual à sociedade, alicerçado na solidariedade que é natural ao homem e avessa ao estatismo; avessa, portanto, ao contrato social de Rousseau, que entendia buscar justificar uma nova forma de absolutismo, ou a qualquer contrato entre governantes e governados que pressupunha, sempre, coerção e força.[54] A entrega mútua entre os homens faria desaparecer qualquer relação de servidão entre eles.

Karl Marx (1818-1883) e Friedrich Engels (1820-1891), em especial o primeiro, mudaram os rumos do socialismo, instituindo as bases do que se convencionou chamar "marxismo". Tal doutrina tem como documento fundador principal o Manifesto do Partido Comunista, elaborado em 1847 e publicado anonimamente, em Londres, por volta de 24 de fevereiro de 1848.[55] O Manifesto, elaborado por Marx e Engels como programa para a Liga Comunista Alemã, começa se referindo ao espectro comunista que ameaçava a Europa e que – registre-se –, se não foi a única razão, teve marcante presença

---

[51] GINER, Salvador. *Historia del pensamento social*, 9. ed., p. 477.

[52] GINER, Salvador. *Historia del pensamento social*, 9. ed., p. 478.

[53] GINER, Salvador. *Historia del pensamento social*, 9. ed., p. 478.

[54] GINER, Salvador. *Historia del pensamento social*, 9. ed., p. 478-479.

[55] HOBSBAWM, E. J. *A era do capital*, 2. ed., p. 22.

nos movimentos revolucionários que varreram o continente em 1848 e depuseram, no espaço de semanas, todos os governos de larga parte da Europa central e, embora tenham sido derrotados, deixaram profundas marcas na civilização ocidental.[56]

O Manifesto Comunista afirma que a história de toda a sociedade é a história da luta de classes, reproduzida pela sociedade burguesa, agora entre o proprietário do capital e o detentor da força de trabalho que a aliena, como mercadoria, ao capitalista. O desenvolvimento do modo de produção capitalista e suas crises tornam cada vez mais precárias as condições do proletariado e acirram seu conflito com a burguesia, agora sob as vestes de colisão entre duas classes sociais. O proletariado, camada mais baixa da sociedade, é a única classe verdadeiramente revolucionária; a luta de classes só pode ser superada pela revolução do proletariado. O progresso da indústria não eleva as condições de vida dos operários, antes os lança, cada vez mais, para condições de miséria. Mas tal progresso, se gera acumulação da riqueza nas mãos dos capitalistas, será, por outro lado, sua ruína, já que tem por condição o trabalho assalariado e "O progresso da indústria, de que a burguesia é o veículo inconsciente e sem vontade própria, substitui pouco a pouco o isolamento dos operários, resultante de sua concorrência, pela sua união revolucionária através da associação".[57]

Karl Marx se distingue de outros teóricos socialistas de seu tempo por propugnar uma teoria socialista fundada em princípios científicos, sem apelo a citações românticas ou retóricas, tendo tido sua grande obra em *O Capital*, cujo primeiro volume editou em 1867.[58] Pode-se resumir a ideia que Marx tinha a respeito da função do pensador no mundo moderno a partir de frase construída em crítica a ideias de Ludwig Feuerbach (*Teses sobre* Feuerbach): "Os filósofos têm interpretado o mundo de diversas maneiras: o que tem que ser feito é transformá-lo".[59]

Segundo o socialismo marxista, o capitalismo é um sistema de antagonismos econômicos: entre os capitalistas vige ideia de supressão mútua, havendo solidariedade somente em hipóteses de ameaça revolucionária de outras classes inferiores; por outro lado, decorrem

---

[56] Sobre a Revolução de 1848, cf. HOBSBAWM, E. J. *A era do capital*, 2. ed., p. 11-43.

[57] MARX, Karl; ENGELS, Friedrich. *Manifesto do Partido Comunista*, p. 41 e, sobre *"Burgueses e Proletários"*, p. 22-41.

[58] GINER, Salvador. *Historia del pensamiento social*, 9. ed., p. 495.

[59] Cf. GINER, Salvador. *Historia del pensamiento social*, 9. ed., p. 500-502.

da lei de acumulação capitalista a concentração do capital e a miséria progressiva da classe explorada.[60] Nesse sentido, resta ao proletariado a revolução que, baseada na supressão do sistema assalariado capitalista, alterará as características basilares da sociedade burguesa, com o fim da propriedade privada, da família, da nação. O estágio intermédio até se alcançar a transformação radical da sociedade será marcado pela apropriação, pelos proletários, do Estado, utilizando-o para os seus fins, que são os fins de toda a humanidade.[61]

O pensamento de Marx concebeu uma análise global macroeconômica, fundada em conceitos que são alicerces de seu socialismo científico: valor-trabalho; mais-valia; exploração; transformação do trabalho em mercadoria e desta em dinheiro; lei da taxa decrescente de benefícios; lei da reprodução do capital pela sua reiversão; lei geral da acumulação capitalista.[62]

O modo de produção capitalista, supondo as relações sociais entre proletários – que vendem sua força de trabalho para subsistir – e capitalistas – que a adquirem, como mercadoria, para a produção de mercadorias –, tem necessidade de reproduzir tais relações, com o que ao fim de cada fase produtiva se defrontam a classe detentora do capital, que se mantém nesta posição, e a classe portadora da força de trabalho, levando a que se conclua que a "questão social" decorre da lei geral da acumulação capitalista; ou, dito de outro modo, que não há solução para a questão social no capitalismo.[63]

O pensamento marxista foi inspiração para algumas experiências de construção concreta de sociedades socialistas, de que é o exemplo mais relevante a União das Repúblicas Socialistas Soviéticas, surgida a partir da Revolução russa de 1917 e que, por vários anos, dividiu a influência sobre o mundo com os Estados Unidos da América, em período conhecido como "guerra fria" e que teve como marco final simbólico a queda do muro de Berlim, em 1989. Além disso, registre-se o surgimento de correntes socialistas chamadas re-

---

[60] GINER, Salvador. *Historia del pensamento social*, 9. ed., p. 523.

[61] GINER, Salvador. *Historia del pensamento social*, 9. ed., p. 511.

[62] GINER, Salvador. *Historia del pensamento social*, 9. ed., p. 524.

[63] NETTO, José Paulo; BRAZ, Marcelo. *Economia política*, p. 136-139. Assinalam os Autores que "Evidentemente, a constatação da causalidade essencial da 'questão social' não é justificativa para que não se tomem medidas e providências (econômicas, sociais e políticas) para tentar reduzir seus impactos e efeitos. Importante, porém, é assinalar os limites de tais medidas e providências: elas são absolutamente impotentes para 'solucionar' a 'questão social'" (op. cit., p. 139, nota 12).

visionistas ou reformistas, no fim do século XIX, representadas inicialmente pela Federação dos Trabalhadores Socialistas franceses e pelo Conselho dos *Trade Unions* ingleses, que renunciaram à revolução a que se referiam as ideias marxistas e buscaram a emancipação do proletariado a partir do jogo político.[64]

O que se deve reter, por fim, é a importância capital do pensamento marxista, especialmente para a história do século XX, radicalizando o discurso pela emancipação dos trabalhadores, podendo-se dizer que, para além das inúmeras discussões que a partir dele se fizeram e ainda se fazem, o que é certo é que tal pensamento trouxe à tona, de forma nunca antes vista, a relação entre exclusão social e o modo de produção capitalista.

1.3. Doutrina Social da Igreja

A doutrina cristã, especialmente pelos valores do amor ao próximo e da caridade, foi marco fundamental no pensamento ocidental quanto à assistência aos que não dispõem de condições próprias de subsistência. Desde os primórdios, a Igreja Católica prega o auxílio aos necessitados, como um dos deveres dos fiéis e da própria Igreja,[65] não obstante períodos sombrios de sua história, como a Inquisição. O Cristianismo tem sido, ao longo do tempo, influência importante no que toca ao processo de consagração de um direito à existência digna, na medida em que alguns de seus valores inspiraram instrumentos normativos que estabeleceram meios de intervenção social para atenuar a indigência social.[66]

Por outro lado, se os valores cristãos fundamentaram e ainda fundamentam o estabelecimento de direitos que buscam assegurar uma existência humana digna, a consagração de um direito à existência digna – como se verá a seu tempo – ultrapassa a ideia de caridade[67] ou de amor ao próximo, no sentido de que confere a seu

---

[64] GINER, Salvador. *Historia del pensamento social*, 9. ed., p. 544-545.

[65] VENTURI, Augusto. *I fondamenti scientifici della sicurezza sociale*, p. 7-10.

[66] Sobre as relações de interdependência e a influência das normas religiosas sobre as normas jurídicas, cf. OTERO, Paulo. *Lições de introdução ao estudo do direito*, v. 1, tomo I, p. 256-261.

[67] Refutando a "crítica laicista à caridade cristã", com base na encíclica *Deus caritas est*, de Bento XVI, cf. ALMADA, Gonçalo Portocarrero de. *A igreja e a justiça*, p. 911-914 e 920-922.

titular o poder de fazê-lo valer, por meio do Estado, independente-mente dos valores, da boa-vontade ou da fé religiosa das pessoas.[68]

Foi especialmente o valor cristão do amor ao próximo – pode-se dizer – que fundamentou a grande contribuição da Igreja para o pensamento social, uma das mais vigorosas raízes dos direitos fundamentais sociais nos países que mantiveram um capitalismo de viés social, com reflexos ainda presentes entre nós: a chamada Doutrina Social da Igreja,[69] nascida, em boa parte, como contraposição ao *espectro do comunismo que ameaçava a Europa*. Se os princípios gerais que a fundamentam foram formalizados, de modo claro e organiza-do, pela primeira vez, na encíclica *Rerum Novarum*, de 15 de maio de 1891, editada por Leão XIII, não se pode deixar de mencionar que seus traços já se delineavam desde o final da primeira metade do século XIX, por exemplo com as encíclicas *Mirari vos*, de 1832, que atacou "falsos dogmas revolucionários de 89", e *Nostis et Nobiscum*, de 1849, que condenou o socialismo e o comunismo, ou a manifes-tação de Pio IX, em 1873, à Federação dos Círculos Católicos belgas, em que rejeitava os "princípios católico-liberais".[70]

Leão XIII, mesmo antes da *Rerum Novarum*, se manifestou,[71] direta ou indiretamente, sobre as questões sociais, com as encícli-cas *Incrustabili*, de 1878, que atribuiu os males sociais à rejeição da autoridade da Igreja; *Quod apostolici*, do mesmo ano, em que conde-nou o socialismo, o comunismo e o niilismo; *Aeterni patris*, de 1879, que ressalta a pobreza dos sistemas filosóficos afastados da ideia de Deus; *Diuturnum*, de 1881, em que rejeita a ideia de contrato social; *Humanum genus*, de 1884, em que condena a maçonaria; *Immortale Dei*, de 1885, em que se opõe ao chamado "direito novo"; *Libertas*, de 1888, em que condena o racionalismo liberal fundado na sobera-nia da razão humana, negando obediência à razão divina; *Sapientiae christianae*, de 1890, em que adverte os católicos para a necessidade

---

[68] Assinalando que, não obstante a influência da religião sobre as normas jurídicas ao longo da história, "as normas jurídicas valem independentemente de qualquer relação do destinatário com Deus, tal como o respectivo cumprimento não depende da fé do destinatário", cf. OTE-RO, Paulo. *Lições de introdução ao estudo do direito*, v. 1, tomo I, p. 260-261.

[69] Assinalando que a Doutrina Social da Igreja marca a projeção social das normas religiosas, no sentido de que, a partir dela, se torna mais claro que "o relacionamento dos homens com Deus compreende em si, igualmente, o seu comportamento para com os seus semelhantes", em verdadeira "horizontalização" da operatividade das normas religiosas, cf. OTERO, Paulo. *Lições de introdução ao estudo do direito*, v. 1, tomo I, p. 256-257.

[70] MARTÍNEZ, Pedro Soares. *Manual de direito corporativo*, 3. ed., p. 94-95.

[71] MARTÍNEZ, Pedro Soares. *Manual de direito corporativo*, 3. ed., p. 94-96.

de se subordinarem à Igreja e à sua hierarquia quanto à verificação das doutrinas que se conformam à palavra divina.

A encíclica *Rerum Novarum* é considerada o marco inaugural de um conjunto de princípios que, organizados, passou a ser chamado de Doutrina Social da Igreja,[72] depois de um período em que os pensadores católicos encontraram fórmulas distintas e por vezes contrastantes para se contraporem à realidade de miséria e barbárie das condições de trabalho que se verificava ao longo do século XIX, como as tentativas de conciliação entre o catolicismo e o individualismo, ou com os princípios revolucionários de 89, ou, mesmo, com algumas ideias socialistas.[73]

Nesse sentido, a *Rerum Novarum*[74] teve o papel de unificar e centralizar a voz da Igreja sobre os problemas sociais, em especial a condição dos operários, começando por apontar o que considerava fossem as causas dos problemas sociais: a concentração de riquezas, a indigência da multidão que vivia em "imerecida situação de infortúnio e de miséria", a corrupção dos costumes. Pode-se identificar um embrião da postulação de um direito ao mínimo para uma existência digna, não obstante a formulação da encíclica não se fazer em termos da postulação de direitos fundamentais.[75]

De um lado, são atacadas as posições socialistas, consideradas instigadoras do "ódio invejoso contra os que possuem", já que se considera ser a propriedade privada um direito natural. Depois, são expostas as bases da posição da Igreja quanto aos problemas sociais,

---

[72] Pedro Soares Martínez registra que a *Rerum Novarum* foi instrumento de fixação das bases do catolicismo social, em que os valores sociais não se sobrepõem aos valores humanos (cf. *Manual de direito corporativo*, 3. ed., p.101-102).

[73] ALBUQUERQUE, Martim de. *A doutrina social da igreja*, p. 9-10. Gregório Peces-Barba Martínez assinala que o socialismo democrático não se aproximou do cristianismo, mas foi o pensamento cristão que se aproximou do socialismo (cf. *Derechos sociales y positivismo jurídico*, p. 116).

[74] O texto da encíclica *Rerum Novarum* consultado está em: LEÃO XIII. Encíclica "rerum novarum". *In*: IGREJA CATÓLICA (Acção social cristã). *A igreja e a questão social*, p. 21-66.

[75] "A equidade manda, pois, que o Estado se preocupe com os trabalhadores, e proceda de modo que de todos os bens, que êles proporcinam à sociedade, lhes seja dada uma parte razoável, como habitação e vestuário, e que possam viver à custa de menos trabalhos e privações"; "A classe indigente, ao contrário, sem riquezas que a ponham a coberto das injustiças, conta principalmente com a proteção do Estado. Que o Estado se faça, pois, sob um particularíssimo título, a providência dos trabalhadores, que em geral pertencem à classe pobre" (cf. LEÃO XIII. Encíclica "rerum novarum", p. 47 e 49). Assinala Peces-Barba Martínez que a *Rerum Novarum* não se situa na cultura jurídica dos direitos, que não assume, senão somente em aspectos marginais e apresentados sob perspectivas diferentes (cf. *Derechos sociales y positivismo jurídico*, p. 116).

aqui citadas em síntese: a prevalência da doutrina católica como fonte das soluções sociais; a inexorabilidade das desigualdades; a valorização do trabalho; a possibilidade de harmonia entre capital e trabalho; os deveres de fidelidade, manifestações pacíficas e certo conformismo por parte dos operários; o dever de respeito à dignidade humana por parte dos patrões; o uso adequado e justo dos bens e das riquezas; a dignidade na pobreza; a fraternidade cristã entre ricos e pobres; a preocupação da Igreja com os problemas da vida terrena; a caridade cristã; o papel social do Estado; a subsidiariedade da intervenção estatal; a opção preferencial da ação estatal pela proteção dos fracos e indigentes; a repressão às agitações subversivas e às greves; a inviolabilidade da dignidade de todos os homens; a necessidade de descanso semanal e a vedação de trabalho excessivo; a vedação do trabalho infantil; a destinação prioritária do trabalho da mulher aos "arranjos domésticos"; a justiça do salário, que "não deve ser insuficiente para assegurar a subsistência do operário sóbrio e honrado"; a condenação da sobrecarga de impostos; a legitimidade do direito natural de associação; a salvação pela restauração dos costumes cristãos.

As ações sociais de católicos, muitas vezes influenciados por ideias socialistas, fizeram com que o Vaticano se pronunciasse no sentido de esclarecer as bases de sua pregação social. Para definir de modo mais exato o sentido da Doutrina Social da Igreja instaurada com a encíclica *Rerum Novarum*, apartando-a de movimentos políticos, especialmente do campo socialista, Leão XIII edita, em 1901, a encíclica *Graves de Communi*,[76] em que define a expressão *democracia cristã*, dela distinguindo a expressão *democracia social*, esta vinculada às teorias socialistas, reafirmando a importância da hierarquia católica. Por outro lado, Pio X, em 1903, edita o *Motu próprio*,[77] a fim de conter tendências radicais da Ação popular católica.

Documento de grande relevância no desenvolvimento da Doutrina Social da Igreja foi a encíclica *Quadragesimo Anno*,[78] editada em 1931, por Pio XI, para celebrar o quadragésimo aniversário da *Rerum Novarum*. Na *Quadragesimo Anno*, Pio XI afirma ser a *Rerum Novarum*

---

[76] Texto consultado: LEÃO XIII. Encíclica "graves de communi". *In:* IGREJA CATÓLICA (Acção social cristã). *A igreja e a questão social*, p. 67-82.

[77] Texto consultado: PIO X. Encíclica "motu proprio". *In:* IGREJA CATÓLICA (Acção social cristã). *A igreja e a questão social*, p. 83-89.

[78] Texto consultado: PIO XI. Encíclica "quadragesimo anno". *In:* IGREJA CATÓLICA (Acção social cristã). *A igreja e a questão social*, p. 105-158.

a "Magna Carta" dos operários, procurando esclarecer vários de seus pontos e adaptá-la às novas necessidades sociais que se impunham. Nesse sentido, reafirma o direito de propriedade privada, mas destaca sua função social; afirma o direito a um salário justo, que deve incluir o sustento do operário e de sua família, devendo manter-se a mulher nos trabalhos domésticos; ataca a concentração de capital e os monopólios; critica o individualismo econômico, o imperialismo e o capitalismo financeiro, "cuja pátria é o interesse"; critica também o comunismo e, embora admita, de certo modo, proximidade entre ideias do socialismo mitigado e a doutrina cristã, as declara inconciliáveis, na medida em que o socialismo nega Deus como fim último da vida humana; prega a conciliação entre os interesses do capital e do trabalho, negando a luta de classes.

João XXIII, embora tendo curto pontificado, contribuiu para o desenvolvimento da Doutrina Social da Igreja com a encíclica *Mater et Magistra*,[79] no septuagésimo aniversário da *Rerum Novarum* (1961) em que, ultrapassando as preocupações com os operários ou os problemas da economia mundial – embora trate do direito dos trabalhadores de participação na vida das empresas – foca também a questão agrícola e os problemas do subdesenvolvimento nacional e regional. O mesmo pontífice edita, em 1963, a encíclica *Pacem in Terris*, onde elenca, de modo mais amplo do que seus antecessores, rol de direitos humanos, considerados universais e inalienáveis. Entre tais direitos, aqueles diretamente relacionados com um mínimo existencial, como o direito à alimentação, ao vestuário, à moradia, ao repouso, à assistência sanitária, a ser amparado em caso de doença, de invalidez, de viuvez, de velhice, de desemprego forçado ou de outro caso de privação dos meios de sustento por circunstâncias independentes à sua vontade.

Além disso, são arrolados direitos culturais, como o direito à instrução, direitos econômicos, como o direito ao trabalho, bem como direitos de liberdade, como o direito de reunião e de associação. Quanto ao âmbito da Doutrina Social da Igreja, pode-se dizer que a encíclica *Pacem in Terris* tem o mais completo rol de proposições de direitos que hoje se reconhecem fundamentais, e, por consequência, que reflete, no campo da doutrina cristã, que tanta influência teve e

---

[79] Para extensa bibliografia sobre a encíclica *Mater et magistra*, relativa aos dois primeiros anos de sua vigência, cf. INSTITUTO SOCIAL LEÓN XIII. *Comentarios a la mater et magistra*. 2. ed. Madrid: Raycar, 1963, p. XI-XLI.

tem no mundo ocidental, a mais robusta contribuição para a consagração de um "direito"[80] a um mínimo para uma existência digna.

Registre-se, ainda, que a *Pacem in Terris*, ao manifestar a universalidade, inviolabilidade e imutabilidade dos direitos humanos, como direitos naturais do homem, postula a internacionalização ou globalização de sua defesa e da garantia de sua eficácia, por meio da Organização das Nações Unidas,[81] adotando uma visão de direitos fundamentais como direitos que, sendo universais, ultrapassam as fronteiras nacionais, já que o ser humano é igual em dignidade, postulando, por consequência, uma organização transnacional para sua tutela.

Também merece registro o Concílio Vaticano II, convocado por João XXIII em 1962, tendo continuidade com Paulo VI e que, por meio da Constituição Pastoral *Gaudium et Spes*,[82] reafirmou a dignidade da pessoa humana, destacando sua origem divina e a necessidade de promovê-la na vida econômico-social. A garantia dos direitos humanos, em especial aqueles vinculados diretamente à existência digna, passa a se fundamentar, mais que em um direito natural de todos os homens, na dimensão do homem como imagem e semelhança de Deus, reforçando a identidade da doutrina católica e reafirmando o direito aos bens necessários a uma vida digna.[83] Afirma-se o desenvolvimento econômico a serviço do homem, a importância do trabalho, a função social da propriedade privada e postula-se verdadeiro direito ao mínimo para uma existência digna.[84]

Seguindo a evolução da Doutrina Social da Igreja mediante relevantes documentos que traçaram suas bases, Paulo VI editou, em

---

[80] As aspas se devem a se tratar de âmbito de normatividade extrajurídico, especialmente em se tratando de sociedades onde vige a liberdade religiosa, embora se deva reconhecer a grande influência da Doutrina Social da Igreja sobre o Direito dos países da Europa ou mesmo das Américas, como é o caso do Brasil. Sobre a influência dos postulados normativos católicos sobre o Direito na Europa e a separação que hoje se deve fazer entre religião e Direito no mundo ocidental, cf. OTERO, Paulo. *Lições de introdução ao estudo do direito*, I v., tomo I, p. 260-261.

[81] Assinalando a preocupação de João XXIII com a eficácia dos direitos humanos na encíclica *Pacem in Terris*, cf. ALVES, Cleber Francisco. *O princípio constitucional da dignidade da pessoa humana*, p. 42-43.

[82] Texto consultado: CONCÍLIO VATICANO II. A doutrina social da constituição pastoral "gaudium et spes". *Análise Social*, Lisboa, v. 4, n. 14, 2. trimestre 1966, p. 327-346.

[83] ALVES, Cleber Francisco. *O princípio constitucional da dignidade da pessoa humana*, p. 44-47.

[84] "Quanto àquele que se encontra em condições de extrema necessidade, é seu direito obter para si mesmo o indispensável, a expensas das riquezas de terceiros" (cf. CONCÍLIO VATICANO II. *A doutrina social da constituição pastoral "gaudium et spes"*, p. 342-343).

1967, a encíclica *Populorum Progressio*,[85] que propugnou o desenvolvimento não só dos indivíduos, mas também dos povos, pelo desenvolvimento solidário, que deve ser feito mediante o uso da técnica em função do homem, para a redução das desigualdades, das discriminações e para que o homem se torne livre e responsável pelo seu bem-estar material, progresso moral e desenvolvimento espiritual. Há aqui expressa referência às carências materiais dos que se encontram privados do mínimo vital, postulando-se o verdadeiro desenvolvimento como aquele capaz de promover a subida da miséria à posse do necessário, a vitória sobre os flagelos sociais, a amplificação dos conhecimentos, a aquisição da cultura.[86]

João Paulo II continuou a guiar a Doutrina Social da Igreja pelo caminho do fortalecimento da fé católica em relação às soluções materialistas ou laicas às demandas sociais, já tendo ficado explícito em sua *Encíclica Redemptor Hominis*, de 1979, que a redenção do homem "ele só a encontrará em Cristo".[87] Tratando propriamente da questão social, a encíclica *Laborem exercens*, celebrando o nonagésimo aniversário da *Rerum Novarum*, reafirma a fundamental relevância do valor do trabalho. E, no centésimo ano da encíclica pioneira de Leão XIII, publica-se a *Centesimus Annus*, que exalta a queda do regime comunista no leste europeu como resultado, entre outros fatores, da ação da Igreja em favor da dignidade humana; critica o consumismo e a destruição do meio ambiente; destaca os direitos humanos, fundados na "dignidade transcendente da pessoa", esta feita à imagem e semelhança de Deus.[88]

A Doutrina Social da Igreja tem como fundamento último a ideia de dignidade da pessoa humana tendo fonte em Deus, daí serem todos os seres humanos sujeitos no processo de libertação pessoal e social, contra todas as formas de servidão.[89] Os homens, sendo filhos de Deus, feitos à sua imagem e semelhança, são iguais em dignidade, à qual não podem renunciar, não estando ao seu alvitre despir-se de sua condição de humanidade.[90]

---

[85] Texto consultado: PAULO VI. "Populorium progressio": carta encíclica sobre o desenvolvimento dos povos. *Análise social*, Lisboa, v. 5, n. 18, 2. trimestre 1967, p. 239-270.

[86] PAULO VI. "Populorium progressio", p. 246-247. Para vencer a miséria, propõe-se a criação de um fundo mundial, que resulte da solidariedade entre os povos (op. cit., p. 258-260).

[87] ALVES, Cleber Francisco. *O princípio constitucional da dignidade da pessoa humana*, p. 56.

[88] ALVES, Cleber Francisco. *O princípio constitucional da dignidade da pessoa humana*, p. 60-62.

[89] ALVES, Cleber Francisco. *O princípio constitucional da dignidade da pessoa humana*, p. 33-34.

[90] "A ninguém é lícito violar impunemente a dignidade do homem, do qual Deus mesmo dispõe com grande reverência, nem pôr-lhe impedimentos para que ele siga o caminho daquele

2. Assistência pública e direito à existência digna

2.1. A assistência aos necessitados no período pré-liberal

Se houve um pensamento social pré-moderno, também as ações de intervenção social para assistência aos necessitados e a preocupação de garantia de meios de subsistência não se vinculam à consagração moderna de direitos fundamentais, especialmente os direitos sociais, mas remontam à antiguidade, havendo indícios de ações de assistência aos necessitados no Egito, entre os hebreus, na Grécia e na Roma antigas, embora nem sempre como obrigações dos poderes públicos.[91]

O embrião de uma assistência aos necessitados pelos poderes públicos pode ser reconhecido em ações decorrentes de obrigações religiosas entre os hebreus, mas a mais antiga manifestação de uma assistência pública organizada é encontrada na Grécia antiga,[92] onde leis conferiam subsídio aos inválidos de guerra e, posteriormente, a qualquer cidadão que, por motivo de enfermidade, ficasse inválido para o trabalho, desde que observados requisitos determinados.[93] Também na antiguidade grega são identificadas normas que atribuíam ao tesouro público de Atenas o dever de manter os órfãos de guerra, bem como de conceder aos cidadãos mais pobres um dote, a fim de que pudessem se casar.[94]

---

aperfeiçoamento que é ordenado para o conseguimento da vida eterna; pois nem ainda por eleição livre, o homem pode renunciar a ser tratado segundo a sua natureza e aceitar a escravidão do espírito; porque não se trata de direitos, cujo exercício seja livre, mas de deveres para com Deus que são absolutamente invioláveis" (cf. LEÃO XIII. *Encíclica* "rerum novarum", p. 51).

[91] VENTURI, Augusto. *I fondamenti scientifici della sicurezza sociale*, p. 4-6.

[92] PISARELLO, Gerardo. *Los derechos sociales y sus garantías*, p. 20.

[93] VENTURI, Augusto. *I fondamenti scientifici della sicurezza sociale*, p. 19.

[94] VENTURI, Augusto. *I fondamenti scientifici della sicurezza sociale*, p. 20.

A assistência pública também se verificou na Roma antiga, com diversos meios de proteção dos cidadãos socialmente mais necessitados, podendo ser citadas leis de proteção de devedores contra credores, leis agrárias para distribuição de terras ou para assistência aos indigentes, assim como várias formas de assistência direta pelo poder público, como a distribuição de mantimentos, tendo chegado o número de beneficiários a cerca de 320.000, o que levou a posteriores cortes nas provisões, a fim de reduzir os custos com a assistência social.[95] A assistência pública romana, que incluiu a proteção à infância e chegou mesmo a disponibilizar serviços médicos subvencionados pelo poder público para atender os mais pobres, tendo sido fundada em atos de liberalidade dos imperadores, serviu a interesses políticos e como forma de acalmar as massas necessitadas e descontentes.[96]

A Igreja teve papel preponderante na assistência aos necessitados, desde sua afirmação no Império Romano até boa parte do período medieval, atuando sob controle do poder público e muitas vezes em seu nome, registrando a história oportunidades em que a assistência pública se fazia por meio de entidades católicas.[97] Especialmente a partir da Reforma protestante e da Contrarreforma católica, o Estado assume de modo direto as funções de assistência aos necessitados.[98] No Direito europeu do período medieval podem ser citadas como pioneiras, no sentido de esboço de proteção social legalmente instituída, as primeiras leis gerais nacionais, aprovadas pela Cúria de Coimbra, em 1211.[99]

A par da assistência aos necessitados, que se fazia principalmente fundada na caridade e pela fé religiosa, a iniciativa dos poderes públicos na Europa se fundava basicamente em inúmeras leis de repressão à mendicância e à vagabundagem,[100] que se considerava serem causas

---

[95] VENTURI, Augusto. *I fondamenti scientifici della sicurezza sociale*, p. 20-21; PISARELLO, Gerardo. *Los derechos sociales y sus garantías*, p. 20; BASCETA, Marco; BRONZINI, Giuseppe. *La renta universal en la crisis de la sociedad del trabajo*, p. 165.

[96] VENTURI, Augusto. *I fondamenti scientifici della sicurezza sociale*, p. 22-23.

[97] VENTURI, Augusto. *I fondamenti scientifici della sicurezza sociale*, p. 23-24.

[98] VENTURI, Augusto. *I fondamenti scientifici della sicurezza sociale*, p. 24.

[99] OTERO, Paulo. *O poder de substituição em direito administrativo*, p. 517.

[100] PISARELLO, Gerardo. *Los derechos sociales y sus garantías*, p. 20. Apontando a incidência do modelo repressivo de assistência social no regime fascista italiano e mesmo a persistência cultural de tal modelo na atualidade, o que se ilustra com uma decisão da Corte Constitucional da Itália (n. 519/1995) que chama a atenção para a tentação de se esconder a miséria e de se considerar as pessoas em condições de pobreza como *"perigosas e culpadas"*, cf. PIZZOLATO,

de ameaça à segurança pública e à propriedade, podendo ser encontrados exemplos em regiões da França (1254), da Itália (1350), da Espanha (1351) e da Inglaterra, em normas que se consolidaram ao longo do tempo. Tais normas, ainda que estabelecessem penas cruéis, não atingiram os objetivos, o que levou, principalmente a partir do século XVI, a que a ação pública de assistência se fizesse diretamente, em conjugação com a ação punitiva, o que pôde ser verificado, por exemplo, na Alemanha (1530), na Holanda (1531) e na França (1536).[101]

A Grã-Bretanha foi onde as ações de assistência pública aos pobres se desenvolveram de forma sistemática.[102] Pode-se dizer que lá se originou modelo que procurou conciliar a repressão da mendicância com a obrigação das autoridades públicas locais de socorrer os indigentes. Tal sistema de socorro municipal migrou para várias cidades da Europa, onde se instalaram experimentos de sistemas de assistência aos indigentes, direta ou indiretamente inspirados no modelo inglês, registrando-se um debate sobre a matéria na Universidade de Sorbonne, em Paris, em 1531.[103]

O princípio básico do modelo inglês estava na obrigação das autoridades locais em socorrer os indivíduos em estado de indigência, para que não fossem compelidos a pedir esmolas ou ameaçar a paz pública. A primeira norma que formalizou tal princípio é datada de 1536, tendo, posteriormente, deliberação do *Common Council* da cidade de Londres, em 1547, dado passo fundamental no sentido de consolidá-lo, substituindo a coleta dominical na igreja pela contribuição obrigatória de todos os cidadãos, providência que foi transformada em lei nacional em 1572.[104] Após um período de grande carestia, o Parlamento inglês iniciou um processo de aperfeiçoamento da legislação de assistência aos necessitados, culminando, em 1601, na edição da Old *Poor Law*, que fixou os parâmetros gerais da assistência estatal aos necessitados, buscando trabalho para os válidos, por meio de *workhouses* e garantindo subsídios para inválidos e crianças.[105]

Filippo. *Il minimo vitale*, p. 2-3. Assinalando que, até a promulgação da Lei Fundamental de 1949, na Alemanha a assistência social foi marcada pela perspectiva policial quanto ao cuidado com os pobres, WEBER, Albrecht. *Estado social, direitos fundamentais sociais e segurança social na república federal da alemanha*, p. 19.

[101] VENTURI, Augusto. *I fondamenti scientifici della sicurezza sociale*, p. 25.

[102] ROSANVALLON, Pierre. *A crise do estado-providência*, p. 112.

[103] VENTURI, Augusto. *I fondamenti scientifici della sicurezza sociale*, p. 26.

[104] VENTURI, Augusto. *I fondamenti scientifici della sicurezza sociale*, p. 26-27.

[105] VENTURI, Augusto. *I fondamenti scientifici della sicurezza sociale*, p. 27; ROSANVALLON, Pierre. *A crise do estado-providência*, p. 112.

As *Poor Law* inglesas tiveram o importante papel de formalizar ou consolidar a formalização da substituição da contribuição voluntária pela obrigatória, a fim de destinar recursos para a assistência pública aos necessitados: o dever moral ou religioso é substituído pela obrigação legal.[106] Não obstante, a história das ações públicas contra a pobreza nos séculos XVI, XVII e XVIII, incluída a experiência inglesa, deve-se mais a uma luta contra a ameaça que a pobreza e a indigência representavam para a paz pública do que propriamente ao respeito a valores morais ou ao desejo de tornar melhor a vida dos materialmente menos favorecidos.[107]

Exemplo da visão e do comportamento que se tinha no meio social da época em relação aos indigentes são, para além da responsabilização criminal da mendicância – com penas cruéis e degradantes – as restrições de direitos, como o de contrair matrimônio ou o de fixar residência própria, além de que as comunidades, cientes de que a assistência pública aos necessitados significava o dever de contribuição financeira, expulsava os miseráveis de seu território, como forma de diminuir a "carga tributária",[108] não obstante a lei do domicílio (*Act of Settlement*), de 1662, proibir a expulsão e a mudança de domicílio dos pobres. Um dos meios utilizados para reduzir os custos com a assistência pública foi a deportação para trabalhar nas colônias do ultramar, caso dos ingleses e franceses.[109] Por outro lado, a necessidade de recolhimento obrigatório em instituições onde viviam em situação desumana reduziu fortemente o número de aspirantes à assistência pública.[110]

Não obstante as distorções do sistema de assistência pública, pode-se atribuir aos britânicos a instituição de um esboço de um direito ao mínimo para uma existência digna, por meio do Ato do Parlamento de Spennhamland, de 1795, que reconheceu o direito de todos os homens a um mínimo de subsistência, fixando escala de auxílios proporcional ao preço do trigo e ao número de filhos.[111] Tal mínimo de subsistência não se identifica com o que atualmente se

---

[106] VENTURI, Augusto. *I fondamenti scientifici della sicurezza sociale*, p. 27.

[107] VENTURI, Augusto. *I fondamenti scientifici della sicurezza sociale*, p. 28; PIZZOLATO, Filippo. *Il minimo vitale*, p. 2; PISARELLO, Gerardo. *Los derechos sociales y sus garantías*, p. 20.

[108] VENTURI, Augusto. *I fondamenti scientifici della sicurezza sociale*, p. 28-29.

[109] VENTURI, Augusto. *I fondamenti scientifici della sicurezza sociale*, p. 29.

[110] VENTURI, Augusto. *I fondamenti scientifici della sicurezza sociale*, p. 29.

[111] ROSANVALLON, Pierre. *A crise do estado-providência*, p. 112.

considera o direito ao mínimo existencial, embora se deva reconhecer que significou passo extraordinário para a política de assistência pública do século XVIII.

As agruras e o paradoxo do sistema até então vigente de proteção social, em que se buscava assistir os indivíduos que, por diversos motivos, não dispunham meios próprios de subsistência, mas ao mesmo tempo os tratava como criminosos, pelo simples fato de se encontrarem em estado de indigência, levou a reformas da assistência pública na Europa. A sensível alteração no fundamento do modelo de assistência aos necessitados provocado pelos movimentos jusnaturalista e iluminista que culminaram na Revolução Francesa – em que se afastaram as ideias de dever social ou cristão para se afirmar um direito natural a condições de subsistência – se, por um lado, apontou para novo rumo, não foi suficientemente forte para, logo após a Revolução, alterar os modelos de assistência.[112]

A reforma do modelo britânico foi feita no contexto de tensões entre a aristocracia rural e a burguesia industrial em ascensão, que necessitava de força de trabalho, o que era dificultado pela lei do domicílio – que vedava a mobilidade – e o direito ao rendimento mínimo, obstáculo à formação de um proletariado industrial.[113] Na esteira também de inúmeras críticas de filósofos e economistas de relevo, entre os quais Adam Smith, Malthus, Ricardo e Bentham, a alteração do sistema se deu em 1834, com o *Poor Law Amendment Act,* instituindo em nível local o *Board of Guardians of the Poor* e uma autoridade central para melhor administração, o que possibilitou o surgimento de um proletariado industrial formado por excluídos do novo sistema de assistência, fato que, aliado à instauração do livre-câmbio, "consagrou a entrada da Grã-Bretanha na sua grande era liberal do século XIX".[114]

2.2. A assistência pública no Estado liberal

Já nos primórdios do Estado de Direito, de raiz liberal, pode-se identificar a preocupação de garantia de meios mínimos de subsis-

---

[112] Assinalando que a Constituição de 1791 não abandonou o discurso da caridade pública, PISARELLO, Gerardo. *Los derechos sociales y sus garantías,* p. 22.

[113] ROSANVALLON, Pierre. *A crise do estado-providência,* p. 113.

[114] ROSANVALLON, Pierre. *A crise do estado-providência,* p. 113.

tência aos mais necessitados. As declarações de direitos, se têm como ideia-força a afirmação da liberdade e da proteção contra o exercício do poder, também mencionam a igualdade, como a Declaração da Virgínia de 1776[115] e os dez primeiros aditamentos à Constituição dos Estados Unidos da América, que formaram o *Bill of Rigths*.

A preocupação social está presente na Declaração Universal dos Direitos do Homem e do Cidadão, integrada à Constituição francesa de 1793, que em seu art. 21° falava em socorros públicos e da necessidade de se garantir a sobrevivência dos cidadãos desafortunados.[116] A Constituição de 1793 consagrou o direito ao trabalho e a meios de subsistência. Por outro lado, a Constituição francesa de 1848,[117] no âmbito de ambiente revolucionário forjado em aspirações sociais e socialistas, foi a que, pela primeira vez, impôs ao Estado a obrigação de garantir o bem-estar, além de valorizar o trabalho e a família, estabelecer o ensino primário gratuito, a abolição da escravatura e a proibição da pena de morte por razões políticas.

Podem ser citadas também as Constituições portuguesas de matriz liberal (1822, 1826, 1838 e a republicana de 1911), com a criação de estabelecimentos de instrução pública e a dinamização da existência de estabelecimentos de caridade para socorro ou assistência pública, que, pode-se dizer, constituem um "esboço da pré-história dos direitos sociais",[118] já no Estado Liberal, ainda que seja mais adequado limitar esta afirmação ao quadro constitucional português, já que, em termos de Estado constitucional, a Constituição francesa de 1793 – embora não tenha entrado em vigor, foi pioneira em relação à preocupação social do Estado.

O assistencialismo estatal que se concebeu no quadro de um Estado já de viés social, no que se pode designar de um modelo de Estado pré-social, pode ser identificado na Alemanha de Bismarck e depois de Hitler, na Itália de Mussolini, na Espanha de Franco, no Portugal de Salazar e, no caso do Brasil, no Estado Novo de Getúlio Vargas. A assistência estatal ainda se identificava mais como um

---

[115] PISARELLO, Gerardo. *Los derechos sociales y sus garantías*, p. 21.

[116] OTERO, Paulo. *O poder de substituição em direito administrativo*, p. 517-518; PISARELLO, Gerardo. *Los derechos sociales y sus garantías*, p. 22.

[117] Afirmando que a Constituição de 1848 foi o ponto de inflexão na história de reivindicação e reconhecimento dos direitos sociais, PISARELLO, Gerardo. *Los derechos sociales y sus garantías*, p. 23.

[118] OTERO, Paulo. *O poder de substituição em direito administrativo*, p. 518.

beneplácito do líder carismático que propriamente um direito fundamental. A progressiva concentração do capital e dos monopólios econômicos, a intensificação das desigualdades sociais e a Primeira Guerra Mundial impuseram uma maior intervenção do Estado nos campos econômico e social, que se manteve com a reconstrução da Europa e, posteriormente, com a Segunda Guerra Mundial.[119]

A Alemanha foi pioneira na regulação da assistência em caso de acidente de trabalho, em 1871, que se estendeu depois para a Grã-Bretanha, em 1897 e para a França, em 1898. As reivindicações sociais de que foi porta-voz o partido social-democrata renderam dura repressão de Bismarck, que, não obstante e como antídoto político,[120] desenvolveu ampla política social,[121] de que são exemplos marcantes a lei de 1883, sobre seguro-doença obrigatório; a lei de 1884, sobre os acidentes de trabalho; e a lei de 1889, sobre o seguro velhice-invalidez, leis que foram englobadas posteriormente no pioneiro Código dos Seguros Sociais, de 1911. O sistema social alemão fundou-se não apenas na ação política, mas também no trabalho intelectual de Ferdinand Lassalle e no chamado *socialismo de cátedra*, gerado em congresso de professores, em 1872, que lançou manifesto contra o liberalismo simbolizado por Manchester e proclamou o Estado o "grande mestre moral da humanidade".[122]

O sistema alemão do fim do século XIX já antecipava os primeiros traços do Estado social que se iria formalizar, inicialmente com a Constituição de Weimar,[123] em 1919 e, posteriormente, com os traços do Estado de Direito democrático e social, com a Lei Fundamental de Bonn, de 1949. Nesse sentido é significativa a mensagem do Imperador ao *Reichstag*, em 17 de novembro de 1881, em que o Estado reconhecia a missão de, utilizando os meios da coletividade, promover "o bem-estar de todos os seus membros e, em particular, dos fracos e dos necessitados".[124] Pode-se reconhecer aqui uma das sementes de um futuro direito ao mínimo para uma existência digna.

---

[119] NOVAIS, Jorge Reis. *Contributo para uma teoria do estado de direito*, p. 182.

[120] PISARELLO, Gerardo. *Los derechos sociales y sus garantías*, p. 25.

[121] ROSANVALLON, Pierre. *A crise do estado-providência*; NOVAIS, Jorge Reis. *Contributo para uma teoria do estado de direito*, p. 180.

[122] ROSANVALLON, Pierre. *A crise do estado-providência*, p. 117-118.

[123] Sobre a Constituição de Weimar, cf. POLAKIEWICZ, Jörg. *El proceso historico de la implantación de los derechos fundamentales em alemania*, p. 31-37.

[124] ROSANVALLON, Pierre. *A crise do estado-providência*, p. 119.

Na Grã-Bretanha, após a alteração do sistema assistencial pré--liberal que permitiu a formação do proletariado industrial[125] e com o desenvolvimento do *Labour Party*, que vocalizava as reivindicações do movimento operário, foi instituída uma lei para assistência aos idosos indigentes, em 1908, e um sistema de seguros para doenças e desemprego, gerido pelo Estado, em 1911, que marca o esboço do *welfare state* britânico, desenvolvido, em 1920 e 1931, com planos de assistência-desemprego, e em 1925, com pensões a favor de viúvas e órfãos, chegando a se falar no acompanhamento do indivíduo "do berço até o túmulo".[126]

A França começou tarde no sistema de proteção social, editando em 1898 uma lei sobre acidentes de trabalho e, em 1910, uma lei sobre reformas operárias e camponesas, com pensões que não ultrapassavam o montante atribuído para assistência aos indigentes, apenas tendo instituído um sistema de seguro-desemprego já em 1958, na vigência do Estado social do segundo pós-guerra, em que o Relatório Beveridge exerceu grande influência.[127]

Não obstante várias manifestações de preocupação social em Constituições do período liberal – preocupação que, de resto, como se demonstrou, remontam à Antiguidade clássica – não se pode dizer que a assistência pública ou a garantia de meios de subsistência tenham se configurado, no período liberal, como verdadeiros direitos fundamentais. Não houve direitos fundamentais sociais antes do século XX,[128] nem sequer a consciência de que a garantia de meios materiais para uma existência digna seria um direito fundamental, oponível ao Estado. As prestações de saúde, educação ou de subsistência dos cidadãos desafortunados não se garantiam de modo universal, isonômico e mediante um aparato de controle jurisdicional, além de não se terem desenvolvido de modo uniforme, nas diversas experiências nacionais.[129]

---

[125] Pierre Rosanvallon assinala que, em 1834, ano da virada do sistema social para adaptar-se à nascente economia liberal, um sexto do rendimento líquido da propriedade rural britânica era empregado na manutenção do sistema assistencial, havendo um assistido por cada dez habitantes (cf. *A crise do estado-providência*, p. 113).

[126] Segundo frase de Lloyd George (cf. ROSANVALLON, Pierre. *A crise do estado-providência*, p. 114).

[127] ROSANVALLON, Pierre. *A crise do estado-providência*, p. 119-121.

[128] OTERO, Paulo. *O poder de substituição em direito administrativo*, p. 518.

[129] PISARELLO, Gerardo. *Los derechos sociales y sus garantías*, p. 25-27.

2.3. O direito a uma existência digna no Estado Social de Direito

O ocaso do modelo liberal de Estado e o início da proclamação formal de direitos sociais pelas Constituições marcam o esboço do reconhecimento formal de um direito ao mínimo para uma existência digna,[130] para além do assistencialismo[131] ainda impregnado das ideias de caridade ou de auxílio mútuo. A consolidação de aparatos de assistência estatal reforça a ideia de obrigação pública de assistência aos necessitados, mas ainda não torna explícita a existência de um direito fundamental à existência digna, oponível ao Estado, o que somente se afirma no quadro do modelo de Estado de Direito, consagrador da cláusula social e do princípio democrático, que, a partir do período posterior à Segunda Guerra Mundial, ganhou espaços no mundo ocidental.[132]

O modelo de Estado de Direito democrático e social teve suas primeiras manifestações nas Constituições mexicana de 1917 e de Weimar de 1919, sendo consolidado no período pós-Segunda Guerra Mundial, que deu ao Estado de Direito as feições do século XX,[133] sendo exemplos a Constituição francesa de 1946 e, depois, de 1958, a italiana de 1947, a Lei Fundamental de Bonn de 1949 – embora sintética quanto à socialidade[134] –, a Constituição portuguesa de 1976 – embora tenha tido originariamente perfil tendente para o socialismo[135] – e a espanhola de 1978. Entre as manifestações pioneiras e as

---

[130] Em sentido semelhante, PIZZOLATO, Filippo. *Il minimo vitale*, p. 6. Afirmando serem objetivos do Estado social a manutenção de um *"nível de vida suficiente"*, a redução da desigualdade e da pobreza, AGUDO, Miguel. *Estado social y felicidad*, p. 51-52. Assinalando, por outro lado, que o dever do Estado na manutenção de uma existência humana digna se deduz do próprio conceito de pertinência do indivíduo ao Estado, pelo princípio não escrito da relação de lealdade e proteção do Estado com seus cidadãos e não do princípio do Estado social, DOEHRING, Karl. *Estado social, estado de derecho y orden democrático*, p. 159.

[131] ABRAMOVICH, Víctor; COURTIS, Christian. *Los derechos sociales como derechos exigibles*, p. 37.

[132] HÄBERLE, Peter. *El estado constitucional*, p. 358-359; CAMPOAMOR, Alfonso Fernández-Miranda. El estado social, p. 143-150.

[133] BALDASSARE, Antonio. *Diritti della persona e valori costituzionali*, p. 130-131; 139-142; NOVAIS, Jorge Reis. *Contributo para uma teoria do estado de direito*, p. 179.

[134] Afirmando que a cláusula genérica de Estado social, embora tenha sido, num primeiro momento, entendida como um fórmula vazia de conteúdo, é hoje objeto de um *"acordo generalizado"* no sentido de que *"é um princípio retor vinculante para os poderes públicos"*, cf. BENDA, Ernst. *El estado social de derecho*, p. 521.

[135] OTERO, Paulo. *O poder de substituição em direito administrativo*, p. 522.

Constituições que consolidaram o Estado de Direito democrático e social na Europa ocidental vigeram regimes autoritários, em que havia um aparato de assistência social combinado com grande repressão das liberdades individuais e políticas. Para tais casos, não se utiliza a expressão Estado social, ou Estado de Direito democrático e social, expressões que aqui se empregam como sinônimas para designar um modelo de Estado de Direito[136] saído principalmente do segundo pós-guerra, que combina a consagração de direitos econômicos e sociais com direitos de liberdade e de participação democrática.

São exemplos de regimes autoritários mantenedores de aparatos de assistência social, entre outros, os regimes nacional-socialista na Alemanha, fascista na Itália, bem como o regime salazarista e marcellista em Portugal,[137] especialmente com a Constituição de 1933,[138] que traz rol de direitos sociais e faz menção à tarefa estatal de proteção das classes sociais mais desfavorecidas. São manifestações de que a questão social estava viva na Europa, constituindo-se em uma espécie de Estado autoritário de viés social, mas que não se constituíram em verdadeiros Estados sociais de Direito, na medida em que as liberdades individuais e políticas são elementos fundamentais no quadro de um verdadeiro reconhecimento e garantia de direitos sociais.[139] A esta discussão se retornará no Capítulo III desta

---

[136] BENDA, Ernst. *El estado social de derecho*, p. 526.

[137] Tais regimes são citados como modelos de Estado autoritário de viés social, sem que se pretenda analisar aspectos de natureza política, como, por exemplo, se a ditadura portuguesa teve ou não perfil fascista.

[138] Apontando a Constituição portuguesa de 1933 como instituidora de um Estado social, Paulo Otero afirma que ela "surge como sendo o primeiro texto constitucional que entre nós assume como clara tarefa dos poderes púbicos a realização do bem-estar e da justiça social" (cf. *O poder de substituição em direito administrativo*, p. 519). Arrolando outros Autores que qualificam a Constituição de 1933 como consagradora de um Estado social, cf. NOVAIS, Jorge Reis. *Contributo para uma teoria do estado de direito*, p.192, nota 475 e p. 209, nota 520. Assinalando a existência de vários direitos sociais, enquadrados no projeto corporativo da Constituição de 1933, cf. MIRANDA, Jorge. *Manual de direito constitucional*, Tomo I, 7. ed., p. 307 e, por outro lado, destacando o caráter autoritário da prática constitucional e a aplicação da Constituição econômica "em moldes de capitalismo autoritário, administrativo e proteccionista, mais apostado na conservação do que no desenvolvimento", (cf. op. cit., p. 323-327). Rejeitando a qualificação da Constituição portuguesa de 1933 como consagradora de um Estado social, cf. NOVAIS, Jorge Reis. *Contributo para uma teoria do estado de direito*, p. 209. Gomes Canotilho assinala que "O antiliberalismo do Estado Novo consistia, à semelhança do que aconteceu com os outros filões do pensamento conservador, em combater o liberalismo, mas como uma concepção de mundo e de vida (Weltanschauung) do que como forma de domínio social e econômico, correspondente à época do capitalismo de concorrência" (cf. *Direito constitucional e teoria da constituição*, 7. ed., p. 181-182).

[139] Gomes Canotilho destaca que a Constituição econômica de 1933 "viria a traduzir-se numa drástica restrição dos direitos fundamentais dos trabalhadores (proibição do direito à greve,

Parte I, especificamente no item destinado à análise do Estado de Direito democrático e social comum às Constituições portuguesa de 1976 e brasileira de 1988.

A necessidade de uma presença cada vez mais forte do Estado, aliada a pressões vindas de dentro do sistema capitalista – como a verbalizada pela Doutrina Social da Igreja – e de fora dele – a revolução socialista que instituiu a União das Repúblicas Socialistas Soviéticas,[140] para o enfrentamento da "questão social", culminou em que parte da Europa ocidental saísse da Segunda Guerra organizada sob um novo modelo de Estado de Direito, fundada em dois postulados centrais: a democracia política e a assunção, pelo Estado, de deveres prestacionais no campo social. Pode ser citado como uma semente deste modelo social o Relatório elaborado por Lord Beveridge em 1942, na Inglaterra, tratando da segurança social.

O Plano Beveridge foi o marco de instituição do *Welfare State* britânico e também do Estado-Providência no restante da Europa continental[141] no segundo pós-guerra, dando amplo sentido à expressão "segurança social", nascida do *Social Security Act* criado por Roosevelt nos Estados Unidos em 1935.[142] Em síntese, o sistema de segurança social de Lord Beveridge, buscando libertar o homem da necessidade[143] e que se pretendia vinculado a uma política de pleno emprego, fundava-se na generalidade – incluindo o conjunto da população; na unificação – com uma quotização única que abrange o conjunto dos riscos que podem privar o indivíduo de rendimento, pelo sistema de compensação nacional dos riscos sociais; na uniformização das prestações, independentemente do rendimento; e na centralização de sua gestão.[144]

Pode-se dizer que o Estado social de Direito surgiu como resposta às crescentes necessidades que a sociedade não podia suprir

---

proibição da liberdade sindical) em contraposição com as liberdades reconhecidas ao outro 'parceiro social" (cf. *Direito constitucional e teoria da constituição*, 7. ed., p. 182).

[140] NOVAIS, Jorge Reis. *Contributo para uma teoria do estado de direito*, p. 183; BALDASSARE, Antonio. *Diritti della persona e valori costituzionali*, p.127.

[141] Para um exemplo de análise mais próxima dos dias de hoje do modelo social europeu, cf. CASTLES, Francis G. *The future of the welfare state*: crisis myths and crisis realities. Oxford: Oxford University Press, 2004.

[142] ROSANVALLON, Pierre. *A crise do estado-providência*, p. 115.

[143] Sobre a garantia do mínimo vital a todos os cidadãos como o objetivo principal da ideia de segurança social de Lord Beveridge, cf. LALOIRE, Marcel. *Que é o mínimo vital?*, p. 374.

[144] ROSANVALLON, Pierre. *A crise do estado-providência*, p. 115.

por si só e como resposta a outro modelo de Estado erigido com a pretensão de suprir tais necessidades: o Estado socialista soviético. A consagração do Estado social de Direito teve forte influência da Doutrina Social da Igreja,[145] já que significou solução reformista para os problemas sociais, sem ruptura com o sistema capitalista, podendo-se dizer que, tendo sido impulsionado pela "ameaça socialista", adotou solução social que preservou a liberdade individual e a propriedade privada.[146] Por outro lado, o elemento democrático buscou afastar da memória europeia as experiências autoritárias que vigeram, em boa parte dos países, até o fim da Segunda Guerra Mundial.[147]

Uma das características centrais do Estado social de Direito é a existência de direitos fundamentais sociais a prestações, incluindo prestações normativas e prestações fáticas.[148] Mesmo na Lei Fundamental de Bonn, que opta pela consagração da cláusula genérica de Estado Social, a doutrina e a jurisprudência identificam direitos a prestações materiais implícitos ou adscritos.[149] Especialmente a Constituição portuguesa de 1976, tendo nascido no contexto de processo revolucionário que partiu de uma "decisão socialista",[150] caracteriza-se pelo extenso rol de direitos sociais a prestações, embora

---

[145] OTERO, Paulo. *O poder de substituição em direito administrativo*, p. 587: "não é o princípio socialista que justifica uma tal concepção (*de ligação entre bem-estar e dignidade da pessoa humana*), antes a mesma se deve encontrar na doutrina social da Igreja". Segundo Jorge Reis Novais, a dignidade da pessoa humana, um dos fundamentos do Estado Social de Direito, teve inegável influência do cristianismo em sua origem (*Os princípios constitucionais estruturantes da república portuguesa*, p. 56). Por outro lado, Peces-Barba Martínez refuta o que chama sobrevalorização do "cristianismo social" como fator preponderante na fundamentação de direitos fundamentais, apontando que os direitos sociais tiveram fundamento central no pensamento socialista. Assinala, ainda, que as encíclicas dos pontífices do século XIX desqualificam a filosofia dos direitos humanos e sua cristalização normativa nos textos jurídicos modernos, afirmando que, "só muito recentemente, quiçá a partir de Pio XII e sobretudo de João XXIII, se pode dizer que a Igreja católica assume a herança cultural dos direitos humanos, gerada na história da modernidade à sua margem e, inclusive, contra ela" (cf. *Derechos sociales y positivismo jurídico*, p. 115).

[146] Pierre Rosanvallon assinala que "o Estado-providência não é senão uma extensão e um prolongamento do Estado-protector" (liberal). "Não por terem a mesma forma e se apoiarem nas mesmas instituições, como é evidente, mas porque se baseiam numa mesma representação do indivíduo e das suas relações com o Estado" (cf. *A crise do estado-providência*, p. 21).

[147] Em Portugal, como é sabido, o regime autoritário sobreviveu ao fim da guerra, caindo somente com a Revolução de 1974.

[148] ALEXY, Robert. *Teoría de los derechos fundamentales*, p. 427-428.

[149] ALEXY, Robert. *Teoría de los derechos fundamentales*, p. 420-426.

[150] Sobre a *"decisão socialista"* no texto originário da Constituição de 1976, cf. CANOTILHO, José Joaquim Gomes. *Direito constitucional e teoria da constituição*, 7. ed., p. 335-336; MIRANDA, Jorge. *Manual de direito constitucional*, Tomo I, 7. ed., p. 363-365 e 382-409.

tenha estruturado o sistema de direitos fundamentais com relevância inegável dos direitos de liberdade individual.

O Estado social se diferencia dos aparatos de assistência pública próprios do modelo liberal, especialmente, pela cominação ao Estado do dever de buscar a justiça social por ampla e direta intervenção na sociedade, que já não se satisfaz com ações assistencialistas, antes pressupõe direitos fundamentais sociais. O novo princípio que informa o Estado – o da socialidade[151] – impõe ações que garantam as condições para uma existência digna dos cidadãos, bem como para a "prossecução de uma justiça social generalizada",[152] mediante a prestação de bens, serviços e infraestruturas, e não apenas com aparatos de segurança social.

Os direitos fundamentais sociais, ou os direitos a prestações materiais do Estado, devem ser analisados sob duas perspectivas: de um lado, como direitos fundamentais, gozam de normatividade; de outro, estando mais sujeitos à condição fática – a existência de recursos materiais – e jurídica – a definição de meios de sua realização, estão vinculados a regime jurídico peculiar, mesmo que se admita que também os direitos de liberdade tenham dimensões de eficácia sujeitas à reserva dos cofres públicos e à definição de normas organizatórias e procedimentais.

Ainda que parte da doutrina juspublicista, sob inspiração de concepção de caráter oitocentista dos direitos fundamentais e postulando uma leitura liberal das Constituições sociais, continue, nos dias de hoje, negando normatividade e jusfundamentalidade aos direitos sociais,[153] tal condição está presente em boa parte das Constituições

---

[151] Jorge Reis Novais assinala que o princípio da socialidade se compõem de uma dupla dimensão: "estadualização da sociedade" e "socialização do Estado" (*Contributo para uma teoria do estado de direito*, p. 187).

[152] NOVAIS, Jorge Reis. *Contributo para uma teoria do estado de direito*, p. 184.

[153] José de Melo Alexandrino assinala que no finais do século XX e início do século XXI, "parece ter-se reconhecido o relativo fracasso do Estado social", reclamando-se no domínio da intervenção social do Estado, "a restrição da universalidade dos direitos sociais (a reservar apenas para os mais desfavorecidos); a preferência por formas de 'prestação mínima' (como o rendimento mínimo garantido ou o rendimento social de inserção); a redução do número e dos montantes das prestações; o incremento de políticas de taxas para acorrer à sustentabilidade dos sistemas" (cf. *Direitos fundamentais*, p. 15-16, nota 18). No Brasil, para se verificar ilustre representante de visão excessivamente liberalizante dos direitos fundamentais, que se pode mesmo dizer de matriz oitocentista, negando aos direitos sociais, para além do mínimo, natureza de direitos fundamentais, da qual se registra expressa discordância, cf. TORRES, Ricardo Lobo. *O mínimo existencial e os direitos fundamentais*, p. 33-35; do mesmo Autor, *A cidadania multidimensional na era dos direitos*, p. 285-286 e *A metamorfose dos direitos sociais em mínimo existencial*, p. 1-46.

democráticas e sociais de nosso tempo, o que não impede o reconhecimento de que seu regime tenha particularidades, especialmente em se tratando de direitos a prestações fáticas. O regime típico dos direitos fundamentais sociais será analisado na altura adequada, quando do estudo das relações entre o direito ao mínimo para uma existência digna e a máxima eficácia dos direitos sociais. O que se deve reter nesta oportunidade é que o Estado social do segundo pós--guerra traz consigo, a par do princípio democrático, direitos sociais, implícitos em cláusula geral[154] ou expressos, como meios para uma máxima efetividade da dignidade humana. Direitos sociais que, em boa medida, formam a base do direito ao mínimo para uma existência digna, embora com ele não se confundam.

Se as ações públicas de assistência aos necessitados remontam à Antiguidade clássica, a ideia de um direito, oponível ao Estado, de defesa e de prestações mínimas para uma existência digna só surgiu no âmbito do Estado de Direito democrático e social,[155] embora vinculado à ideia de condição para os direitos de liberdade, em sua construção no Direito alemão. Em que pese a Lei Fundamental de Bonn não elencar direitos sociais a prestações, a obrigação de o Poder Público proteger a dignidade da pessoa humana, a cláusula do Estado Social e a máxima geral de igualdade estão na base de direitos derivados a prestações e podem ser interpretadas no sentido de um princípio de igualdade fática que, em casos especiais, pode fundamentar direitos originários a prestações.[156]

O direito a um mínimo de segurança social, ou a recursos materiais mínimos para uma existência digna, começou a ser fundamentado pela doutrina alemã com base no princípio da dignidade da pessoa humana, consagrado no art. 1º, I, da Lei Fundamental, já a partir do início da década de 1950,[157] no sentido de que o direito à

---

[154] Assinalando, por outro lado, que o princípio do Estado social consagrado na Lei Fundamental alemã impõe aos poderes públicos uma obrigação social, que se deve efetivar pela legislação ordinária, mas que não fundamenta, com seu encargo geral, pretensões individuais, HESSE, Konrad. *Elementos de direito constitucional da república federal da alemanha*, p. 170-171; 175-176. Apontando entendimento do Tribunal Constitucional Federal alemão no sentido de que o princípio do Estado social determina a construção de uma ordem social justa, mas deixa abertos todos os caminhos para tal objetivo, WEBER, Albrecht. *Estado social, direitos fundamentais sociais e segurança social na república federal da alemanha*, p. 14.

[155] "Su misión (*do Estado social*) está ante todo dirigida a asegurar el mínimo existencial de cada persona" (BENDA, Ernst. *El estado social de derecho*, p. 533).

[156] ALEXY, Robert. *Teoría de los derechos fundamentales*, p. 421.

[157] Ingo Sarlet informa que foi Otto Bachof quem primeiro sustentou a existência de um direito ao mínimo existencial, no início da década de 1950 (*A eficácia dos direitos fundametais*, 3. ed., p. 339-340).

vida, ou à vida digna, não postula somente a garantia da liberdade, mas necessita também de posições ativas indispensáveis à sua promoção.

O Tribunal Constitucional Federal alemão, em decisão de 1951,[158] embora negando o direito fundamental a uma assistência adequada por parte do Estado, reconheceu, num embrião do que futuramente seria o reconhecimento de um direito ao mínimo vital, que do descumprimento do dever do legislador de realizar o Estado social poderia surgir algum direito a ser reclamado perante a jurisdição constitucional. O Tribunal Administrativo Federal, pouco tempo depois, reconheceu o direito subjetivo do indivíduo a prestações materiais do Estado necessárias para a existência digna, com fundamento no princípio da dignidade da pessoa humana, no direito geral de liberdade e no direito à vida, em decisão de 1954.[159]

O reconhecimento do direito ao mínimo para uma existência digna, na jurisdição constitucional alemã, deu-se em 1975,[160] em decisão na qual o Tribunal Constitucional Federal afirma o dever do Estado de assistir aos necessitados, o direito de quem seja incapaz de prover o seu sustento a condições mínimas para uma existência humanamente digna e a liberdade de conformação do legislador para escolher os meios de proteção da dignidade humana. Decidiu-se que a assistência aos necessitados é um dos deveres do Estado social e que a comunidade estatal tem que assegurar-lhes as condições mínimas para uma existência humana digna. Tal decisão foi, posteriormente, consolidada na jurisprudência do Tribunal Constitucional alemão, que passou a reconhecer a incidência do direito ao mínimo existencial também na vertente negativa, de defesa contra a atuação do Estado.[161]

Pode-se dizer, desse modo, que foi o Tribunal Constitucional alemão que, pela primeira vez,[162] reconheceu a existência de um

---

[158] BVerfGE, 1, 97 (104 s.); cf. ALEXY, Robert. *Teoría de los derechos fundamentales*, p. 422.

[159] BVerwGE 1, 159 (161 e ss); cf. SARLET, Ingo Wolfgang. *A eficácia dos direitos fundamentais*, 7. ed., p. 340, nota 249.

[160] BVerfGE 40, 121 (133); cf. MARTINS, Leonardo. (org.). *Cinqüenta anos de jurisprudência do tribunal constitucional federal alemão*, p. 828-829. Cf. também ALEXY, Robert. *Teoría de los derechos fundamentales*, p. 422.

[161] BVerfGE 78, 104; BVerfGE 82, 60; BVerfGE 87, 153; cf. SARLET, Ingo Wolfgang. *A eficácia dos direitos fundamentais*, 7. ed., p. 340, nota 251. Apontando o Estado social como fundamento para o direito a recursos materiais mínimos, BENDA, Ernst. *El estado social de derecho*, p. 525.

[162] Afirmando que a Alemanha detém *"um certo pioneirismo nesta esfera"*, SARLET, Ingo Wolfgang. *A eficácia dos direitos fundamentais*, 7. ed., p. 330.

direito fundamental ao mínimo para uma existência digna, adscrito, basicamente, ao princípio da dignidade da pessoa humana e à cláusula do Estado social.[163] Direito que também foi reconhecido em sistemas constitucionais distintos,[164] em que há direitos sociais diretamente estatuídos por disposições jusfundamentais, mas que têm em comum com a Lei Fundamental alemã o alicerce do ordenamento constitucional – o princípio da dignidade da pessoa humana – e o modelo de Estado de Direito – democrático e social.

Pode-se identificar, no espaço europeu, a disseminação de instrumentos de garantia e promoção de meios mínimos de subsistência, em especial após o segundo pós-guerra, com destaque para a instituição geral de um rendimento mínimo.[165] Registre-se também a influência do Direito comunitário, no âmbito da União Europeia, que, se não assume, ele próprio, ou não impõe às ordens jurídicas nacionais meios específicos para assegurar a existência digna, tem exercido influência na disseminação do que se tem chamado *modelo social europeu*.[166]

De outro lado, cabe fazer especial referência a sistemas constitucionais que, tendo consagrado, diretamente, amplo rol de direitos

---

[163] Para uma amostragem de doutrina recente produzida na Alemanha sobre a fundamentação do mínimo existencial na dignidade da pessoa humana e no Estado social, cf. SARLET, Ingo Wolfgang. *A eficácia dos direitos fundamentais*, 7. ed., p. 341, nota 252. Sobre o princípio do Estado social (*Sozialstaatsprinzip*) como fundamento do direito ao mínimo vital, com base na jurisprudência do Tribunal Constitucional Federal alemão, cf. WEBER, Albrecht. *L'etat social et les droits sociaux en RFA*, p. 683-684.

[164] Registre-se, por exemplo, o reconhecimento do direito a um mínimo existencial pela jurisprudência constitucional da Colômbia e do Chile (cf. SARLET, Ingo Wolfgang. *A eficácia dos direitos fundamentais*, p. 330, nota 226; ARANGO, Rodolfo. *La prohibición de retrocesso em Colombia*, p. 156).

[165] Sobre o rendimento mínimo como meio de inserção social na experiência europeia, cf. PAUGAM, Serge. *Revenu minimum et politiques d'insertion*, p. 15-45. Para uma visão panorâmica sobre a experiência do rendimento mínimo, em fins da década de 1990: na Itália, cf. BERLIRI, Cristina; PARISI, Valentino. *Poverty targeting e impatto redistributivo del reddito minimo de inserimento*, p. 113-130; nos Países Baixos, cf. HOVEN, Rudy van den. *O rendimento mínimo, o caso holandês*, p. 227-248; na Espanha, cf. GAVIRIA, Mario. *Tendencias de la exclusión social en españa y las rentas minimas*, p. 47-65; DELGADO, Encina. *Rendimiento minimo, cultura de inserción social y desarrollo local*, p. 143-166; em Portugal, cf. BRANCO, Francisco. *Serviço social, rendimento mínimo e inserção*, p. 67-81; QUARESMA, Maria de Lourdes. *Acção social – os desafios do rmg*, p. 101-109; RODRIGUES, Fernanda. *Rendimento mínimo garantido*, p.111-119; na França, cf. MONDOLFO, Philip. *L'impact du rmi sur l'action sociale generaliste*, p. 83-99; PROST, Denis. *Noveaux défis pour le service social autour du revenu minimum d'insertion*, p. 195-210. Para uma abordagem do tema na experiência brasileira, cf. SUPLICY, Eduardo Matarazzo. *Legitimizing basic income in developing countries*, p. 407-423.

[166] Sobre a influência da União Europeia nos sistemas nacionais de assistência social, cf. PIZZOLATO, Filippo. *Il minimo vitale*, p. 31-51.

sociais a prestações, reforçam os lastros de um direito ao mínimo existencial e, indo além, impõem um dever de viabilização de uma sociedade de bem-estar. A análise do reconhecimento de tal direito adscrito em Constituições analíticas quanto a direitos sociais é feita, logo a seguir, tendo em conta os modelos português de 1976 e brasileiro de 1988.

3. O direito ao mínimo para uma existência digna em Constituições analíticas quanto a direitos sociais: o caso das Constituições portuguesa de 1976 e brasileira de 1988

3.1. Razões para a escolha dos sistemas constitucionais português e brasileiro

Importa, agora, verificar se uma característica do sistema alemão de direitos fundamentais – não haver direitos sociais diretamente estatuídos – é pressuposto para a identificação do direito ao mínimo existencial, como direito adscrito,[167] assim como são adscritos os direitos sociais reconhecidos pela jurisdição constitucional. A identificação do mesmo direito, com fundamento na jurisprudência e na doutrina alemãs, em Constituição que estatui diretamente direitos sociais a prestações parece, ao menos à primeira vista, não ser possível. Foram eleitas duas Constituições para esta análise: a portuguesa de 1976 e a brasileira de 1988. A escolha se fundou principalmente em duas razões: a) a existência de generoso rol de direitos sociais diretamente estatuídos, como direitos fundamentais; b) as influências recíprocas do constitucionalismo luso-brasileiro, o que se verifica, no caso presente, pela inegável inspiração que foi a Constituição portuguesa de 1976 na elaboração da Constituição brasileira de 1988.

Tanto a Constituição portuguesa de 1976, como a brasileira de 1988, ao contrário da Lei Fundamental de Bonn, com base na qual primeiro se falou em um direito ao mínimo existencial, consagram

---

[167] Sobre adscrição de direitos fundamentais, cf. o item 5.1, do Capítulo V, da Parte II.

amplo rol de direitos fundamentais, incluídos direitos sociais. Se o direito ao mínimo existencial foi inicialmente identificado com fundamento em princípios gerais, dada a ausência de direitos fundamentais sociais diretamente consagrados por disposições constitucionais, justifica-se seja perquirida a possibilidade de se encontrar o mesmo direito em Constituições que possuem inúmeras disposições jusfundamentais que consagram diretamente normas de direitos sociais a prestações.

Nesse sentido, a Constituição portuguesa de 1976 foi paradigma importante, na medida em que não se conteve na previsão dos princípios da dignidade da pessoa humana, da socialidade e da democracia, mas foi além, estatuindo enunciados normativos com amplo rol de direitos econômicos, sociais e culturais, que postulam prestações materiais do Estado em favor dos cidadãos. Se já as Constituições do México de 1917 e de Weimar de 1919 traziam alguns direitos sociais, e algumas Constituições do segundo pós-guerra também mencionaram diretamente direitos sociais a prestações, como a francesa de 1946, o certo é que a Constituição portuguesa de 1976 inaugurou uma espécie de Constituição democrática e social, marcada por generoso rol de direitos diretamente estatuídos pelas disposições jusfundamentais.

Pode-se dizer que a Constituição espanhola de 1978 foi influenciada por tal modelo, mas a ele não foi integralmente fiel, na medida em que não enumera direitos econômicos sociais e culturais, antes opta por elencar "princípios diretivos da política social e econômica", ainda que se deva reconhecer que as disposições constitucionais consagrem, direta ou indiretamente, inúmeros direitos fundamentais. Assim, influência central do modelo constitucional português, quanto ao elenco de direitos sociais, pode ser identificada na Constituição brasileira de 1988. Nesse sentido, ambas são Constituições generosas na previsão de direitos sociais, constituindo-se portanto em importante objeto de análise da viabilidade de se identificar um direito ao mínimo para uma existência digna em Constituições analíticas quanto a direitos sociais.

Outra razão para se analisar comparativamente os sistemas português e brasileiro é a existência de influências recíprocas que marcaram o constitucionalismo luso-brasileiro,[168] desde os seus

---

[168] Sobre a influência da Constituição portuguesa de 1976 sobre a Constituição brasileira de 1988, cf. BONAVIDES, Paulo. *Constitucionalismo luso-brasileiro: influxos recíprocos*, p. 51-53;

primórdios. Podem ser mencionados, nesse sentido, como parte da pré-história dos influxos recíprocos, do lado brasileiro, o projeto de Antônio Carlos para os revolucionários de Pernambuco em 1817, das "Bases do Governo Provisório da República de Pernambuco" e, do lado português, a conspiração liberal de Gomes Freire de Andrade que, embora abafada, teve valores que permaneceram, na sequência de uma revolução liberal, nas "Bases das Cortes Gerais Extraordinárias e Constituintes da Nação Portuguesa", de 1821.[169]

É correto afirmar-se que "O constitucionalismo começou em Portugal e no Brasil ao mesmo tempo".[170] A revolução de 1820 deu origem às Cortes Constituintes que elaboraram a Constituição de 1822 em Portugal. As Cortes Constituintes contaram com representantes brasileiros[171] – assim como dos territórios portugueses da África e da Ásia –, sendo curioso o fato de que a Constituição portuguesa de 1822 foi subscrita por trinta e seis deputados brasileiros no dia 23 de setembro de 1822, dezesseis dias após ter sido declarada a independência do Brasil por D. Pedro I.[172]

FERREIRA FILHO, Manoel Gonçalves. *Constitucionalismo português e constitucionalismo brasileiro*, p. 55-69; CORRÊA, Oscar Dias. *Breves observações sobre a influência da constituição portuguesa na constituição brasileira de 1988*, p. 71-88; MIRANDA, Jorge. *O constitucionalismo liberal luso-brasileiro*, Lisboa, 2001.

[169] Assinala Paulo Bonavides que a insurreição pernambucana coincidia em Portugal com a conspiração liberal de Gomes Freire de Andrade e, a despeito de terem sido ambos os movimentos sufocados, seus valores voltaram com o mesmo ímpeto, seja pela revolução de 1820, em Portugal, que, posteriormente, deu origem à Constituição de 1822, seja pela Constituinte de 1823 no Brasil, embora esta tenha sido dissolvida por D. Pedro I (*Constitucionalismo luso-brasileiro: influxos recíprocos*, p. 20 e nota 1).

[170] MIRANDA, Jorge. *O constitucionalismo liberal luso-brasileiro*, p. 10.

[171] Assinalando as divergências entre deputados portugueses e brasileiros nas Cortes Constituintes, MIRANDA, Jorge. *O constitucionalismo liberal luso-brasileiro*, p. 19; do mesmo Autor, *Manual de direito constitucional*, Tomo I, 6. ed., p. 222. Registrando que os trabalhos constituintes foram iniciados sem a presença de todos os representantes brasileiros, o que motivou protestos e a pretensão de que só se vinculasse o Brasil à parte da Constituição discutida e votada por seus deputados, OTERO, Paulo. *Dos entes territoriais infra-estaduais no direito constitucional português*, p. 35-36; e *O brasil nas cortes constituintes portuguesas de 1821-1822*, p.424-425. E, por outro lado, assinalando que "o ambiente na Assembleia Constituinte era marcadamente antibrasileiro", em função de "verdadeiras situações de humilhação de Portugal face aos interesses e à política ditada pelo Brasil" de D. João VI, OTERO, Paulo. *Dos entes territoriais infra-estaduais no direito constitucional português*, p. 40; e *O brasil nas cortes constituintes portuguesas de 1821-1822*, p. 431. Apontando uma dissidência de representantes brasileiros, que se recusaram a participar das Cortes Constituintes, tendo formulado em Londres um manifesto de protesto contra a Constituição das Cortes que entendiam inserir "artigos injuriosos e humilhantes ao seu País, e talvez nenhum só que possa, ainda de um modo indireto, concorrer para a sua fartura posto que remota prosperidade", BONAVIDES, Paulo. *Constitucionalismo luso-brasileiro: influxos recíprocos*, p. 21-22 e nota 2 e p. 37-45.

[172] BONAVIDES, Paulo. *Constitucionalismo luso-brasileiro: influxos recíprocos*, p. 22.

Daí segue a primeira Constituição brasileira, em 1824, após D. Pedro I ter dissolvido a Assembleia Constituinte que preparava, sob a inspiração de Antônio Carlos, projeto de Constituição inspirada na Constituição portuguesa de 1822. A Constituição de 1824, outorgada pelo Imperador, foi fonte de inspiração para a Carta Constitucional de 1826 em Portugal, elaborada pelo mesmo D. Pedro – em Portugal, D. Pedro IV –, tendo sido redigida e assinada pelo próprio, no Brasil, antes de abdicar do trono português.[173]

As influências recíprocas seguiram com a República, quando a Constituição brasileira de 1891, que decorreu da proclamação da República em 1889, serviu de base para a Constituição portuguesa de 1911,[174] após a proclamação da República, em 1910, pondo fim a séculos de monarquia em Portugal. Citem-se também as Constituições relativas a períodos autoritários denominados, em ambos os países, de Estado Novo: a de 1933, em Portugal, e a de 1937, no Brasil,[175] e, por fim, a influência marcante da Constituição da redemocratização portuguesa, a de 1976 – com suas alterações posteriores, a partir de 1982, que atenuaram uma tendência para o socialismo – sobre a Constituição da redemocratização brasileira, a de 1988.[176]

São extraídos, nos pontos que se seguem, alguns tópicos de semelhança e de distinção entre os sistemas de direitos fundamentais das Constituições portuguesa de 1976 e brasileira de 1988, no sentido de se demonstrar que, para o fim de se identificar a consagração, em ambas, de um direito ao mínimo para uma existência digna, os pontos de identidade permitem encontrar meios de fundamentação comuns, enquanto as diferenças não implicam a não identificação do direito. De um lado, são destacados três dados comuns no tratamento dos direitos fundamentais: a dignidade da pessoa humana como alicerce e base, tanto dos direitos fundamentais, como da organização e do funcionamento do Estado; a consagração de um Estado de

---

[173] Sobre a história das "Constituições de D. Pedro", cf. MIRANDA, Jorge. *O constitucionalismo liberal luso-brasileiro*, p. 23-41; do mesmo Autor, *Manual de direito constitucional*, Tomo I, 6. ed., p. 222; BONAVIDES, Paulo. *Constitucionalismo luso-brasileiro: influxos recíprocos*, p. 22-47. Assinala Bonavides que, àquela época, "O Império podia rejubilar-se assim de haver inspirado a Portugal uma Constituição – a Carta de 1826 – como inspirara à Argentina um Código – o Projeto de Teixeira de Freitas" (op. cit., p. 23).

[174] BONAVIDES, Paulo. *Constitucionalismo luso-brasileiro: influxos recíprocos*, p. 48-50; MIRANDA, Jorge. *Manual de direito constitucional*, Tomo I, 6. ed., p. 222.

[175] MIRANDA, Jorge. *Manual de direito constitucional*, Tomo I, 6. ed., p. 222-223.

[176] MIRANDA, Jorge. *Manual de direito constitucional*, Tomo I, 6. ed., p. 223; BONAVIDES, Paulo. *Constitucionalismo luso-brasileiro: influxos recíprocos*, p. 51-53.

Direito democrático e social; e a consagração expressa de amplo rol de direitos sociais a prestações. Tais pontos permitem identificar um regime comum dos direitos fundamentais, que postula a justificação de um direito ao mínimo para uma existência digna.

E, por outro lado, são distintas as técnicas de constitucionalização dos direitos fundamentais, ainda que ambas as Constituições sejam analíticas quanto a direitos sociais, além de que o exercício da função legislativa, que se considera dado essencial no regime de tais direitos, seja distinto quanto à distribuição de competências. Assim, embora as normas constitucionais que tratam do exercício de função legislativa não façam parte da matéria de direitos fundamentais – estritamente considerada –, têm sobre ela relevante influência, o que justifica seja tratada como um dos traços de distinção dos sistemas de direitos. Não obstante, tais pontos que afastam parcialmente os sistemas de direitos fundamentais não têm influência sobre a identificação de um direito ao mínimo para uma existência digna, o que se irá verificar no momento oportuno.

3.2. Identidades entre os sistemas de direitos fundamentais

3.2.1. Dignidade da pessoa humana como alicerce

As semelhanças entre os dois sistemas são marcantes. De início, a dignidade da pessoa humana é o eixo central, tanto da Constituição portuguesa quanto da brasileira, sendo ambas o produto jurídico da superação de períodos autoritários – por revolução, no caso português, e por pacífica mudança de regime, no Brasil. Na Constituição brasileira, é o que se vê nos arts. 1°, III (fundamento do Estado Democrático de Direito); 170, *caput* (fim da ordem econômica). Na Constituição portuguesa: art. 1° (base da República).

A ideia de dignidade da pessoa humana tem sido marcada, ao longo do tempo, pela evolução do pensamento, no sentido de se questionar o que distingue o ser humano, o que compõe a sua "humanidade", evolução esta que está fortemente presente na manifestação jurídica dessa dignidade. E uma das maiores dificuldades em se construir a noção jurídica de dignidade da pessoa humana está precisamente em que se trata de um valor em geral utilizado para a identificação do homem como tal, ou uma qualidade inerente a todo ser humano,[177] o que a faz vaga[178] e mais difícil de ser aprisionada nos contornos de uma definição jurídica.

Pode ser identificada uma pré-história da dignidade da pessoa humana enquanto objeto de teorização e reflexão, a partir da formação do monoteísmo e do nascimento da filosofia na Grécia antiga, pelos primeiros decisivos passos na construção de um saber racional. Com a evolução das religiões para uma fé monoteísta e de relação mais pessoal com a divindade e as relações entre as cidades-Estados que intensificaram a aproximação e a compreensão das diferentes culturas, em especial a partir da filosofia grega, "Lançavam-se, assim, os fundamentos intelectuais para a compreensão da pessoa humana e para a afirmação da existência de direitos universais porque a ela inerentes".[179]

A igualdade de natureza entre todos os homens pode ser encontrada, por exemplo, em Antifone (480-411 a. C.), segundo quem "Convém considerar as necessidades que a natureza impõe a todos os homens; todos conseguem prover a essas necessidades nas mesmas condições; no entanto, no que concerne a todas essas necessidades, nenhum de nós é diferente, seja ele bárbaro ou grego".[180] Também a filosofia estóica teve como algumas de suas referências a unidade moral do ser humano e a dignidade do homem, filho de Zeus e detentor de direitos inatos, que compartilha com seus semelhantes o atributo da razão.[181]

O cristianismo representou outro passo fundamental no reconhecimento histórico de uma dignidade inata ao ser humano,[182] em especial a partir da obra de Paulo de Tarso, que prestigiou o universalismo evangélico, a partir do qual todos os homens são igualmente filhos de Deus, ainda que, por muito tempo, a Igreja tenha convivido com atentados a tal dignidade, com foram as formas de escravidão.[183]

---

[177] SARLET, Ingo Wolfgang. *As dimensões da dignidade da pessoa humana*, p. 16.

[178] Sobre a vagueza como problema da juridicização de um dever de virtude pertencendo à tradição kantiana de dignidade da pessoa humana, cf. SEELMAN, Kurt. *Pessoa e dignidade da pessoa humana na filosofia de Hegel*, p. 47.

[179] COMPARATO, Fábio Konder. *A afirmação histórica dos direitos humanos*, 4. ed., p. 9-11.

[180] COMPARATO, Fábio Konder. *A afirmação histórica dos direitos humanos*, 4. ed., p. 14-15.

[181] COMPARATO, Fábio Konder. *A afirmação histórica dos direitos humanos*, 4. ed., p. 16; HÄBERLE, Peter. *A dignidade humana como fundamento da comunidade estatal*, p. 117.

[182] BENDA, Ernst. *Dignidad humana y derechos de la personalidad*, p. 117.

[183] COMPARATO, Fábio Konder. *A afirmação histórica dos direitos humanos*, 4. ed., p. 17-18.

A consideração de todos os homens como filhos de Deus, feitos à sua imagem e semelhança, que se desenvolveu no pensamento cristão, é um dos pontos de grande relevância no desenvolvimento da noção de dignidade,[184] assim como o desenvolvimento do termo pessoa, ideia trabalhada por Santo Tomás de Aquino,[185] englobando no homem as substâncias espiritual e corporal, podendo-se dizer que tal concepção medieval de pessoa fundamentou a construção da ideia de igualdade essencial dos seres humanos que mais tarde possibilitaria o conceito de direitos humanos universais.[186]

Para um curto apanhado sobre a contribuição filosófica acerca da dignidade da pessoa humana, tome-se de empréstimo síntese explicativa de Béatrice Maurer,[187] que se padece de simplificação que ofusca a riqueza de suas múltiplas considerações, permite a identificação de algumas ideias-força, o que é suficiente para os objetivos desta exposição. Nesse sentido, podem ser citados três grandes grupos, não obstante a composição heterogênea de cada qual, que se identificam por ideias centrais que se generalizam. O primeiro grupo é o dos pensadores que entendem a dignidade como um absoluto inalienável, que faz com que o ser humano seja uma pessoa humana, o que não admite contestação. Neste grupo são incluídos Cícero, Pascal, Kant, Levinas, Mounier e Gabriel Marcel.

Em segundo lugar, têm-se os pensadores que compreendem a dignidade da pessoa humana, cujo fundamento é então imanente, como um dado que se desenvolve, se fortalece e depende de um porvir, em geral resultado de condições externas ao homem. É o caso de Hegel, Marx – que, na verdade, rejeita a ideia burguesa de dignidade da pessoa humana –, Taine e Durkheim, ou ainda dos defensores de que a dignidade será alcançada pelo ser humano durante o seu desenvolvimento, quando atinge autonomia de vontade, perdendo-a com a morte biológica, como H. T. Engelhart, R. M. Hare e M. Tooley. E, por fim, o terceiro grupo é o dos pensadores que negam

---

[184] HÄBERLE, Peter. *A dignidade humana como fundamento da comunidade estatal*, p. 117.

[185] "A aplicação do conceito antropológico de pessoa a Deus divinizou a expressão e, quando voltou para definir o homem, atribuiu-lhe uma dignidade eminente. Tomás de Aquino confere-lhe uma visão surpreendente na famosa questão 29" (...) "A pessoa humana é, pois, muito mais que uma animal dentre a sua espécie. Dessa forma, a pessoa designa, para Tomás de Aquino e os demais teólogos, 'o que há de mais perfeito em toda a natureza" (MAURER, Béatrice. *Notas sobre o respeito da dignidade da pessoa humana*, p. 66-67).

[186] COMPARATO, Fábio Konder. *A afirmação histórica dos direitos humanos*, 4. ed., p. 19-20.

[187] A síntese citada é encontrada em MAURER, Béatrice. *Notas sobre o respeito da dignidade da pessoa humana*, p. 67-70.

a dignidade da pessoa humana, como Lèvi-Strauss, que defendeu que a ideia de dignidade que fundamenta a superioridade do ser humano sobre os demais animais é um mito, além da análise psicológica de Skinner, para quem liberdade e dignidade são ilusões, ou os estudos de biologistas como Wilson e Bateson, que defenderam que o indivíduo não existe para si próprio, mas para os genes ou a espécie.

A grande contribuição moderna para a reflexão sobre a dignidade da pessoa humana, cujo legado ainda se vê em nossos dias, é a ideia kantiana de que o ser humano existe como um fim em si mesmo, não como meio.[188] Daí decorre que todo homem tem dignidade, não preço;[189] consequência da dignidade humana é o dever de respeito.[190] Cada ser humano é insubstituível, não tendo equivalente e, portanto, não pode ser trocado por coisa alguma. Podem ser verificados, mesmo fora das formas clássicas de escravidão, exemplos de "coisificação" do ser humano, ou de aviltamento de sua dignidade, como a exploração dos trabalhadores, especialmente nos primeiros anos da industrialização, em que os operários são relegados à condição de mercadorias e as experiências traumáticas dos campos de concentração nazistas, bem como no *Gulag* soviético.[191]

Por fim, outro passo fundamental para a conformação da ideia atual de dignidade foram as críticas sociais do século XIX, especialmente em relação ao movimento operário, com Lassalle associando a melhoria das condições materiais dos trabalhadores a uma existência digna e Proudhon incluindo a dignidade humana na ideia de justiça, com o que as concepções de dignidade da pessoa humana se

---

[188] "O homem e, duma maneira geral, todo o ser racional, existe como fim em si mesmo, não só como meio para o uso arbitrário desta ou daquela vontade. Pelo contrário, em todas as suas acções, tanto nas que se dirigem a ele mesmo como nas que se dirigem a outros seres racionais, ele tem sempre de ser considerado simultaneamente com fim" (KANT, Immanuel. *Fundamentação da metafísica dos costumes*, p. 68).

[189] "No reino dos fins tudo ou tem um preço ou uma dignidade. Quando uma coisa tem um preço, pode-se pôr em vez dela qualquer outra como equivalente; mas quando uma coisa está acima de todo o preço, e portanto não permite equivalente, então ela tem dignidade" (...) "aquilo porém que constitui a condição só graças à qual qualquer coisa pode ser um fim em si mesma, não tem somente um valor relativo, isto é um preço, mas um valor íntimo, isto é dignidade" (KANT, Immanuel. *Fundamentação da metafísica dos costumes*, p. 77).

[190] "... os seres racionais se chamam pessoas, porque a sua natureza os distingue já como fins em si mesmos, quer dizer como algo que não pode ser empregado como simples meio e que, por conseguinte, limita nessa medida todo o arbítrio (e é um objecto do respeito)" (KANT, Immanuel. *Fundamentação da metafísica dos costumes*, p. 68).

[191] COMPARATO, Fábio Konder. *A afirmação histórica dos direitos humanos*, 4. ed., p. 23-24.

alteram significativamente, "transitando do reino do 'pensamento puro' para a prática jurídica".[192]

À ideia kantiana do homem como fim em si mesmo, a filosofia existencialista do início do século XX acrescentou a visão segundo a qual o que importa é o homem concreto;[193] cada ser humano é uma singularidade, inconfundível, inigualável e irrepetível. Daí nenhum homem poder repetir a experiência existencial de outro. Além disso, a ideia kantiana tem tido larga aplicação na jurisprudência do Tribunal Constitucional Federal alemão, sob a fórmula da tese-objeto de Günter Dürig, segundo a qual a dignidade humana é atingida quando o homem concreto é degradado em objeto.[194]

Pode-se hoje dizer que a dignidade da pessoa humana, ideia-força do mundo contemporâneo,[195] é uma qualidade inata de cada ser humano,[196] cuja obrigação de respeito se pode qualificar como uma das mais relevantes conquistas históricas, independentemente de instituição formal pelo Direito, que a reconhece pelo equivalente princípio fundamental. Nela se identifica uma dimensão ontológica, como qualidade intrínseca da pessoa humana,[197] irrenunciável e

---

[192] HÄBERLE, Peter. *A dignidade humana como fundamento da comunidade estatal*, p. 117-118.

[193] LUMIA, Giuseppe. *O existencialismo perante o direito, a sociedade e o estado*, especialmente p. 39-40; 117.

[194] HÄBERLE, Peter. *A dignidade humana como fundamento da comunidade estatal*, p. 99 e nota 65 e p. 119.

[195] "A noção de dignidade da pessoa humana estabelece um consenso teórico universal". (MAURER, Béatrice. *Notas sobre o respeito da dignidade da pessoa humana*, p. 61).

[196] Béatrice Maurer assinala que a dignidade é a fonte e, ao mesmo tempo a finalidade a pessoa humana. (*Notas sobre o respeito da dignidade da pessoa humana*, p. 74). Apontando, por outro lado, corrente doutrinária alemã que concebe a dignidade humana como prestação (*Leistung*), no sentido de que esta não seria atributo natural do homem, nem um valor, mas uma tarefa que o indivíduo pode realizar, mas que também pode perder, cf. HÄBERLE, Peter. *A dignidade humana como fundamento da comunidade estatal*, p. 119-120.

[197] CANOTILHO, José Joaquim Gomes; MOREIRA, Vital. *Constituição da república portuguesa anotada*, v. 1, 4. ed., p. 199. Tal dimensão não se reduz à concepção que cada qual tenha em relação à sua própria dignidade, mas parte de valores adquiridos e reconhecidos pela sociedade. "O que acontece é que essa valorização extrema do indivíduo e daquilo que ele pensa ser a verdade é certamente a maior ameaça atual para a dignidade da pessoa humana no Ocidente. A recusa de qualquer análise objetiva em nome do reinado do relativismo, longe de levar à tolerância, pode levar ao totalitarismo do indivíduo sobre ele próprio e sobre os outros". (MAURER, Béatrice. *Notas sobre o respeito da dignidade da pessoa humana*, p. 71). Nesse sentido, cite-se o conhecido caso do "lançamento de anões", em que o Conselho de Estado francês decidiu que o respeito à dignidade da pessoa humana não se submete a quaisquer concessões em função de apreciações subjetivas que cada um pode atribuir à sua pessoa, "parecendo-nos aqui, portanto, o consentimento do anão, em relação ao tratamento degradante que sofre, juridicamente indiferente" (op. cit., p. 72).

inalienável, não podendo ser criada, concedida, tocada[198] ou retirada,[199] mas devendo ser reconhecida e protegida.[200] Compõe também a noção de dignidade humana uma dimensão intersubjetiva,[201] na medida em que a ideia de dignidade de cada ser humano se reflete no meio social em que vive e também o reflete,[202] postulando-se uma dignidade social, que se manifesta por meio do acesso aos bens da vida necessários ao desenvolvimento da pessoa, do reconhecimento pela sociedade e suas instituições da igual dignidade de cada ser humano[203] e da dimensão política da dignidade, em que cada ser humano deve tomar parte das decisões relevantes sobre o seu próprio destino.[204]

Registre-se, ainda, que a dignidade da pessoa humana é noção em permanente evolução, podendo-se destacar uma perspectiva histórico-cultural da dignidade.[205] Como se mencionou acima, em apertada síntese, houve vários traços evolutivos do pensamento humano que culminaram na ideia contemporânea de dignidade da pessoa humana que, como dado também jurídico, necessita de constante trabalho de interpretação e aplicação, como acontece com

---

[198] Afirmando que a dignidade humana "é resistente à ponderação", HÄBERLE, Peter. *A dignidade humana como fundamento da comunidade estatal*, p. 128-129. Em sentido contrário, sobre a possibilidade de intervenção limitativa, mediante ponderação, no princípio da dignidade da pessoa humana, cf. KLOEPFER, Michael. *Vida e dignidade da pessoa humana*, p. 177-178.

[199] Se a dignidade da pessoa humana é um absoluto, no sentido de qualidade inata ao ser humano que não pode ser perdida, subtraída ou renunciada, não se pode propriamente falar em perda da dignidade humana, mas apenas em perda da dignidade da "ação humana". Sobre a distinção, cf. MAURER, Béatrice. *Notas sobre o respeito da dignidade da pessoa humana*, p. 81-83. No mesmo sentido da impossibilidade de perda da dignidade, cf. KLOEPFER, Michael. *Vida e dignidade da pessoa humana*, p. 161.

[200] SARLET, Ingo Wolfgang. *As dimensões da dignidade da pessoa humana*, p. 18-22.

[201] HÄBERLE, Peter. *El estado constitucional*, p. 292; do mesmo Autor, *A dignidade humana como fundamento da comunidade estatal*, p. 127-128; CANOTILHO, José Joaquim Gomes; MOREIRA, Vital. *Constituição da república portuguesa anotada*, v. 1, 4. ed., p. 199.

[202] Sobre a autocompreensão individual, de grupos e de toda a sociedade acerca da dignidade humana e sua relação com a vivência concreta da dignidade, cf. HÄBERLE, Peter. *A dignidade humana como fundamento da comunidade estatal*, p. 140.

[203] Béatrice Maurer assinala que há um certo consenso social, mutável, acerca da dignidade da pessoa humana e que o respeito pela dignidade não decorre necessariamente de sua previsão normativa (*Notas sobre o respeito da dignidade da pessoa humana*, p. 72-73).

[204] SARLET, Ingo Wolfgang. *As dimensões da dignidade da pessoa humana*, p. 22-26; HÄBERLE, Peter. *A dignidade humana como fundamento da comunidade estatal*, p. 133-134, em que afirma que "Dignidade humana, como direito de participação e conformação políica, constitui, assim, um direito fundamental à democracia".

[205] HÄBERLE, Peter. *El estado constitucional*, p. 289-290; SARLET, Ingo Wolfgang. *As dimensões da dignidade da pessoa humana*, p. 26-30. No mesmo sentido, Acórdão n° 90-105-2, de 29.03.1990, do Tribunal Constitucional português.

outros conceitos jurídicos vagos e imprecisos. Em outras palavras, as decorrências da dignidade não estão imunes à história,[206] antes se enriquecem na medida em que se expandem e se alteram as próprias necessidades para uma vida humana plena.[207]

A dignidade da pessoa humana se consolidou no campo jurídico com a Declaração Universal dos Direitos Humanos, feita pela Organização das Nações Unidas em 1948,[208] que, em seu art. 1º, dispõe que todos os seres humanos nascem livres e iguais em dignidade e direitos o que, de certo modo, "revitalizou e universalizou (...) as premissas basilares da doutrina kantiana".[209] A Segunda Guerra Mundial e os horrores que produziu deixaram claro para o mundo a importância universal da dignidade:[210] mais que uma convicção moral, mais que um postulado religioso, a dignidade da pessoa humana passa a princípio jurídico basilar de Direito Internacional[211] e dos Direitos Constitucionais, fundada em postulado ético suprajurídico.

---

[206] "Se uma tal tentativa de definição social é necessária (*da dignidade humana*), ela permanece evolutiva e relativa, uma vez que reflete os costumes e as concepções mais amplamente compartilhadas" (MAURER, Béatrice. *Notas sobre o respeito da dignidade da pessoa humana*, p. 72).

[207] Peter Häberle assinala que a dimensão comunitária da dignidade fundamenta um desenvolvimento dos deveres e obrigações que dela decorrem, dando como exemplo o fato de os limites do crescimento do Estado social de Direito tornarem necessária a proteção do meio ambiente, bem como o *status activus processualis* (*A dignidade humana como fundamento da comunidade estatal*, p. 102).

[208] A Carta das Nações Unidas de 1945 já fazia menção à dignidade humana; a referência à dignidade em textos de Direito Internacional pode ser verificada, por exemplo, no Estatuto da UNESCO, também de 1945, no preâmbulo do Pacto Internacional sobre Direitos Civis e Políticos, de 1966, na Convenção das Nações Unidas sobre Tortura, de 1984, na Convenção sobre o Direito das Crianças de 1990, bem como nos arts. 1º e 31, I, da Carta de Direitos Fundamentais da União Europeia, de 2000. Pode-se verificar, no âmbito do Direito Internacional, uma "dimensão prospectiva da dignidade, apontando para a configuração de um futuro compatível com a dignidade da pessoa". (HÄBERLE, Peter. *A dignidade humana como fundamento da comunidade estatal*, p. 91).

[209] SARLET, Ingo Wolfgang. *As dimensões da dignidade da pessoa humana*, p. 20.

[210] "*A dignidade humana como 'reação' aos horrores e violações perpetrados na Segunda Guerra Mundial é (...) digna de nota*" (HÄBERLE, Peter. *A dignidade humana como fundamento da comunidade estatal*, p. 91); "O assombro em relação ao horror nazista fez com que a dignidade da pessoa humana, como fundamento da Constituição, se tornasse um postulado evidente". (SEELMAN, Kurt. *Pessoa e dignidade da pessoa humana na filosofia de Hegel*, p. 47). No mesmo sentido, BENDA, Ernst. *Dignidad humana y derechos de la personalidad*, p. 124; FERNÁNDEZ SEGADO, Francisco. *La dignité de la personne en tant que valeur suprême de l'ordre juridique espagnol et en tant que source de tous les droits*, p. 451.

[211] "A dignidade humana possui uma referência cultural relativa, ela se situa no contexto cultural, possuindo, contudo, também feições tendencialmente universais" (HÄBERLE, Peter. *A dignidade humana como fundamento da comunidade estatal*, p. 127). Sobre a tutela dos direitos fundamentais no âmbito do Direito comunitário europeu, cf. MARTINS, Patrícia Fragoso. *Da proclamação à garantia efectiva dos direitos fundamentais*, p. 25-35.

Nas Constituições que consagram Estado de Direito democrático e social,[212] como é o caso da portuguesa e da brasileira, a dignidade da pessoa humana é fundamento para a defesa e a proteção[213] do espaço de autonomia privada e, ao mesmo tempo, para a intervenção pública na assistência aos necessitados,[214] incluídos os que ainda não têm ou perdem a capacidade de autodeterminação consciente.[215] No primeiro caso, garante os direitos de liberdade e a autodeterminação quanto às escolhas relativas à própria vida, seja em face do Estado, seja da sociedade; no segundo, assegura a preservação da dignidade mesmo àqueles que ainda não têm ou que perderam a consciência de sua humanidade e, por outro lado, possibilita a existência de direitos fundamentais a prestações[216] necessárias para que seja respeitada a dignidade da pessoa. A dignidade da pessoa humana é, pois, o núcleo axiológico em que se alicerça o sistema de direitos fundamentais.[217]

Nesse sentido, se a dignidade da pessoa humana se afasta por completo de qualquer situação em que o homem é reduzido a objeto, por outro lado não impede, antes postula a ação positiva

---

[212] Peter Häberle informa que a Constituição de Weimar de 1919 já fazia menção à dignidade humana, no art. 151, III, tratando da atividade econômica, o que influenciou *"as Constituições estaduais alemãs após 1945 e 1989"* (*A dignidade humana como fundamento da comunidade estatal*, p. 92). Sobre a presença da dignidade da pessoa humana como fundamento de ordens jurídicas e esferas culturais tão distintas entre si, como se pode verificar pelas Constituições do Japão de 1946; do Irã de 1979; do Peru de 1979 e depois de 1993; da Guatemala de 1985; da Itália de 1947; da Alemanha de 1949; de Portugal de 1976; além da Espanha de 1978, cf. FERNÁNDEZ SEGADO, Francisco. *La dignité de la personne en tant que valeur suprême de l'ordre juridique espagnol et en tant que source de tous les droits*, p. 452-456.

[213] HÄBERLE, Peter. *A dignidade humana como fundamento da comunidade estatal*, p. 137. O dever de defesa e proteção da dignidade da pessoa humana contra terceiros pode ser cumprido de várias formas, seja por instrumentos jurídico-materiais, como o Direito de família, seja por instrumentos jurídico-processuais, como as garantias processuais e o procedimento administrativo (op. cit., p. 138); KLOEPFER, Michael. *Vida e dignidade da pessoa humana*, p. 165-169.

[214] Béatrice Maurer assinala que os direitos humanos nasceram para proteger a liberdade e se fundaram na propriedade; atualmente, os direitos humanos se fundam na dignidade: "a liberdade não é toda a dignidade" (...) "Esse princípio (*o reconhecimento da dignidade do outro*) ultrapassa, portanto, tanto os deveres do Estado como os do indivíduo. Ele torna necessária a solidariedade" (*Notas sobre o respeito da dignidade humana*, p. 78-79).

[215] KLOEPFER, Michael. *Vida e dignidade da pessoa humana*, p. 161; SARLET, Ingo Wolfgang. *As dimensões da dignidade da pessoa humana*, p. 30-33.

[216] KLOEPFER, Michael. *Vida e dignidade da pessoa humana*, p. 169-170.

[217] "... a Constituição, a despeito de seu carácter compromissário, confere uma unidade de sentido, de valor e de concordância prática ao sistema de direitos fundamentais. E ela repousa na dignidade da pessoa humana, proclamada no art. 1º, ou seja, na concepção que faz da pessoa fundamento e fim da sociedade e do Estado" (MIRANDA, Jorge. *Manual de direito constitucional*, Tomo IV, 3. ed., p. 180).

do Estado[218] no sentido de defender e proteger a dignidade contra ameaças, bem como de garantir meios fundamentais para a vida,[219] o que se faz, por vezes, limitando a esfera de interesses puramente individuais,[220] em função dos princípios da solidariedade social e da igualdade material. A dignidade da pessoa humana veda a instrumentalização do outro para satisfazer a fim egoístico ou para anular sua esfera de autonomia privada. Mas também não se compadece da inação estatal frente a situações de alienação do ser humano frente à sua própria dignidade e de necessidades básicas que impeçam ou ameacem que se leve uma vida digna. São os dois polos da dignidade – um negativo, outro positivo – que requerem equilíbrio, o que, se por vezes não é simples, será sempre necessário.

Assim, a noção jurídica de dignidade da pessoa humana presente nas Constituições portuguesa e brasileira vigentes, incorporando toda a evolução histórica de sua compreensão, aponta para duas vertentes, ambas exigindo a intervenção do Estado: a) a defesa e a proteção do homem concreto enquanto sujeito, vedando que seja violentada, pelo Estado ou por terceiros, a condição humana por meio de sua instrumentalização como objeto: aqui se postula, para além da abstenção dos poderes públicos quanto a qualquer conduta aniquiladora da condição humana, a intervenção normativa do Estado,[221] para proteger o indivíduo em sua dignidade contra as ações que a ofendam; b) a assistência ao ser humano que não possa se autodeterminar nas escolhas fundamentais da vida,[222] bem como àqueles que não tenham acesso aos bens e serviços necessários para viver com dignidade: neste caso se postula a intervenção do Estado por meio de prestações normativas e fáticas, seja possibilitando assistência ou representação aos que não tenham condições de manifestar conscientemente sua vontade, seja promovendo ou possibilitando acesso a bens e serviços essenciais a uma existência digna.

Se o conteúdo da dignidade da pessoa humana não pode ser reduzido a uma fórmula, pode-se dizer que as Constituições de que se trata consagram direitos fundamentais, de liberdade, políticos e

---

[218] SARLET, Ingo Wolfgang. *As dimensões da dignidade da pessoa humana*, p. 33-37.

[219] HÄBERLE, Peter. *A dignidade humana como fundamento da comunidade estatal*, p. 138.

[220] "Uma liberdade compreendida sem a responsabilidade seria uma liberdade alienada" (MAURER, Béatrice. *Notas sobre o respeito da dignidade da pessoa humana*, p. 79).

[221] Sobre deveres de legislar decorrentes do princípio da dignidade da pessoa humana, cf. HÄBERLE, Peter. *A dignidade humana como fundamento da comunidade estatal*, p. 140.

[222] MIRANDA, Jorge. *Manual de direito constitucional*, Tomo IV, 3. ed., p. 184.

sociais, que são instrumentos aptos a assegurar o seu respeito.[223] O respeito pela dignidade é o dever de reconhecimento da condição de humanidade, que se aplica ao Estado, nos termos a que se fez menção, e aos cidadãos, sob a forma do princípio da solidariedade social, estendendo seus efeitos para antes do nascimento e depois da morte.[224] A dignidade, sendo inata ao homem, qualidade de sua "humanidade", ao mesmo tempo tem se desenvolvido historicamente,[225] ampliando o alcance do dever de respeito, que é a concretização jurídica de seu reconhecimento. Desse modo, pode-se afirmar que "A conseqüência da dignidade da pessoa humana se formaliza num respeito".[226]

3.2.2. Estado de Direito democrático e social

O Estado de Direito consagrado em ambos os sistemas constitucionais tem o caráter democrático e social.[227] Se, de um lado, pro-

---

[223] Peter Häberle aponta que o Tribunal Constitucional Federal alemão concretiza a dignidade humana de maneira específica para cada caso concreto, "determinando o conteúdo e o alcance dos direitos fundamentais de modo individualizado, sem argumentar de modo panfletário com a dignidade humana, de sorte a não tratá-la como uma fórmula vazia". (*A dignidade humana como fundamento da comunidade estatal*, p. 102). Para um apanhado da jurisprudência sobre a dignidade da pessoa humana na Alemanha, no Tribunal Constitucional Federal, nos Tribunais Constitucionais estaduais e nos Tribunais Especializados ordinários, cf. HÄBERLE, Peter. *A dignidade humana como fundamento da comunidade estatal*, p. 97-116. Por outro lado, o mesmo Autor assinala a doutrina alemã da dignidade como prestação (*Leistung*), para a qual os direitos fundamentais não possuem a função de assegurar a dignidade, mas de conservar as condições para essa tarefa (op. cit., p. 120 e 122).

[224] HÄBERLE, Peter. *A dignidade humana como fundamento da comunidade estatal*, p. 139; KLOEPFER, Michael. *Vida e dignidade da pessoa humana*, p. 161-163. Não se enfrentarão, nesta oportunidade, por fugirem ao objeto tratado, importantes decorrências desta afirmação, como a possibilidade jurídica de aborto e as questões relativas à fertilização *in vitro* após a morte do doador, ou ao transplante de órgãos, entre outras.

[225] Segundo Häberle, a dignidade "constitui 'natureza' do ser humano; ela constitui, porém, também 'cultura', atividade de muitas gerações e dos Homens na sua totalidade (de 'humanidade'): a 'segunda Criação'. A partir dessa ação recíproca se constitui a dignidade do Homem". (*A dignidade humana como fundamento da comunidade estatal*, p. 150).

[226] MAURER, Béatrice. *Notas sobre o respeito da dignidade da pessoa humana*, p. 85.

[227] Apontando que a origem da fórmula "Estado de Direito democrático e social" está na Revolução de Paris de 1848, cf. ABENDROTH, Wolfgang. *El estado de derecho democrático y social como proyecto político*, p. 15. Assinalando que o Estado de Direito democrático e social na Lei Fundamental alemã impõe a conjugação necessária de juridicidade, democracia e socialidade, como pressupostos de interpretação de todas as normas jurídicas e vinculação dos poderes públicos, cf. ABENDROTH, Wolfgang. *Sociedad antagónica y democracia política*, p. 266-268. Postulando uma desvalorização da cláusula social, em verdadeira "concepção liberal do Estado social alemão", cf. FORSTHOFF, Ernst. *Problemas constitucionales del estado social*, p. 45-67; e *Concepto y esencia del estado social de derecho*, p. 73-106.

pugna a construção de uma sociedade de bem-estar[228] e postula a concretização da igualdade material,[229] por outro garante o sistema democrático representativo, com instrumentos de democrática participativa, e a garantia do pluralismo político, o que valoriza a função legislativa na definição de meios de cumprimento do princípio da socialidade.[230] Nesse sentido, seria ofensivo ao princípio democrático e ao pluralismo político subtrair aos meios institucionais de manifestação da vontade popular a definição de prioridades ou a escolha das formas de satisfação das prestações materiais inerentes aos direitos sociais.

A Constituição brasileira de 1988 inspirou-se, em especial, no modelo português de 1976, em que o caráter social do Estado se encontra decomposto em inúmeros direitos fundamentais que formam um quadro de escolhas pré-definidas mais amplo que, por exemplo, aquele instituído pelo modelo constitucional alemão. Assim, a realização do princípio da socialidade já possui definições primárias de seu conteúdo, como a garantia de saúde, educação, previdência social, assistência social, moradia, entre outros direitos sociais expressamente constantes da Constituição.

O princípio da socialidade estabelece um dos fins do Estado, que se organiza para buscar, senão o desaparecimento, ao menos a mitigação das desigualdades na sociedade. O patamar mínimo de um modelo de Estado que se pretenda social está em assegurar a todos os requisitos sociais imprescindíveis para o próprio exercício da liberdade; Estado social significa, pois, a garantia de um mínimo na participação dos bens da vida, mas não só: compreende a busca da redistribuição e de maior equilíbrio na sociedade.[231] Ou seja: Estado social significa, para além da garantia de um mínimo existencial, a busca de uma sociedade de bem-estar para todos, na medida das possibili-

---

[228] Sobre o princípio do bem-estar social, cf. OTERO, Paulo. *Vinculação e liberdade de conformação jurídica do sector empresarial do estado*, p. 14-22; do mesmo Autor, *O poder de substituição em direito administrativo*, p. 586-670. Sobre a hipertrofia do Estado de bem-estar como uma das formas de manifestação de totalitarismo na democracia, cf. OTERO, Paulo. *A democracia totalitária*, p. 163-168.

[229] PORRAS RAMÍREZ, José María. *Caracterización y garantía de los derechos de prestación en el estado constitucional*, p. 660-661.

[230] Constituição brasileira: arts. 1°, 3°, 6°; Constituição portuguesa: arts. 2°, 9°, b, c, d e h.

[231] BÖCKENFÖRDE, Ernst Wolfgang. *Estudios sobre el estado de derecho y la democracia*, p. 128-129. Assinalando que o Estado social é instrumento da prossecução da igualdade substancial e da justiça redistributiva, ALEXANDRINO, José de Melo. *A estruturação do sistema de direitos, liberdades e garantias na constituição portuguesa*, v. 2, p. 191.

dades de um sistema capitalista, em que as liberdades individuais e a propriedade privada também contam com proteção constitucional.

Desse modo, pode-se vincular, diretamente, Estado social e dignidade da pessoa humana: se a dignidade é o fundamento do Estado, este se reveste da forma de Estado social, ou Estado a que cabe viabilizar o bem-estar. As Constituições portuguesa e brasileira fazem decorrer de seu núcleo central – a dignidade da pessoa humana – os fins que atribuem ao Estado, em especial de construir uma sociedade livre, justa e solidária. Daí que "O Estado de Direito se desenvolveu, a serviço da dignidade humana, em Estado Social de Direito".[232]

"Estado Democrático de Direito" – na expressão da Constituição brasileira – ou "Estado de direito democrático", como o caracteriza a Constituição portuguesa, conjuga três elementos centrais: Estado de Direito, Estado democrático e Estado social; este último, se não está explícito na expressão geral, encontra-se expresso nos fundamentos e nos objetivos do Estado em ambas as Constituições.[233] Estado Democrático de Direito, além disso, é expressão que, não obstante seja a chave-mestra do sistema constitucional, quanto à organização, ao funcionamento e às finalidades do Estado, tem por vezes supervalorizadas suas possibilidades quanto à incidência sobre a realidade constitucional, chegando-se a atribuir a tal modelo de Estado, para além das virtualidades reformadoras do Estado social, um caráter transgressor do *status quo* e um efeito de transformação da sociedade capitalista.[234]

O Estado social tem íntima ligação com o princípio democrático: de um lado, a democracia possibilita que os problemas sociais se transformem em problemas políticos, ocupando a agenda das disputas pelo poder, o que contribui para que tais questões possam ser discutidas sob os holofotes do debate público.[235] Por outro lado, a

---

[232] HÄBERLE, Peter. *A dignidade humana como fundamento da comunidade estatal*, p. 130.

[233] Cf. Constituição brasileira: art. 1°, III; art. 3°, I, II, III e IV; Constituição portuguesa: art. 1°; art. 2°; art. 3° art. 9°, d). Paulo Otero assinala que *"a doentia aversão"* da Constituição portuguesa de 1976 à expressão Estado social de Direito se explica por sua relação com o regime autoritário anterior e pela relação da locução Estado de Direito com um modelo burguês (cf. *O poder de substituição em direito administrativo*, p. 522-523).

[234] Nesse sentido, cf. STRECK, Lenio Luiz. *Jurisdição constitucional e hermenêutica*, p. 145; MORAIS, José Luís Bolzan de. *De sonhos feitos, desfeitos e refeitos vivemos a globalização*, p. 56-57. Sobre visão socialista, que afirma a impossibilidade de se resolver a questão social no quadro do capitalismo, cf. NETTO, José Paulo; BRAZ, Marcelo. *Economia política*, p. 136-139.

[235] BÖCKENFÖRDE, Ernst Wolfgang. *Estudios sobre el estado de derecho y la democracia*, p. 129: *"El Estado social aparece de esta forma como una consecuencia política que deriva de la lógica objetiva de la democracia"*.

democracia, pelo impulso de expectativas sempre crescentes, pressiona pela defesa e proteção de condições sociais alcançadas e pela conquista de melhor nível de vida, podendo-se vislumbrar, especialmente no período do segundo pós-guerra, um Estado que assume de forma crescente a execução de tarefas sociais e a responsabilidade pela sua manutenção, por pressão das forças políticas que se tornaram majoritárias, especialmente na Europa ocidental.[236]

O princípio democrático também se relaciona com o Estado social na medida em que é instrumento essencial para que o princípio da socialidade não se transforme em veículo de imposição arbitrária e autoritária do Estado. Nesse sentido, a democracia representativa e alguns instrumentos de democracia participativa são meios de se evitarem, ou de se minimizarem desvios autocráticos que, vez ou outra, ressurgem sob as vestes de um populismo-assistencialista, por vezes sedutor em sociedades marcadas por grandes carências sociais. A democracia política é "pressuposto imprescindível do Estado social, cuja ignorância se traduz na possibilidade de utilização indiscriminada do conceito e na consequente perda de sua operatividade".[237]

Pode-se mesmo dizer que o Estado de Direito democrático e social consagrado nas Constituições portuguesa e brasileira constitui-se em novo perfil[238] do Estado de Direito nascido no liberalismo, a ele se agregando o dever de concretizar uma sociedade de bem-estar e de se pautar pela participação democrática, seja representativa, seja direta. O Estado de Direito democrático e social não é mera junção dos elementos social e democrático, mas pressupõe, em função da dimensão contemporânea da ideia de dignidade da pessoa humana, que "os direitos fundamentais só obtêm cabal realização e protecção em regime democrático".[239] Nesse sentido, não

---

[236] BÖCKENFÖRDE, Ernst Wolfgang. *Estudios sobre el estado de derecho y la democracia*, p. 129-130.

[237] NOVAIS, Jorge Reis. *Contributo para uma teoria do estado de direito*, p. 191-192. O Autor assinala, na nota 475, à página 192, que a caracterização do regime português de 1933 como Estado social é sintomática do risco de descaracterização do conceito, quando privado da componente democrática.

[238] BALDASSARE, Antonio. *Diritti della persona e valori costituzionali*, p. 143-151; HÄBERLE, Peter. *El estado constitucional*, p. 356-357. Sobre a complemetaridade entre os caracteres "social" e "democrático" na configuração do perfil do Estado de Direito contemporâneo, em especial na Espanha, cf. PÉREZ LUÑO, Antonio Enrique. *Derechos humanos, estado de derecho y constitución*, 9. ed., p. 240-243.

[239] NOVAIS, Jorge Reis. *Contributo para uma teoria do estado de direito*, p. 207. Assinalando que o Estado de direito democrático da Constituição de 1976 é uma forma mais avançada do Estado

se pode negar que um regime político autoritário, compressivo das liberdades individuais e da participação política, enfraquece o sistema de direitos fundamentais de modo global, já que uma sociedade de bem-estar pressupõe uma democracia econômica e social, pelo que se pode dizer que o Estado social, nesta concepção, é Estado Democrático de Direito,[240] ou, dito de outro modo, Estado de Direito democrático e social.

A relação entre o princípio democrático e o Estado social, não obstante, tende a conduzir a um impasse: a possibilidade de se estabelecerem restrições no âmbito do aparato social do Estado só haverá, no quadro democrático, mediante um consenso político; mas, por outro lado, o consenso político democrático pode tender a ampliar os fins da ação social do Estado e, por consequência, aumentar progressivamente a aplicação de recursos em sua atividade social.[241] Assim, num quadro de Estado democrático e social capitalista, os condicionamentos ao aparato estatal prestador são postos por instrumentos próprios do Estado de Direito que limitam o poder político de decisão democrática, como o critério de proporcionalidade, quanto aos limites às liberdades jusfundamentais e à propriedade privada.[242]

Nesse sentido, se a democracia é dado inerente ao atual perfil do Estado de Direito, não se pode olvidar que este se funda na dignidade da pessoa humana. É o que diz de modo claro o art. 1º da Constituição portuguesa: "Portugal é uma República soberana, baseada na dignidade da pessoa humana e na soberania popular..." e no art. 1º, III e parágrafo único da Constituição brasileira, vinculando, diretamente, democracia e dignidade humana. "A soberania popular possui na dignidade humana seu 'último' e primeiro (!) fundamento",[243] pelo que a dignidade da pessoa humana é a baliza do exercício democrático.

---

social, dotado de uma componente política democrática, tendo como objetivo último a construção de uma sociedade livre, justa e solidária, embora afirme que o conceito de Estado de direito democrático "tem as suas coordenadas de compreensão numa postura metodológica comparativa das semelhanças e das diferenças em relação ao modelo de 'Estado social de Direito' definido pela Constituição de 1933", OTERO, Paulo. *O poder de substituição em direito administrativo*, p. 524-525.

[240] NOVAIS, Jorge Reis. *Contributo para uma teoria do estado de direito*, p. 209.

[241] BÖCKENFÖRDE, Ernst Wolfgang. *Estudios sobre el estado de derecho y la democracia*, p. 130.

[242] BÖCKENFÖRDE, Ernst Wolfgang. *Estudios sobre el estado de derecho y la democracia*, p. 130.

[243] HÄBERLE, Peter. *A dignidade humana como fundamento da comunidade estatal*, p. 133.

Por outro lado, a participação democrática é uma das dimensões da noção contemporânea de dignidade da pessoa humana, albergada às claras nas Constituições portuguesa e brasileira, podendo-se concluir que o caráter democrático do Estado e os direitos fundamentais que daí decorrem, como o direito de sufrágio, são instrumentos funcionais de respeito à dignidade humana, pelo que o vínculo entre a dignidade da pessoa humana e os direitos de participação democrática está na base do Estado de Direito democrático e social.[244]

3.2.3. Consagração expressa de amplo rol de direitos sociais a prestações

Ambas as Constituições arrolam amplo leque de direitos sociais de natureza prestacional, dotados de fundamentalidade. Tais direitos funcionam como uma maior vinculação do legislador democrático que, se possui a liberdade de meios, está vinculado pela necessidade de assegurar o exercício dos direitos, com os condicionamentos previstos na Constituição. A incidência do princípio da socialidade não deixa a cargo da função legislativa, para além da escolha de meios e de prioridades, a decisão sobre a concretização mesma dos direitos sociais a prestações.

Na Constituição brasileira, o art. 6º traz amplo rol de direitos sociais com vocação prestacional: educação, saúde, trabalho, moradia, lazer, segurança, previdência social, proteção à maternidade e à infância, assistência aos desamparados, a par dos arts. 7º a 11, que tratam de direitos – alguns verdadeiros direitos sociais, outros com feições de direitos de liberdade – referentes às relações de trabalho. Para além dos dispositivos que compõem o Título dos direitos e garantias fundamentais, vários outros há, dispersos no texto constitucional, com a natureza de disposições jusfundamentais relativos a direitos sociais, como, por exemplo, dispositivos do Título da ordem social.

Quanto à Constituição portuguesa, citem-se os arts. 58º (trabalho), 59º (direitos dos trabalhadores), 63º (segurança social e solidariedade), 64º (saúde), 65º (habitação), 66º (ambiente), 67º (família), 69º (infância), 70º (juventude), 71º (cidadãos portadores de deficiência),

---

[244] HÄBERLE, Peter. *A dignidade humana como fundamento da comunidade estatal*, p. 135.

72° (terceira idade), 73° (educação, cultura e ciência), 74° (ensino), 75° (ensino público), 76° (ensino superior), 78° (fruição e criação cultural), 79° (cultura física e desporto), o que demonstra o perfil analítico quanto a direitos sociais, que certamente inspirou o modelo brasileiro.

A existência de direitos sociais diretamente estatuídos na Constituição reforça o caráter social do Estado. Se, por exemplo, se pode imputar ao Estado alemão o dever de assegurar prestações materiais aos necessitados a partir de um princípio geral de socialidade,[245] no caso de Portugal e do Brasil a tal dever se soma a obrigação de construção de uma sociedade de bem-estar, a partir de parâmetros pré-definidos, sob a forma de direitos fundamentais sociais. A existência de direitos fundamentais expressos retira do campo de escolha política das maiorias uma opção por um Estado responsável pela superação da miséria, mas sem obrigações diretas para com a permanente busca da extensão de benefícios sociais também aos que possuam meios mínimos de existência digna.

Em outras palavras, a consagração constitucional expressa de direitos sociais impõe ao Estado um dever de bem-estar, na medida em que tais direitos, dotados de fundamentalidade, são direitos universais. Quando se fala em um direito fundamental à saúde, ao ensino, à cultura, ao lazer, à segurança, ao desporto, entre outros, não se faz referência apenas a uma dimensão de combate à miséria – que decorre diretamente do princípio da dignidade da pessoa humana e não necessita de consagração constitucional sob a forma de direitos sociais. Quando a Constituição estatui diretamente direitos sociais, como direitos fundamentais, impõe ao Estado o dever de construir o bem-estar por meio da universalização da fruição do amplo espectro de prestações que, a partir de tais direitos, podem ser adequadamente fundamentadas.

Da consagração constitucional de direitos fundamentais sociais podem ser extraídas as seguintes consequências jurídicas para o Estado: a) a limitação da esfera de liberdade de conformação do legislador e o dever de legislar para assegurar eficácia prestacional aos direitos sociais; b) a vinculação da Administração Pública ao de-

---

[245] HESSE, Konrad. *Elementos de direito constitucional da república federal da alemanha*, p. 177; WEBER, Albrecht. *Estado social, direitos fundamentais sociais e segurança social na república federal da alemanha*, p. 14-15.

ver de assegurar direitos a prestações materiais,[246] seja diretamente, exercendo atividade regulamentar ou executiva, seja mediante a regulação e o controle da execução privada, sendo que, neste caso, permanece como primeira responsável pela promoção das prestações decorrentes dos direitos fundamentais; c) a vinculação do Poder Judiciário no sentido de, em situações em que estiver em jogo a promoção de condições para uma existência digna, assegurar, mesmo na ausência de requisitos organizatórios e procedimentais, a fruição de prestações que se podem justificar a partir dos direitos fundamentais diretamente estatuídos na Constituição.

A valorização e a fundamentalidade dos direitos sociais, em ambos os sistemas, podem ser comprovadas com a existência de instrumentos de controle da inconstitucionalidade por omissão. Em síntese, o modelo de controle de constitucionalidade da omissão legislativa, comum às Constituições portuguesa e brasileira, funda-se em controle abstrato e concentrado, em que alguns órgãos e autoridades expressamente legitimados pela Constituição têm competência para postular, perante o Tribunal Constitucional, no caso de Portugal, ou o Supremo Tribunal Federal, no caso do Brasil, a declaração da inconstitucionalidade por omissão. Tal decisão será comunicada ao órgão legislativo omisso, não havendo, embora, outros efeitos que daí decorram que não: o sentido de apelo para legislar, a vinculação dos órgãos jurisdicionais e a fixação da ilicitude para efeito de possível responsabilidade do Estado. Não é possível a elaboração jurisprudencial da norma faltante, nem mesmo a imposição de sanção jurídica no caso de persistir a inércia legislativa, o que se justifica pelo princípio da separação de Poderes e pelo princípio democrático.[247]

Além da hipótese de controle concentrado e abstrato, por meio de ação direta de inconstitucionalidade por omissão, a Constituição brasileira prevê instrumento de tutela concreta da omissão legislativa inconstitucional: o mandado de injunção. Nos termos do art. 5º, LXXI, "conceder-se-á mandado de injunção sempre que a falta de norma regulamentadora torne inviável o exercício dos direitos e liberdades constitucionais e das prerrogativas inerentes à nacionalidade, à soberania e à cidadania". O mandado de injunção também

---

[246] Sobre a Administração como destinatária da imposição constitucional de bem-estar no Direito português, cf. OTERO, Paulo. *O poder de substituição em direito administrativo*, p. 602-626.

[247] MIRANDA, Jorge. *Manual de direito constitucional*, Tomo VI, 2. ed., p. 304; CANOTILHO, J. J. Gomes. *Direito constitucional e teoria da constituição*, 7. ed., p. 1039.

é meio de superação da omissão legislativa inconstitucional que inviabiliza a fruição de posições ativas prestacionais decorrentes de direitos sociais.[248]

O que se deve reter é que não é juridicamente indiferente terem as Constituições portuguesa e brasileira estatuído diretamente amplo rol de direitos sociais, podendo-se concluir que tal característica do sistema de direitos fundamentais reforça o caráter social do Estado e, por consequência, a vinculação dos poderes públicos, a partir do legislador, na efetivação do bem-estar social.

3.3. Distinções relativas aos sistemas de direitos fundamentais

3.3.1. Técnicas de constitucionalização

A primeira diferença central entre os sistemas de direitos fundamentais português e brasileiro está na distinta técnica de constitucionalização dos direitos fundamentais. A Constituição da República Portuguesa de 1976 trata dos princípios gerais, no Título I; dos direitos, liberdades e garantias (pessoais, de participação política e dos trabalhadores), no Título II; e dos direitos e deveres econômicos, sociais e culturais, no Título III. Em princípio, identificam-se normas gerais incidentes sobre os direitos, liberdades e garantias e os direitos sociais, econômicos e culturais (Título I); normas aplicáveis exclusivamente aos direitos, liberdades e garantias (Título II); e normas aplicáveis exclusivamente aos direitos econômicos, sociais e culturais (Título III). Se é marcante a divisão em dois grandes grupos: direitos, liberdades e garantias e direitos econômicos, sociais e culturais, o sistema português de direitos fundamentais não é tão simples como, à primeira vista, pode parecer, o que pode ser constatado em uma breve e sintética consulta a significativa amostragem da doutrina mais recente.

---

[248] Para maior desenvolvimento, cf. BITENCOURT NETO, Eurico. *Omissão legislativa inconstitucional e mandado de injunção na tutela de direitos sociais*. 2007. 140 f. Relatório apresentado na disciplina Direito Constitucional (Doutoramento em Ciências Jurídico-Políticas) – Faculdade de Direito, Universidade de Lisboa. Tal relatório foi posteriormente publicado, com alterações de pormenor, com o título *Mandado de injunção na tutela de direitos sociais*. Salvador: Editora JusPodivm, 2009.

Identificam-se, nesse sentido, várias concepções, com divergências mais ou menos acentuadas entre si. Paulo Otero[249] identifica vários regimes de direitos fundamentais no quadro da Constituição de 1976: a) um regime comum a todos eles, incluindo, por exemplo, os princípios da universalidade, da igualdade e a proporcionalidade na restrição; b) um regime dos direitos, liberdades e garantias do Título II da Parte I da Constituição, nos termos do art. 17º, primeira parte, incluindo, por exemplo, a regra de aplicabilidade direta; c) um regime dos direitos fundamentais de natureza análoga aos direitos, liberdades e garantias, nos termos do art. 17º, segunda parte, que corresponde ao regime material dos direitos, liberdades e garantias do Título II, não incluindo o regime orgânico (art. 165, nº 1, *b*); dentro do regime dos direitos fundamentais de natureza análoga, há uma subdivisão entre c.1) direitos constantes do catálogo formal da Constituição; e c.2) direitos que entram pela cláusula aberta; d) um regime dos direitos fundamentais sem natureza análoga aos direitos liberdades e garantias, que podem ser: d.1) direitos previstos no catálogo formal da Constituição; e d.2) direitos que entram pela cláusula aberta.

Dentro deste complexo de regimes constitucionais de direitos fundamentais, destaca-se para o autor o primado dos direitos, liberdades e garantias sobre os direitos econômicos, sociais e culturais, sendo que o art. 18º, nº 1, que consagra a aplicação direta, "em princípio" só é aplicável aos direitos liberdades e garantias do Título II da Parte I da Constituição, ou aos direitos fundamentais de natureza análoga aos direitos, liberdades e garantias, nos termos do art. 17º da Constituição.

Jorge Miranda[250] entende haver três regimes de direitos fundamentais na Constituição de 1976: a) um regime comum de direitos fundamentais, que inclui os princípios da universalidade, da igualdade, as normas de proteção jurídica e os limites ao exercício dos direitos decorrentes do art. 29º, nº 2, da Declaração Universal dos Direitos do Homem, por força do art. 16º, nº 2, da Constituição; b) um regime específico dos direitos, liberdades e garantias, em que se contém a norma de aplicação imediata, havendo que salientar o regime reforçado dos direitos, liberdades e garantias do art. 19º, nº 6º,

---

[249] Exposição feita em aula de licenciatura em Direito na Faculdade de Direito da Universidade de Lisboa, para o 5º ano, em 17 de abril de 2007.

[250] *Manual de direito constitucional*, Tomo IV, 3. ed., p. 215-403.

que não podem ser afetados sequer em estado de sítio ou estado de emergência; c) um regime específico dos direitos econômicos, sociais e culturais, extraído de interpretação constitucional, em que inclui a conexão com tarefas e incumbências do Estado, a participação dos interessados e da sociedade, a dependência da realidade constitucional, a adequação das prestações e dos custos, o não retorno da concretização, a adequação das formas de tutela ao fato de serem previstos, quase sempre, em normas programáticas.

Gomes Canotilho,[251] por sua vez, fala em a) um regime geral de direitos fundamentais; e b) um regime específico do direitos, liberdades e garantias, a que se acrescem as normas do regime geral relativo a esta espécie. Quanto aos direitos econômicos, sociais e culturais, entende que a Constituição não estabeleceu regime particular, embora existam certas dimensões, como a prestacional, mais típicas desta espécie de direitos fundamentais. Não exclui, ainda, a existência de regras e princípios constitucionais relativos a certas categorias de direitos, como os direitos, liberdades e garantias protegidos em situações de estado de sítio ou de emergência, nos termos do art. 19°, n° 6°.

Vieira de Andrade[252] assinala a clivagem entre direitos, liberdades e garantias e direitos econômicos, sociais e culturais, feita pela Constituição portuguesa, para reconhecer um "regime geral específico" para os direitos, liberdades e garantias. Fala, ainda, de uma "unidade de sentido do sistema de direitos fundamentais", fundada na dignidade da pessoa humana. Quanto aos direitos econômicos, sociais e culturais, entende ser possível que alguns deles se aproximem do regime substancial de aplicabilidade direta dos direitos, liberdades e garantias, não identificando, pelo que se infere de sua lição, um regime específico dos direitos sociais.[253]

Para José de Melo Alexandrino,[254] há a) um regime geral dos direitos fundamentais, que inclui os princípios da universalidade, da igualdade, da proporcionalidade, da proteção da confiança, do acesso ao direito e da tutela jurisdicional efetiva; e b) um regime es-

---

[251] *Direito constitucional e teoria da constituição*, 7. ed., p. 415-416.

[252] *Os direitos fundamentais na constituição portuguesa de 1976*, 3. ed., p. 97-111; 182 e 196-201.

[253] Nesse sentido, José de Melo Alexandrino assinala que "Os Professores Gomes Canotiho e Vieira de Andrade, se falam em regime dos direitos económicos, sociais e culturais, não aludem porém a um regime específico" (cf. *Direitos fundamentais*, p. 147, nota 461).

[254] *Direitos fundamentais*, p. 65-104.

pecífico dos direitos, liberdades e garantias, que inclui, entre outras normas, a da aplicabilidade direta. Quanto aos direitos econômicos, sociais e culturais, nega a existência na Constituição portuguesa de um regime específico. Quanto ao conteúdo do regime específico que Jorge Miranda entende poder ser vislumbrado por interpretação, assinala que "mais não é do que uma forma de explanação do pano de fundo onde se situam estes direitos e da revelação de algumas formas pelas quais ocorre a concretização dessas tarefas, incumbências e vinculações do Estado".[255]

Tendo a exposição iniciado com posição doutrinária que admite múltiplos regimes de direitos fundamentais na Constituição portuguesa – a de Paulo Otero –, chega-se à concepção de Jorge Reis Novais que, se parte de uma distinção constitucional entre direitos de liberdade e direitos sociais, por outro lado afirma que "Não há direitos, liberdades e garantias, de um lado, e direitos económicos, sociais e culturais, do outro. Há, pura e simplesmente, direitos fundamentais".[256] Defende, assim, que não há distinção quanto à essência entre tais espécies de direitos, antes propondo, para o fim de racionalização do controle das restrições aos direitos fundamentais, uma distinção entre direitos fundamentais fática e juridicamente realizáveis e direitos fundamentais que dependem essencialmente de fatores financeiros e materiais.[257]

Ficam, das linhas gerais sucintamente expostas, duas ideias centrais: a) a Constituição portuguesa estabeleceu clara separação organizatória no sistema de direitos fundamentais, tratando em Títulos distintos, direitos, liberdades e garantias, e direitos econômicos, sociais e culturais; b) a esta separação organizatória corresponde, para a maioria da doutrina portuguesa, um regime diferenciado e que confere primazia aos direitos, liberdades e garantias, especialmente pela regra da aplicabilidade direta. Aos direitos sociais é reconhecida, em geral, a qualidade de direitos fundamentais vinculativos,[258]

---

[255] ALEXANDRINO, José de Melo. *Direitos fundamentais*, p. 147.

[256] NOVAIS, Jorge Reis. *Direitos fundamentais: trunfos contra a maioria*, p. 196.

[257] NOVAIS, Jorge Reis. *As restrições aos direitos fundamentais não expressamente autorizadas pela constituição*, p. 147 e ss; do mesmo Autor, *Os princípios constitucionais estruturantes da república portuguesa*, p. 295 e ss.

[258] OTERO, Paulo. *O poder de substituição em direito administrativo*, p. 591; ALEXANDRINO, José de Melo. *A estruturação do sistema de direitos, liberdades e garantias na constituição portuguesa*, v. 2, p. 191 e 204 e nota 843; NOVAIS, Jorge Reis. *As restrições aos direitos fundamentais não expressamente autorizadas pela constituição*, p. 140, nota 231; do mesmo Autor, *Os princípios constitucionais estruturantes da república portuguesa*, p. 298-299; CANOTILHO, José Joaquim Gomes.

embora sem o mesmo grau de vinculatividade dos direitos de liberdade,[259] em função, principalmente, da indeterminação de seu conteúdo constitucional e de uma dependência de recursos econômicos e financeiros, o que postula uma intervenção do legislador democraticamente legitimado.[260]

Por sua vez, a Constituição brasileira de 1988 cuida dos direitos e garantias fundamentais em cinco capítulos: dos direitos e garantias individuais e coletivos (Capítulo I); direitos sociais (Capítulo II); nacionalidade (Capítulo III); direitos políticos (Capítulo IV); partidos políticos (Capítulo V). Além disso, há, em outros dispositivos dispersos no texto constitucional, inúmeras outras normas de direitos fundamentais, como, por exemplo, normas de competência para a regulamentação de direitos a prestações: art. 22, incisos XXIII (seguridade social) e XXIV (diretrizes e bases da educação nacional); e art. 24, incisos IX (educação, cultura, ensino e desporto), XII (previdência social, proteção e defesa da saúde), XIII (assistência jurídica e defensoria pública), XIV (proteção e integração social das pessoas portadoras de deficiência), XV (proteção à infância e à juventude).

Deve-se reconhecer que o sistema brasileiro é menos feliz tecnicamente que o português,[261] por misturar, no rol dos direitos sociais,

---

Metodologia 'fuzzy' e 'camaleões normativos' na problemática actual dos direitos económicos, sociais e culturais, p. 98; ANDRADE, José Carlos Vieira de. *Os direitos fundamentais na constituição portuguesa de 1976*, 3. ed., p. 387; MIRANDA, Jorge. *Manual de direito constitucional*, Tomo IV, 3. ed., p. 101; 113-114.

[259] ALEXANDRINO, José de Melo. *A estruturação do sistema de direitos, liberdades e garantias*, v. 2, p. 243. Assinala, ainda, o Autor, que, "*ao nível da respectiva importância abstrata, estes direitos (os direitos sociais) não gozam no plano jurídico de qualquer prioridade*" (Op. cit., p. 221). Por outro lado, afirma o mesmo Autor que se os direitos sociais também são trunfos contra a maioria, "trata-se de 'trunfos baixos', com remotas possibilidades de decisão do jogo" (op. cit., p. 246, nota 1035).

[260] MIRANDA, Jorge. *Manual de direito constitucional*, Tomo IV, 3. ed., p. 113; 392; ALEXANDRINO, José de Melo. *A estruturação do sistema de direitos, liberdades e garantias na constituição portuguesa*, v. 2, p. 237; ANDRADE, José Carlos Vieira de. *Os direitos fundamentais na constituição portuguesa de 1976*, p. 187; 189-195; CANOTILHO, José Joaquim Gomes. *Direito constitucional e teoria da constituição*, 7. ed., p. 478; 482; NOVAIS, Jorge Reis. *As restrições aos direitos fundamentais não expressamente autorizadas pela constituição*, p. 137-140; do mesmo Autor, *Os princípios constitucionais estruturantes da república portuguesa*, p. 293-295.; CORREIA, José Manuel Sérvulo. *Direitos fundamentais*, p. 99; do mesmo Autor, *Interrelação entre os regimes constitucionais dos direitos, liberdades e garantias e dos direitos económicos, sociais e culturais e o sistema constitucional de autonomia do legislador e de separação e interdependência de poderes*, p. 970; MEDEIROS, Rui. *A decisão de inconstitucionalidade*, p. 174. VAZ, Manuel Afonso. *Lei e reserva da lei*, p. 298-299; 365-377. Manuel Afonso Vaz chega a afirmar que os direitos sociais não são direitos sob reserva de Constituição, mas "*direitos sob reserva (condição) de lei*" (op. cit., p. 373).

[261] Manifestando discordância quanto à técnica de consagração dos direitos sociais na Constituição brasileira, cf. SILVA, José Afonso da. *Curso de direito constitucional positivo*. 19. ed., p. 288; também FERREIRA FILHO, Manoel Gonçalves. *Direitos humanos fundamentais*, 3. ed., p. 98.

autênticos direitos de liberdade, como o direito à liberdade de filiar-se ou manter-se filiado a sindicato (art. 8º, V).[262] Por outro lado, a Constituição brasileira não prescreve cisão explícita entre direitos de liberdade e direitos sociais, estabelecendo um regime que, ao menos à primeira vista, aproxima direitos sociais e direitos de liberdade, como demonstra o § 1º do art. 5º: "As normas definidoras dos direitos e garantias fundamentais têm aplicação imediata".

Note-se que a expressão "direitos e garantias fundamentais" é a epígrafe do Título II da Constituição de 1988, que engloba direitos de liberdade, direitos sociais, direitos de nacionalidade e direitos políticos, embora o art. 5º, em que está inserida, pertença ao Capítulo relativo aos direitos e deveres individuais e coletivos. Em outras palavras, tem-se norma que se refere expressamente a todos os direitos fundamentais inserida em enunciado localizado em Capítulo que trata de parte dos direitos fundamentais. Se a técnica utilizada não é a mais adequada, por outro lado não impede a interpretação do dispositivo no sentido de alcançar o conjunto de direitos fundamentais consagrados pela ordem jurídica, seja por interpretação literal, seja pela existência de típicos direitos a uma abstenção do Estado fora do rol do art. 5º da Constituição.[263]

Não há na Constituição brasileira normas específicas sobre regime de direitos fundamentais, pelo que o § 1º do art. 5º, que estabelece a norma da aplicabilidade imediata,[264] ganha importância acrescida. Reconhecendo a complexidade da matéria, cabe dizer que a doutrina brasileira ainda não exauriu as possibilidades de tratamento da eficácia dos direitos fundamentais, em especial os direitos sociais,[265] pelo que a exposição se fará traçando linhas gerais que se podem extrair a partir de uma amostragem dos autores brasileiros.

As posições que se podem inferir sobre a norma da eficácia imediata dos direitos fundamentais e, por consequência, sobre o

---

[262] É o que Vieira de Andrade chama *"liberdades sociais"*, típicas do Estado Social e da sociedade de massas (cf. *Os direitos fundamentais na constituição portuguesa de 1976*, 3. ed., p. 385, nota 1).

[263] O mesmo entendimento é encontrado em SARLET, Ingo Wolfgang. *A eficácia dos direitos fundamentais*, 7. ed., p. 274-276.

[264] Sobre normas de aplicabilidade imediata de direitos fundamentais, ou de parte deles, nas Constituições da Alemanha, de Portugal, da Espanha, da Grécia, do Uruguai, do Paraguai e a possível influência que algumas delas exerceram sobre o Constituinte brasileiro, cf. SARLET, Ingo Wolfgang. *A eficácia dos direitos fundamentais*, 7. ed., p. 273 e nota 64.

[265] Segundo Ingo Sarlet, há "ausência de um tratamento sistemático da eficácia dos direitos fundamentais com base no art. 5º, § 1º, de nossa Carta Magna" (*A eficácia dos direitos fundamentais*, 7. ed., p. 268).

regime de aplicabilidade dos direitos de liberdade e dos direitos sociais, mostram grandes divergências. Em um extremo, há quem entenda que, independentemente do que dispõe a norma do art. 5º, § 1º, somente os direitos de liberdade, dos quais decorre um dever de abstenção do Estado, gozam de aplicabilidade imediata, sendo que os demais direitos fundamentais, que postulam prestações, possuem eficácia nos termos da lei.[266]

No outro extremo, há os que entendem que todos os direitos fundamentais gozam de eficácia imediata e são diretamente justiciáveis, o que alcança posições de defesa, de proteção e mesmo de prestações materiais, independentemente de intermediação legislativa, ainda que as disposições jusfundamentais sejam veiculadas como normas-fim ou normas-tarefa do Estado, com alto grau de fluidez. Nesse sentido, chega-se a defender que o Poder Judiciário tem o dever de dar exequibilidade imediata a todos os direitos fundamentais, inovando o ordenamento jurídico, sem distinguir posições de abstenção ou de prestação, em caso de omissão legislativa, como decorrência da norma que confere aplicabilidade imediata aos direitos fundamentais.[267]

Entre as duas pontas, há posições intermediárias, que, em geral, postulam a eficácia imediata de todos os direitos fundamentais, não sem reconhecer que, em algumas hipóteses – que variam de autor para autor –, é indispensável a interposição legislativa para que se possam reconhecer direitos subjetivos a prestações fáticas.[268]

---

[266] Criticando o referido dispositivo constitucional, já que, quando as normas não são completas na sua hipótese e no seu dispositivo, não seriam auto-executáveis *"pela natureza das coisas"*, cf. FERREIRA FILHO, Manoel Gonçalves. *Direitos humanos fundamentais*, p. 100.

[267] GRAU, Eros Roberto. *A ordem econômica na constituição de 1988*, 7. ed., p. 332-337. Conclusão similar, embora não a diga de forma explícita, pode ser inferida de STRECK, Lenio Luiz. *A baixa constitucionalidade e a inefetividade dos direitos fundamentais sociais em terrae brasilis*, p. 294-295.

[268] Ainda sob a vigência do sistema constitucional anterior a 1988, registre-se a posição de Celso Antônio Bandeira de Mello, para quem as normas constitucionais relativas a direitos sociais se dividiam em: a) normas que conferem um poder jurídico que independe de prestação alheia, mas da abstenção de terceiros, que se pode garantir diretamente por via jurisdicional (poder jurídico que se pode relacionar com uma posição de defesa); b) normas que geram direito a uma concreta utilidade, fruível imediatamente pelo titular do direito, desde que se *"haja desenhado uma conduta de outrem (geralmente do Estado) em termos que permitam reconhecer qual o comportamento específico deste terceiro capaz de dar concreta satisfação à utilidade deferida ao administrado"*; c) normas que estabelecem finalidades genéricas a serem cumpridas pelo Estado (normas programáticas), sem apontar os meios para atingi-las, de que decorre o direito a opor-se judicialmente a condutas que atinjam o indivíduo e que sejam contrárias ao sentido de tais normas e o direito a obter interpretação e decisão orientadas no mesmo sentido por elas preconizado (*Eficácia das normas constitucionais sobre justiça social*, p. 242-243; 255).

Por exemplo, a já clássica sistematização quanto à eficácia das normas constitucionais de José Afonso da Silva[269] – normas de eficácia plena, normas de eficácia contida e normas de eficácia limitada –, largamente utilizada no Direito Constitucional brasileiro, embora não tratando das questões particulares da eficácia dos direitos fundamentais,[270] reconhece, ao menos de forma implícita, dois tipos de normas: as de eficácia plena, havendo, em alguns casos, expressa autorização constitucional para a restrição legislativa do direito (eficácia contida); e as que dependem de intermediação legislativa para que possam – no caso de direitos a prestações fáticas – gerar direito subjetivo justiciável.

Ingo Sarlet[271] assinala a íntima conexão entre a técnica de positivação dos direitos fundamentais e a eficácia jurídica da respectiva norma definidora, afastando critério substancialista[272] da distinção entre direitos de liberdade e direitos sociais e apontando dois grupos de direitos: a) os de defesa, incluindo direitos de liberdade, igualdade, as garantias, posições relativas aos direitos sociais – que chama liberdades sociais – e parte dos direitos políticos; b) os direitos a prestações, incluindo direitos à proteção e à participação na organização e no procedimento e direitos a prestações materiais. Quanto aos primeiros, diz não existir maior controvérsia em relação à aplicabilidade direta e justiciabilidade; em relação aos segundos, quando são positivados sob a forma de normas programáticas, ou normas-objetivo, exigem, em princípio, interposição do legislador para que adquiram plena eficácia e aplicabilidade.

Pode-se dizer que tal posição assume localização intermédia entre os extremos da doutrina brasileira, ao partir da ideia de que os direitos fundamentais podem ser veiculados por duas espécies

---

[269] *Aplicabilidade das normas constitucionais*, 2. ed., São Paulo, 1982.

[270] Ingo Sarlet assinala que as sistematizações anteriores à Constituição de 1988 não dão o indispensável destaque ao problema da eficácia dos direitos fundamentais – até pela inexistência de dispositivo similar ao seu art. 5º, § 1º –, enquanto nas sistematizações pós-1988 a questão é analisada particularmente por Luís Roberto Barroso, que tende a estender o princípio da aplicabilidade direta dos direitos fundamentais a todos os direitos fundamentais (*A eficácia dos direitos fundamentais*, 7. ed., p. 268).

[271] Cf. *A eficácia dos direitos fundamentais*, 7. ed., p. 271-272.

[272] Tal posição se aproxima daquela defendida por Jorge Reis Novais, especialmente quando este rejeita diferenciação fundada na essência (substância, segundo Ingo Sarlet) de direitos de liberdade e direitos sociais (cf. SARLET, Ingo Wolfgang. *A eficácia dos direitos fundamentais*, 7. ed., p. 299 e nota 123; NOVAIS, Jorge Reis. *As restrições aos direitos fundamentais não expressamente autorizadas pela constituição*, p. 147). Para uma posição semelhante na doutrina argentina, cf. ABRAMOVICH, Víctor; COURTIS, Christian. *Los derechos sociales como derechos exigibles*, p. 21-37.

de normas: as que não se encontram em condições de, independentemente de intervenção legislativa, gerar efeitos plenos, e as que, dotadas de suficiente normatividade, não reclamam a regulação legal.
· Daí que o autor proponha a interpretação do art. 5º, § 1º, da Constituição brasileira, como norma-princípio, no sentido de mandado de otimização dos direitos fundamentais, impondo o dever de o Estado conferir a maior eficácia possível, respeitadas as distinções quanto à forma de sua positivação, além de que transfere o ônus argumentativo para a demonstração de que há imposição constitucional de interposição legislativa.[273]

3.3.2. Exercício de função legislativa e direitos sociais

Deve-se reconhecer que a função legislativa, reputada essencial na regulamentação dos direitos sociais pela maioria da doutrina portuguesa, apesar de pouco prestigiada por boa parte da doutrina brasileira, é ponto central na controvérsia sobre a eficácia dos direitos sociais a prestações, postulando adequada fundamentação, seja para admiti-la, seja para rejeitá-la como pressuposto de diretos subjetivos definitivos a prestações fáticas.[274] Cabe, então, registrar que a atribuição de tal função apresenta significativas distinções nos sistemas constitucionais português e brasileiro: se é facultada, com considerável amplitude, ao Governo, no caso do sistema semipresidencial português,[275] por outro lado é atribuída com primazia ao Poder Legislativo, no caso do presidencialismo brasileiro.

O reforço da participação do Governo na elaboração das leis é produto do Estado social de Direito, com a assunção do papel de prestador de bens e serviços, na medida em que a complexidade das novas matérias reguladas e a necessidade de maior agilidade

---

[273] SARLET, Ingo Wolfgang. *A eficácia dos direitos fundamentais*, 7. ed., p. 284-285.

[274] A análise do regime dos direitos fundamentais sociais e da relevância da função legislativa para sua eficácia plena é feita no Capítulo IV, da Parte II, que trata do *Mínimo para uma Existência Digna e Máxima Eficácia dos Direitos Sociais*.

[275] Paulo Otero chega a dizer que "O Governo, sendo titular de uma ampla competência legislativa normal – sem paralelo nos restantes países democráticos e cuja fonte directa está no modelo proveniente da revisão constitucional de 1945 da Constituição de 1933 e, mais remotamente, na tradição proveniente da Ditadura Militar de 1926 –, goza de um poder concretizador do bem-estar através de decreto-lei em tudo igual à força jurídica da lei proveniente da Assembleia da República, uma vez que entre ambos os actos legislativos vigora como princípio geral a regra da paridade hierárquico-normativa (CRP, artigo 115º, nº 2)" (*O poder de substituição em direito administrativo*, p. 599).

na regulação legal trazem à tona uma maior capacidade do Poder Executivo de dar respostas tempestivas e tecnicamente adequadas às novas necessidades sociais, em comparação à tradicional "lei legislativa", que em Estado democrático encontra-se sujeita à deliberação parlamentar de múltiplas tendências políticas, econômicas e sociais.[276] À crise do primado da lei parlamentar soma-se a crise da generalidade e abstração da lei,[277] decorrente da complexidade das matérias que passam a compor-lhe o conteúdo, em que a generalidade e a abstração deixam de ser características essenciais.

De outra parte, o ativismo legiferante do Poder Executivo aponta para uma crise da legitimidade da lei, que se fundava no primado do parlamento e da vontade geral nele representada. Se, por um lado, a lei perde em legitimidade democrática, em especial por limitar as possibilidades de debate público, por outro a defesa da lei proveniente do Governo se faz com base na ideia de legitimidade democrática direta ou indireta do Governo. O fato é que, se a lei parlamentar ainda tem papel central no sistema constitucional português, já há quem afirme que a clássica soberania parlamentar se substitui, a cada dia, pela soberania governamental, fazendo com que o princípio da legalidade administrativa signifique, em muitos casos, autovinculação do Governo.[278]

A forte intervenção do Estado no campo das prestações materiais necessárias ao bem-estar social reflete-se no protagonismo do Poder Executivo, que pode ser verificado, com clareza, na Constituição francesa de 1958,[279] em que há competência regulamentar autônoma do Governo, tendo a Constituição portuguesa de 1976 trilhado caminho semelhante, com a competência legislativa normal do Governo em matérias não reservadas à Assembleia da República.[280] Não se trata aqui de competência excepcional, ou mesmo de

---

[276] OTERO, Paulo. *Legalidade e administração pública*, p. 106-109; CORREIA, José Manuel Sérvulo. *Legalidade e autonomia contratual nos contratos administrativos*, p. 44-45.

[277] SOUSA, Marcelo Rebelo de. *Direito Constitucional – I*, p. 300. Sobre a distinção entre lei-norma e lei-medida, cf. VAZ, Manuel Afonso. *Lei e reserva da lei*, p. 38; CANOTILHO, J. J. Gomes . *Direito constitucional e teoria da constituição*, 7. ed., p. 717.

[278] OTERO, Paulo. *Legalidade e administração pública*, p. 109.

[279] OTERO, Paulo. *Legalidade e administração pública*, p. 99-100; CORREIA, José Manuel Sérvulo. *Legalidade e autonomia contratual nos contratos administrativos*, p. 47.

[280] Constituição da República Portuguesa de 1976, art. 198°, 1, a). Paulo Otero chega a registrar "a excepcional concentração de competência normativa no Governo – em especial a amplitude de sua competência legislativa – prevista na Constituição de 1976 e directamente 'herdada' do texto constitucional anterior, ou, talvez melhor, do período da 'ditadura militar'

competência delegada, mas de legítima competência legislativa do Governo, embora haja a possibilidade de apreciação parlamentar posterior, para efeito da cessação de vigência ou de alteração, a requerimento de uma minoria parlamentar, desde que o requerimento se dê no prazo de trinta dias subsequente à publicação do decreto-lei do Governo.[281]

Assim, no que toca ao processo de realização dos direitos sociais, o Poder Executivo português tem o papel central, já que a ele é atribuída competência para definir os meios de sua efetivação, na medida em que as matérias relativas aos direitos sociais, salvo raríssimas exceções – como a definição das bases do sistema de ensino – não estão arroladas entre as matérias de reserva absoluta ou mesmo relativa de competência legislativa do Parlamento.[282] O princípio democrático e o pluralismo político se manifestam no sistema constitucional português, quanto à escolha de meios de promoção do bem-estar,[283] principalmente pela ideia de legitimidade governamental, ficando limitada a soberania parlamentar.

Já no sistema constitucional brasileiro, a lei provinda do Executivo só será legítima por meio de medida provisória,[284] apenas aceitável em casos excepcionais, de relevância e urgência, ficando a medida sujeita a confirmação posterior pelo Poder Legislativo e havendo exclusão de várias matérias de sua disciplina normativa.[285] Outra forma de exercício excepcional de função legislativa pelo Poder Executivo é a lei delegada, em que é necessária prévia delegação

---

de 1926/1935" (*Legalidade e administração pública*, p. 129). Ressalte-se, não obstante, o caráter democrático na Constituição portuguesa de 1976, que faz toda a diferença em relação à legitimidade e ao controle da atividade legislativa governamental.

[281] Constituição portuguesa de 1976: art. 169°, n° 1.

[282] Constituição portuguesa de 1976: art. 164° (reserva absoluta) e art. 165° (reserva relativa), possibilitando autorização ao Governo).

[283] Imposição do art. 9°, d), da Constituição portuguesa de 1976.

[284] Referindo-se à reiterada prática de medidas provisórias que desbordam da previsão constitucional como verdadeiro costume constitucional *contra constitutionem*, OTERO, Paulo. *Legalidade e administração pública*, p. 108. Chegando a falar em "*ditadura constitucional*" para se referir à enxurrada de medidas provisórias inconstitucionais, cf. BONAVIDES, Paulo. *Curso de direito constitucional*, 12. ed., p. 619. A Emenda Constitucional n° 32, em 2001, estabeleceu limites expressos à edição de medidas provisória, com o objetivo de impedir a continuidade de sua utilização maciça pelo Governo, em flagrante descumprimento da norma constitucional originária, comportamento que, não obstante, não havia, até então, merecido censura contundente do Congresso Nacional e mesmo do Supremo Tribunal Federal.

[285] É o que se pode depreender do art. 62 da Constituição brasileira de 1988, que exclui, por exemplo, matéria orçamentária, nos termos do § 1°, I, d), do mesmo artigo.

do Poder Legislativo e em que também há vedação expressa de delegação legislativa em determinadas matérias.[286]

Ao Poder Executivo brasileiro também não se confere competência regulamentar autônoma ou independente, podendo editar decretos para a fiel execução das leis, ou para dispor sobre organização e funcionamento da Administração, quando não implicar aumento de despesas nem criação ou extinção de órgãos públicos, bem como para extinguir funções ou cargos públicos, quando vagos.[287] Quanto à competência legislativa normal, apenas participa do processo legislativo por meio da iniciativa e do poder de veto, que pode ser rejeitado pela maioria absoluta dos membros do Congresso Nacional.[288]

Cabe assinalar a situação peculiar das leis orçamentárias, em especial da lei orçamentária anual, que é de iniciativa privativa do chefe do Poder Executivo e que não pode, no curso do processo legislativo, ser livremente emendada pelos membros do Poder Legislativo, ficando estes limitados às restritas hipóteses de alteração da proposta orçamentária estipulados na Constituição.[289] Pode-se, neste caso, afirmar que a lei orçamentária anual reserva posição de protagonismo ao Executivo na definição das escolhas políticas a que se refere.

A conclusão que se extrai, quanto à legitimidade constitucional para fazer escolhas primárias sobre a definição de critérios e prioridades para a concretização de direitos sociais a prestações

---

[286] Constituição brasileira de 1988, art. 68, ficando excluída, entre outras, matéria orçamentária, nos termos do § 1º, III, do mesmo artigo.

[287] Constituição brasileira de 1988, art. 84, incisos IV e VI. Afirmando que o poder regulamentar previsto nos incisos IV e VI do art. 84 não é independente da lei, cf. SILVA, José Afonso da. *Curso de direito constitucional positivo*, 19. ed., p. 428-429.

[288] Constituição brasileira de 1988, art. 66, § 4º.

[289] Constituição brasileira de 1988: art. 166: "... §3º – As emendas ao projeto de lei do orçamento anual ou aos projetos que o modifiquem somente podem ser aprovadas caso:
I – sejam compatíveis com o plano plurianual e com a lei de diretrizes orçamentárias;
II – indiquem os recursos necessários, admitidos apenas os provenientes de anulação de despesa, excluídas as que incidam sobre:
a) dotações para pessoal e seus encargos;
b) serviço da dívida;
c) transferências tributárias constitucionais para Estados, Municípios e Distrito Federal; ou
III – sejam relacionadas:
a) com a correção de erros ou omissões; ou
b) com os dispositivos do texto do projeto de lei.
§ 4º – As emendas ao projeto de lei de diretrizes orçamentárias não poderão ser aprovadas quando incompatíveis com o plano plurianual".

materiais, é que a Constituição de 1988 atribui tal competência à lei parlamentar, vedando seu exercício, em regra, aos atos legislativos excepcionalmente produzidos pelo Poder Executivo.[290] Em síntese, na regulamentação dos direitos fundamentais, o Governo goza de maior predominância no sistema constitucional português que no brasileiro. Pode-se dizer que a Constituição de 1976 consagra uma legitimidade governamental, em que se privilegiam as virtualidades de uma decisão mais ágil e, em tese, tecnicamente mais apurada, em detrimento do pluralismo político. Já a Constituição de 1988 rende maiores homenagens ao princípio do pluralismo, ao centrar a regulação dos direitos fundamentais no palco do Parlamento, onde os debates públicos garantem, ao menos em tese, a participação de todos os interesses representados, com ganhos para a legitimidade da decisão.

3.4. Consagração constitucional do direito ao mínimo para uma existência digna

Descritos os traços gerais de ambos os sistemas de direitos fundamentais, é possível dizer que tanto a Constituição portuguesa de 1976, quanto a brasileira de 1988, consagram o direito fundamental ao mínimo para uma existência digna? Ou, dito de outro modo, tal direito fundamental é típico do modelo constitucional alemão que se limita a proclamar os princípios da dignidade da pessoa humana e da socialidade, não instituindo direitos fundamentais sociais expressos?[291] A jurisprudência do Tribunal Constitucional português responde de forma afirmativa à primeira questão e, por consequência, de modo negativo à segunda; no caso do Brasil, verificam-se traços da identificação de tal direito na jurisprudência do Supremo Tribunal Federal.

---

[290] Diz-se que a medida provisória e a lei delegada são atos legislativos excepcionalmente produzidos pelo Poder Executivo a partir da sistemática constitucional. O esboço de costume *contra constitutionem* que se verifica no Brasil, a partir de 1988, em relação a diversas medidas provisórias, significa deformação da prática constitucional, não podendo ditar razões em análise dogmático-constitucional e não tendo se constituído em norma costumeira capaz de derrogar as normas constitucionais citadas.

[291] Com exceção do direito da mãe à proteção e assistência por parte da comunidade, previsto no art. 6°, IV, da Lei Fundamental.

Assim, o reconhecimento do direito ao mínimo para uma existência digna, na esteira da experiência alemã, deu-se no âmbito da atividade jurisdicional, em especial na jurisdição constitucional, de modo articulado no caso do Tribunal Constitucional português,[292] que por mais de uma década construiu as balizas teóricas para a justificação de um direito constitucional adscrito[293] e, por outro lado, de forma dispersa e pontual, no caso do Supremo Tribunal Federal brasileiro, em acórdãos que, a despeito de não centrarem a análise sobre o direito ao mínimo existencial, permitem a verificação da existência de seus pressupostos.[294] Pode-se dizer que em ambos os casos o direito ao mínimo para uma existência digna é reconhecido pela jurisprudência constitucional.

Já em 1983[295] a Comissão Constitucional portuguesa, que depois viria a ser substituída pelo Tribunal Constitucional, decidiu que a impenhorabilidade das pensões pagas aos beneficiários do regime geral de previdência era válida por garantir a percepção de um rendimento mínimo, na esteira da proteção a um mínimo de subsistência, não restando violado o princípio da igualdade pelo fato de tal proteção não estar consagrada em outros regimes previdenciários, já que à Comissão Constitucional apenas cabia verificar se o juízo do legislador era intolerável ou inadmissível de uma perspectiva jurídico-constitucional.

Julgando caso relativo à constitucionalidade de norma que determinava a atualização das pensões por morte, em 1991,[296] o Tribunal Constitucional fixou duas conclusões fundamentais: a) o princípio do Estado de Direito postula que as leis sejam instrumentos de realização do bem comum, na perspectiva do respeito incondicional pela dignidade da pessoa humana; b) tal respeito exige a garantia de um mínimo de sobrevivência. Estava formalmente reconhecido um direito ao mínimo para uma existência digna, que, neste

---

[292] Acórdãos nº 479/83; 232/91; 349/91; 411/93; 318/99; 62/02; 177/02; 509/02.

[293] José Carlos Vieira de Andrade assinala que o Tribunal Constitucional português alicerçou, progressivamente, num processo jurisprudencial de sedimentação normativa, o "direito ao mínimo de existência condigna" (*O "direito ao mínimo de existência condigna" como direito fundamental a prestações estaduais positivas*, p. 21).

[294] Por exemplo, no Agravo Regimental no Recurso Extraordinário nº 410.715-5.

[295] Acórdão nº 479, de 25 de março de 1983, publicado no Apêndice ao Diário da República, de 23 de agosto de 1983.

[296] Acórdão nº 232, de 23 de maio de 1991, publicado no Diário da República, II Série, de 17 de setembro de 1991. Sobre a mesma matéria e decidindo no mesmo sentido, cf. Acórdão nº 233, também de 23 de maio de 1991.

caso em particular, postulava a garantia de atualização de pensões pagas por seguradoras privadas, tendo o Tribunal entendido que a norma que determinou a correção dos valores não violou o princípio da proteção da confiança, não sendo intolerável exigir das empresas esforço econômico suplementar, até pelo fato de norma posterior ter instituído a possibilidade de reembolso das quantias despendidas. Neste ponto, a decisão toca, ainda que de forma lateral, na possibilidade de vinculação de particulares pelo direito ao mínimo para uma existência digna.

Em decisão tomada menos de dois meses mais tarde,[297] o Tribunal Constitucional consolidou a noção de um direito ao mínimo existencial, ao julgar caso em que se questionava norma legal que determinava a impenhorabilidade integral de pensões pagas por instituições de segurança social, salvo em casos de dívidas por alimentos. Neste caso, o Tribunal firmou entendimento pelo qual: a) o valor de pensão social indispensável à garantia de uma sobrevivência minimamente condigna é insuscetível de ser comprimido por penhora; b) o direito do credor tem fundamento no direito de propriedade privada, enquanto o direito do pensionista a um mínimo de sobrevivência tem fundamento direto no princípio da dignidade da pessoa humana; c) havendo conflito entre os dois direitos mencionados, prevalece o valor supremo da dignidade da pessoa humana; d) o sacrifício do direito do credor será legítimo se obedecer a critério de proporcionalidade; e) o conteúdo do mínimo de sobrevivência não é imutável, mas historicamente situado. Registre-se, no mencionado acórdão, voto vencido do Conselheiro Mário de Brito, que considerou que o mínimo de sobrevivência pertence ao "reino do arbítrio".

Ainda sobre matéria de penhora de rendimentos, em decisão de 1999,[298] o Tribunal Constitucional reforça a ideia segundo a qual o legislador deve privilegiar o valor supremo da dignidade da pessoa humana quando em conflito com o direito de propriedade privada do credor, no sentido de que é constitucionalmente aceitável o sacrifício deste direito na medida em que seja necessário para a garantia do "direito à existência do devedor com um mínimo de

---

[297] Acórdão n° 349, de 3 de julho de 1991, publicado no Diário da República, II Série, de 2 de dezembro de 1991. No mesmo sentido, o Acórdão n° 411, de 29 de junho de 1993.

[298] Acórdão n° 319, de 26 de maio de 1999, publicado no Diário da República, II Série, de 22 de outubro de 1999.

dignidade".[299] O que esta decisão acresce à configuração do direito ao mínimo existencial é a consideração de que o salário mínimo nacional deve ser considerado um parâmetro mínimo indispensável de recursos para assegurar a existência digna. Considerou, então, o Tribunal, que é inconstitucional norma que permita a penhora de parcela de rendimentos quando estes sejam de valor não superior ao salário mínimo nacional, por violar o princípio da dignidade da pessoa humana.

Também tratando de restrição a penhora de rendimentos, há duas decisões do Tribunal Constitucional, datadas de 2002: a) a primeira[300] considerou integralmente impenhorável valor percebido a título de rendimento mínimo garantido, que visa a assegurar meios mínimos para uma existência digna; b) a segunda[301] mantém o salário mínimo como referência para a impenhorabilidade de pensões, para preservação de um mínimo necessário à existência digna do executado e seu agregado familiar. Registre-se, nesta última decisão, declaração de voto divergente do Conselheiro Paulo Mota Pinto, que assinala não deverem ser confundidos o critério do mínimo de existência e o salário mínimo, este relativo à remuneração mínima garantida pela prestação laboral, imposta por um princípio de justiça comutativa, que não tem a função de garantir um mínimo para a existência digna – que, aliás, pode ser inferior ou superior ao salário mínimo.

Algum tempo depois, o Tribunal Constitucional estendeu o argumento da impenhorabilidade de pensões ou outros benefícios sociais que signifiquem privar o indivíduo do mínimo para uma existência digna para a vedação de penhora de parcela de salário do executado não superior ao salário mínimo nacional, desde que não lhe restem outros bens penhoráveis.[302] Por outro lado, em recente decisão,[303] emitiu o entendimento, que já tinha sido antecipado no citado voto vencido do Conselheiro Paulo Mota Pinto e, de certa forma, em Acórdão referente à dedução em parcela de pensão social de

---

[299] Certamente a expressão "mínimo de dignidade" deve ser entendida como "um mínimo de recursos para se respeitar a dignidade".

[300] Acórdão nº 62, de 6 de fevereiro de 2002, publicado no Diário da República, II Série, de 11 de março de 2002.

[301] Acórdão nº 177, de 23 de abril de 2002, publicado no Diário da República, I Série-A, de 2 de julho de 2002.

[302] Acórdão nº 96/2004, publicado no Diário da República, II Série, de 1 de abril de 2004.

[303] Acórdão nº 657, de 28 de novembro de 2006.

invalidez,[304] de que o salário mínimo não é o parâmetro adequado para se fixar patamar mínimo, absolutamente impenhorável, valorizando a atividade jurisdicional de ponderação, em detrimento de uma fixação abstrata de impenhorabilidade, com fundamento no direito ao mínimo para uma existência digna.

A consolidação do reconhecimento de um direito ao mínimo existencial é inequívoca no Acórdão nº 509/02,[305] em que está consignado de modo expresso que o princípio da dignidade da pessoa humana implica o reconhecimento do direito ou da garantia a um "mínimo de subsistência condigna", que pode manifestar-se de duas formas: a) o direito a não ser privado de valor considerado essencial para uma existência digna; b) o direito de exigir do Estado prestações que assegurem um mínimo para uma existência digna, que, no citado Acórdão, é reconhecido pela primeira vez pelo Tribunal Constitucional português. Além disso, os instrumentos adequados para a garantia do direito ao mínimo existencial são submetidos à liberdade de conformação do legislador,[306] em função de seus próprios critérios políticos, de acordo com o princípio democrático, que supõe pluralismo e alternância.

Em síntese, foi arguida a inconstitucionalidade de norma que procedia à revogação do rendimento mínimo garantido, substituindo-o pelo rendimento social de inserção, ficando excluídos do novo benefício os indivíduos com idade entre os dezoito e os vinte e cinco anos, que eram alcançados pela norma que se pretendia revogar. Tal arguição, feita pelo Presidente da República, fundou-se nos princípios da proibição de retrocesso social e da igualdade,[307] não obstante o Tribunal Constitucional ter preferido apreciá-la com base no direito ao mínimo para uma existência digna. Nesse sentido, afirmou o Tribunal que o princípio da dignidade da pessoa humana impõe a

---

[304] O Acórdão nº 306/2005, ao decidir pela preservação de parte de pensão social de invalidez do progenitor contra dedução para satisfazer pensão alimentar a filho menor, fixou o referencial de proteção não no salário mínimo nacional, mas no rendimento social de inserção.

[305] Acórdão nº 509, de 19 de dezembro de 2002, publicado no Diário da República, I Série-A, de 12 de fevereiro de 2003.

[306] Sublinhando a inexistência de contradição entre o reconhecimento de um direito ao mínimo existencial como direito a prestações estatais e a aceitação de espaço de conformação legislativa, ANDRADE, José Carlos Vieira de. *O "direito ao mínimo de existência condigna" como direito fundamental a prestações estaduais positivas*, p. 26-27.

[307] Concordando com o não acolhimento dos fundamentos articulados pelo Presidente da República, ANDRADE, José Carlos Vieira de. *O "direito ao mínimo de existência condigna" como direito fundamental a prestações estaduais positivas*, p. 23-26.

garantia de um direito ao mínimo para uma existência condigna que, no caso em questão, seria violado pela subtração dos jovens entre os dezoito e os vinte cinco anos do benefício do rendimento social de inserção, sem que fossem previstos instrumentos alternativos.[308]

Das quatro declarações de voto divergentes, merece registro especial a do Conselheiro José Manuel Cardoso da Costa, que, embora entenda que cabe ao Estado promover as condições mínimas para uma existência humana digna, não concorda com a afirmação de um direito, de matriz direta constitucional, a exigir do Estado prestações materiais necessárias a assegurar este mínimo existencial.

É criticável a expressão com que a fundamentação do Acórdão é concluída, segundo a qual "a norma em apreciação vem atingir o conteúdo mínimo do direito ao mínimo de existência condigna". Não há que se falar em "mínimo do mínimo"; o direito ao mínimo para uma existência digna é reserva de eficácia do princípio da dignidade da pessoa humana, pelo que ou será respeitado ou será ofendido. Não há gradações no cumprimento deste direito. Para além dele, haverá o regime regular dos direitos fundamentais.

No caso do Brasil, podem-se recolher da jurisprudência do Supremo Tribunal Federal acórdãos em que se identificam fundamentos para o reconhecimento do direito constitucional ao mínimo para uma existência digna, embora inexista abordagem articulada da matéria, nos moldes do Tribunal Constitucional português, na esteira do Tribunal Constitucional Federal alemão. Não há, portanto, consolidada construção jurisprudencial brasileira de um direito constitucional ao mínimo existencial, muito embora os pressupostos constitucionais para o seu reconhecimento permitam confirmar sua existência, que tem em alguns dos acórdãos do Supremo Tribunal Federal traços que possibilitam dizer que a jurisdição constitucional brasileira não desconhece a sua afirmação.

Há várias decisões que, se não tratam diretamente do direito ao mínimo existencial, contêm fragmentos de seu reconhecimento. Assim é, por exemplo, quando se afirma que a liberdade de conforma-

---

[308] Discordando da conclusão do Tribunal Constitucional, que "faria todo o sentido se o direito ao mínimo de existência condigna implicasse a imposição concreta da garantia legislativa de um subsídio do tipo RSI (*rendimento social de inserção*) ou equivalente (incluindo aí o subsídio de inserção como o previsto na lei desde 1988), ou se fosse exigível, não uma eficácia mínima, mas uma eficácia máxima, que assegurasse um direito potestativo perante entidades públicas, absoluto e incondicional, para cobrir as necessidades de todas as pessoas, em todos os casos de carência", ANDRADE, José Carlos Vieira de. *O "direito ao mínimo de existência condigna" como direito fundamental a prestações estaduais positivas*, p. 28.

ção do legislador e de atuação do Poder Executivo não autorizam, no campo da realização de direitos econômicos, sociais e culturais, inércia estatal que afete o "núcleo intangível consubstanciador de um conjunto irredutível de condições mínimas necessárias a uma existência digna e essenciais à própria sobrevivência do indivíduo", o que justifica a intervenção judicial para "viabilizar, a todos, o acesso aos bens cuja fruição lhes haja sido injustamente recusada pelo Estado".[309]

Neste caso, apesar de se tratar de decisão que menciona expressamente o direito, afirmando especificamente sua vertente de direito a prestações, não há construção dogmática que justifique sua existência ou identifique seus fundamentos constitucionais diretos e seu alcance, até porque não é esse o objeto central submetido à análise; aliás, o efeito concreto da decisão foi considerar prejudicada uma arguição de descumprimento de preceito fundamental, por perda superveniente do objeto. A decisão, por outro lado, é monocrática, não refletindo manifestação colegiada do Supremo Tribunal Federal, apesar de ter o mérito evidente de reconhecer um direito ao mínimo para uma existência digna, que se impõe ao Estado e, portanto, é plenamente justiciável.

Do mesmo modo, a despeito de não haver referência direta ao mínimo para uma existência digna, seus pressupostos estão presentes quando se decide que a educação infantil é direito fundamental referente à primeira etapa do processo de educação básica, direito que se subsume ao conceito de liberdade real ou concreta, sendo dever do poder público concretizá-la, sob controle jurisdicional direto, ainda que a formulação e execução de políticas públicas caiba primariamente aos Poderes Legislativo e Executivo, por se tratar de direito que congrega valores inerentes à dignidade da pessoa humana.[310] Ou, ainda, a afirmação, embora também não dizendo respeito a uma discussão direta sobre o direito ao mínimo existencial, de que "... a negativa do Poder Judiciário em reconhecer, no caso concreto, a situação comprovada e as alternativas que a Constituição oferece para não deixar morrer à míngua algum brasileiro é incompatível

---

[309] Decisão monocrática, da lavra do Ministro Celso de Mello: Argüição de Descumprimento de Preceito Fundamental nº 45-9 – Distrito Federal, de 29 de abril de 2004, publicado no Diário da Justiça de 04 de maio de 2005.

[310] Acórdão: Agravo Regimental no Recurso Extraordinário nº 410.715-5 – São Paulo, de 22 de novembro de 2005, Relator Ministro Celso de Mello, publicado no Diário da Justiça de 03 de fevereiro de 2006.

com a garantia de jurisdição, a todos assegurada como direito fundamental...".[311]

Os direitos fundamentais, em especial os direitos sociais diretamente ligados à garantia de meios mínimos de subsistência, são parâmetros vinculantes da definição do conteúdo do direito ao mínimo existencial. Reconhecer este direito significa deixar claro que determinadas dimensões de direitos a prestações têm aplicabilidade direta e, em regra, não se condicionam pela reserva do caixa financeiro do Estado, quando esteja em risco uma existência humana digna, ou o respeito pela dignidade inerente à vida humana.

---

[311] Acórdão: Agravo Regimental no Agravo de Instrumento nº 470.975-6 – São Paulo, de 18 de dezembro de 2006, Relatora Ministra Cármen Lúcia, publicado no Diário da Justiça de 16 de março de 2007.

Parte II
Construção dogmática do direito ao mínimo para uma existência digna

1. Fundamentos do Direito

1.1. A dignidade da pessoa humana

No item 3.1 do Capítulo III da Parte I foi tratado o princípio da dignidade da pessoa humana como alicerce dos sistemas constitucionais português e brasileiro, abordando, em síntese, suas origens e seu desenvolvimento histórico. Cabe, agora, enfocar a dignidade da pessoa humana como um dos fundamentos do direito ao mínimo para uma existência digna,[312] isto é, uma das normas fundamentais – a principal delas – na qual esse direito se encontra adscrito em boa parte das Constituições do mundo ocidental, incluídas aquelas que decompõem o princípio da socialidade em extenso rol de direitos fundamentais sociais.[313]

Se os direitos fundamentais "têm a dignidade como premissa e encontram-se a seu serviço",[314] poder-se-ia argumentar que, tendo uma determinada Constituição consagrado amplo rol de direitos, tanto os que garantem a liberdade individual e a autonomia da vontade, quanto os que asseguram prestações materiais tendentes a concretizar uma sociedade de bem-estar, seria desnecessário buscar nela, implícito no princípio da dignidade da pessoa humana, um direito ao mínimo existencial, já que tal garantia estaria já explícita nos

---

[312] BENDA, Ernst. *Dignidad humana y derechos de la personalidad*, p. 126.

[313] Exemplo que mostra com clareza a relação entre a dignidade da pessoa humana – e sua realização como um direito ao mínimo para uma existência digna – e os direitos sociais é o da Constituição da Bélgica, que estabelece que cada um tem o direito de levar uma vida de acordo com a dignidade humana, assinalando que, para tal finalidade, as normas jurídicas devem garantir os direitos econômicos, sociais e culturais (cf. DELPÉRÉE, Francis. *O direito à dignidade humana*, p. 151-152).

[314] HÄBERLE, Peter. *A dignidade humana como fundamento da comunidade estatal*, p. 129.

direitos que postulam uma abstenção e, em especial, nos que exigem prestações do Estado. Desse modo, só faria sentido um esforço interpretativo para "descobrir" um direito ao mínimo para uma existência digna no caso de a Constituição se limitar a consagrar uma cláusula geral de Estado social, como faz a Lei Fundamental de Bonn de 1949.

Tal raciocínio, não obstante parecer lógico à primeira vista, ignora um dado essencial: os direitos sociais a prestações, que, em grande parte dos casos, permitem o respeito à dignidade humana[315] quando faltem meios materiais mínimos para a existência, têm condicionamentos de duas ordens: são, em geral, consagrados de forma genérica na Constituição, o que impõe a definição de escolhas e meios, que em Estados democráticos cabem à função legislativa, como demonstrado no item 2.2 do Capítulo III da Parte I; estão submetidos a uma reserva do econômica ou financeiramente possível, isto é, dependem de recursos econômicos e financeiros de grande monta, que nem sempre estão disponíveis de forma suficiente.[316]

Nesse sentido, a reserva de atuação legislativa que concretiza o princípio democrático, em especial o pluralismo político, e a feição constitucional da separação ou da divisão de Poderes que reforce o prestígio da função legislativa impedem a atuação ordinária da função jurisdicional na concretização dos direitos sociais. Do contrário, sucumbiriam as leis orçamentárias e os processos institucionalizados de definição de políticas públicas,[317] que, cabe ressaltar, têm fonte constitucional, em ofensa à legitimidade democrática.

Tem-se, desse modo, um aparente impasse: de um lado, o princípio da dignidade da pessoa humana impõe tarefas ao Estado, sob a forma de prestações decorrentes de direitos fundamentais; de outro, tais prestações, para que se concretizem, dependem de interposição legislativa, o que dilui a sua eficácia imediata. O impasse é aparente

---

[315] Sobre os direitos sociais como pressupostos da garantia da igual dignidade das pessoas, cf. PISARELLO, Gerardo. *Los derechos sociales y sus garantías*, p. 39-41.

[316] Deve-se reconhecer que também a dimensão prestacional dos direitos de liberdade depende de recursos financeiros, cuja insuficiência, em algumas situações, pode comprometer o seu pleno exercício, como no caso da preparação e equipamento de forças policiais e da construção de presídios, em sociedades expostas a altos índices de insegurança, como a brasileira.

[317] Basta lembrar, como exemplo, que a Constituição brasileira de 1988 vincula grande parte das receitas públicas à aplicação em saúde e educação (art. 198, § 2º; art. 212), o que faz com que a gestão de tais recursos – sem contar outras áreas de prestações materiais básicas – corresponda a boa parte dos orçamentos públicos.

porque o princípio da dignidade da pessoa humana possui uma reserva de eficácia direta:[318] o direito ao mínimo para uma existência digna.[319] Assim, as hipóteses de violência à dignidade humana, pela falta de condições materiais necessárias, que não possam ser solucionadas por regulares prestações decorrentes dos direitos fundamentais, são combatidas pela aplicação do direito ao mínimo para uma existência digna.

Desse modo, a viabilização regular da dignidade da pessoa humana se faz por meio dos direitos fundamentais, em sua vertente de defesa, de eficácia sempre direta, e em sua vertente de proteção contra terceiros e de garantia de prestações materiais essenciais, que necessitam da ação positiva do Estado, seja mediante prestações normativas, seja por prestações fáticas. Neste último caso, a regra geral, em Estados de Direito democráticos, será a da intermediação legislativa. A omissão do legislador ou a insuficiência normativa que permita seja violentada a dignidade humana, em função da carência de bens ou serviços essenciais à vida digna, serão atacadas pela invocação de um direito adscrito ao princípio da dignidade da pessoa humana, base do Estado e da sociedade. Se tal princípio é a estrutura de amarração do Direito, sua eficácia deve ser sempre plena, o que se garante, em último caso, por um direito implícito, de aplicação direta.

A própria vinculação de cada direito fundamental à dignidade humana,[320] no sentido de que o seu objeto é meio de se evitar a degradação do homem, reforça a ideia de um direito ao mínimo para uma existência digna implícito no princípio da dignidade da pessoa humana. Para a integral realização de alguns direitos fundamentais essenciais para a garantia de meios materiais de subsistência, ou da dimensão de direitos fundamentais que cumprem este papel – a dimensão prestacional – é necessário que a definição de meios e prioridades submeta-se ao princípio democrático – e, note-se, a democracia é, ela própria, componente da dignidade. Assim, sendo

---

[318] Luís Roberto Barroso defende que os princípios possuem um núcleo em que operam como regras. Assinala, ainda, que *"tem-se sustentado que no tocante ao princípio da dignidade da pessoa humana esse núcleo é representado pelo mínimo existencial"* (*Interpretação e aplicação da constituição*, 6. ed., p. 381).

[319] Ingo Sarlet afirma que, independentemente de previsão expressa, um direito a prestações que tenha como finalidade assegurar ao indivíduo uma existência digna, seja o nome que se lhe dê, pode ser deduzido diretamente do princípio da dignidade da pessoa humana e do direito à vida, também na Constituição brasileira (*A eficácia dos direitos fundamentais*, 7. ed., p. 342).

[320] HÄBERLE, Peter. *A dignidade humana como fundamento da comunidade estatal*, p. 129.

a dignidade humana, princípio não sujeito à ponderação com outros princípios ou bens constitucionais, sua reserva de eficácia – sem a qual seria uma garantia semântica –, é um direito que atua diretamente quando falhar o funcionamento regular do sistema de direitos fundamentais.

Assim é porque o respeito à dignidade da pessoa humana – e já se disse que o respeito formaliza a consequência jurídica concreta de tal princípio – supõe o "engajamento material e ideal do Estado",[321] que, por sua vez, supõe uma garantia mínima de eficácia de direitos fundamentais diretamente ligados ao respeito a uma vida digna. Em Estado democrático, modelo em que o pluralismo político tem prestígio constitucional pelo reforço da função legislativa, o respeito à dignidade humana, decorrência direta de sua consagração como princípio fundamental, pressupõe que nela seja adscrito um direito ao mínimo para uma existência digna.

Se não há Estado social sem democracia – o que afasta a tentativa de substituição do legislador pelo juiz, por interpretação inconstitucionalmente extensiva do princípio da socialidade –, também não há democracia sem dignidade humana – o que impede que as maiorias eventuais, por ação ou omissão, possibilitem seja ela violentada. Esta vedação, reserva de eficácia do princípio da dignidade da pessoa humana, se materializa na garantia de um mínimo para uma existência digna, que não é um mínimo de dignidade – já que esta não comporta gradação –, mas um mínimo de recursos ou prestações materiais para que o indivíduo não tenha desrespeitada a qualidade que o faz humano.

Poder-se-ia argumentar que o princípio da dignidade da pessoa humana poderia assegurar uma reserva de eficácia, ainda que se reconheça o papel da função legislativa na definição de meios de concretização das prestações fáticas decorrentes de direitos fundamentais, utilizando-se a teoria do núcleo essencial de tais direitos, ou pela ideia de jusfundamentalidade dos direitos sociais que os colocaria em pé de igualdade com os direitos de liberdade, todos sujeitos ao princípio estruturante da dignidade da pessoa humana.[322]

---

[321] HÄBERLE, Peter. *A dignidade humana como fundamento da comunidade estatal*, p. 138.

[322] Jorge Reis Novais argumenta que há apenas um regime de proteção dos direitos fundamentais próprio de Estado de Direito, englobando direitos de liberdade e direitos sociais, estes também dotados de jusfundamentalidade, regime este que inclui, como limite aos limites, entre outros, a necessária observância dos princípios constitucionais que considera estrutu-

Neste caso, não seria necessária a busca de uma construção interpretativa que viabilizasse o reconhecimento de um direito adscrito ao mínimo para uma existência digna.

Não obstante, tal solução não é adequada na medida em que nem todos os diretos sociais podem ser qualificados como reserva de eficácia da dignidade da pessoa humana. Esta questão é retomada no item 5.1 do Capítulo V da Parte II, em que se analisa a autonomia do direito ao mínimo existencial, como direito adscrito a disposições constitucionais jusfundamentais.

1.2. A igualdade material

A igualdade como princípio jurídico no quadro do Estado de Direito liberal nasceu como igualdade formal,[323] ou igualdade perante a lei, como uma proibição de discriminações ou privilégios, que salvaguarda essencialmente o valor da segurança jurídica, postulando, ainda, uma igualdade processual ou procedimental.[324] A partir da ultrapassagem do modelo liberal de abstencionismo estatal e da luta pela superação das desigualdades sociais por meio do Estado, a ideia de igualdade se enriquece,[325] tornando-se insuficiente a necessidade de que todos sejam abstratamente considerados iguais em direitos e deveres.

A igualdade material, substancial ou de fato, em vez de postular uma abstenção ou uma não discriminação, parte do homem concreto[326] e das diferenças entre os indivíduos em sociedade, que geram hiposuficiências de natureza vária, para postular uma intervenção estatal no sentido de discriminações positivas, a fim de corrigir tais diferenças que impossibilitam a construção de uma sociedade justa e, além disso, muitas vezes põem em risco o respeito pela dignidade humana. A igualdade material, assim compreendida, é disposi-

---

rantes: dignidade da pessoa humana, igualdade, proibição do excesso, proteção da confiança (*Direitos fundamentais: trunfos contra a maioria*, p. 196).

[323] BALDASSARE, Antonio. *Diritti della persona e valori costituzionali*, p. 153.

[324] PECES-BARBA MARTÍNEZ, Gregorio. *Lecciones de derechos fundamentales*, p. 182.

[325] MIRANDA, Jorge. *Direitos fundamentais e ordem social (na constituição de 1933)*, p. 275.

[326] MIRANDA, Jorge. *Direitos fundamentais e ordem social (na constituição de 1933)*, p. 276.

ção jusfundamental no âmbito do Estado social[327] e base de direitos fundamentais a prestações,[328] seja como princípio geral em que se podem adscrever tais direitos, seja como alicerce axiológico de direitos sociais expressos, que tornam explícitos os contornos gerais da sociedade de bem-estar a que se visa e de um direito ao mínimo para uma existência digna.

Por outro lado, a igualdade material não justifica a funcionalização do indivíduo à comunidade, não desconhece a autonomia individual,[329] antes deve ser conciliada com o respeito pelas diversidades que compõem uma sociedade plural. A busca da superação de diferenças que impossibilitam ou dificultam a plena realização do indivíduo e da sociedade, traduzindo-se em formas de hipossuficiência que limitam o desenvolvimento pessoal e social, não é incompatível com o respeito pelas diferenças que marcam as formas de viver, decorrentes de distintos valores culturais e que, longe de impedir ou restringir, ampliam as possibilidades de desenvolvimento. A igualdade material, não anulando a individualidade, deve conviver com a tolerância e o respeito em relação à diversidade.

Nesse sentido, deve-se compreender a igualdade material como a garantia a todos das possibilidades de realização pessoal e social, sem que isto signifique anular a liberdade individual, a autonomia da vontade e a necessidade de construção, pelo indivíduo, dos caminhos para seu desenvolvimento. Se, de um lado, tal ideia não se compadece com o individualismo extremo, ou com uma organização egoísta da sociedade, por outro lado também não admite a anulação da esfera individual, de resto preservada e valorizada pelas Constituições sociais de nosso tempo, herdeiras que são do Estado de Direito liberal. Daí que a igualdade material "não é tanto

---

[327] Robert Alexy assinala que a igualdade de fato é norma adscrita à máxima geral de igualdade e não ao princípio do Estado social e nega que a igualdade de fato seja subprincípio do Estado social, na medida em que este não é uma disposição jusfundamental. (*Teoría de los derechos fundamentales*, p. 414). Sobre a centralidade da igualdade substancial na Constituição italiana e sua condição de fundamento para a criação de condições sociais para a promoção da personalidade e da dignidade de cada ser humano, cf. PIZZOLATO, Filippo. *Il minimo vitale*, p. 14-15; 23. Rechaçando a igualdade como fundamento do Estado social e de sua atuação de ajuda aos necessitados, DOEHRING, Karl. *Estado social, estado de derecho y orden democrático*, p. 159-160.

[328] ALEXY, Robert. *Teoría de los derechos fundamentales*, p. 414-415; WEBER, Albrecht. *L'etat social et les droits sociaux en RFA*, p. 681; PRIETO SANCHÍS, Luis. *Los derechos sociales y el principio de igualdad sustancial*, p. 22.

[329] PECES-BARBA MARTÍNEZ, Gregorio. *Lecciones de derechos fundamentales*, p. 185.

uma igualdade no ponto de chegada (...), mas é uma igualdade para poder chegar à meta".[330]

A igualdade material como princípio é um dado normativo, no sentido de que elege, para efeito comparativo, uma característica de fato que iguala ou desiguala dois sujeitos, como relevante para um tratamento igual ou desigual, em razão de uma determinada consequência jurídica a que se visa.[331] Assim, a idade pode ser eleita como critério de tratamento diferenciado caso sirva a uma razão juridicamente relevante, em termos do que dispõe a Constituição, como, por exemplo, para dar direito à aposentadoria.

O critério das necessidades básicas[332] é o mais relevante para valorar materialmente a desigualdade, a fim de garantir que todos possam exercer integralmente a sua liberdade e assegurar o seu desenvolvimento. As necessidades básicas são definidas não só de forma biológica, tendo dimensão histórico-cultural. Por outro lado, o parâmetro jurídico para sua identificação é dado pelos direitos fundamentais consagrados na Constituição,[333] ou, em Constituições não analíticas, pelos princípios fundamentais que a informam, como a dignidade da pessoa humana e a socialidade. Sem que tenha satisfeitas suas necessidades básicas, dificilmente o indivíduo terá condições de usufruir de sua liberdade e construir os caminhos para o seu desenvolvimento como ser humano e como parte da sociedade.

Daí que a igualdade material tenha duas vertentes principais: a) a discriminação positiva para assegurar meios mínimos para uma existência digna, como forma de se garantir o respeito pela dignidade do ser humano; b) a discriminação positiva para propiciar a superação de barreiras sociais – como preconceitos em razão de cor, raça, gênero, opção sexual, entre outros –, econômicas, físicas ou psíquicas, como meio de se buscar a construção do bem-estar social como um bem-estar de todos.

A proclamação constitucional de que um dos objetivos fundamentais do Estado é atuar para a construção de uma sociedade livre, justa e solidária, ou promover o bem-estar de todos, indica que a

---

[330] PECES-BARBA MARTÍNEZ, Gregorio. *Lecciones de derechos fundamentales*, p. 186.

[331] PRIETO SANCHÍS, Luis. *Los derechos sociales y el principio de igualdad sustancial*, p. 24-25.

[332] PECES-BARBA MARTÍNEZ, Gregorio. *Lecciones de derechos fundamentales*, p. 186-187.

[333] Sobre a igualdade real como fundamento dos direitos econômicos, sociais e culturais, cf. MIRANDA, Jorge. *Manual de direito constitucional*, Tomo IV, 3. ed., p. 394-395.

igualdade material é um de seus princípios fundamentais.[334] Para satisfazer o princípio da igualdade material, o Estado tem certa liberdade, por meio de sua função legislativa, na escolha de meios, por exemplo a política tributária e fiscal, a prestação de serviços públicos, a adoção temporária das chamadas ações afirmativas para o combate de discriminações em razão de gênero, raça, classe social, entre outras.

Em Constituições democráticas, especialmente fundadas na democracia representativa, as ações estatais que visem a estabelecer critérios de distribuição de bens, a fim de corrigir desigualdades de fato, devem passar, necessariamente, pelo crivo do órgão político representativo, que decide com base em maiorias. Não obstante, o princípio da igualdade material, como disposição jusfundamental, impõe limites à atuação das maiorias,[335] controláveis em especial por Tribunais Constitucionais ou Tribunais Supremos que tenham a função de guarda da Constituição. A norma jusfundamental da igualdade material alicerça direitos sociais a prestações diretamente estatuídos pela Constituição[336] e pode justificar a adscrição de normas instituidoras de direitos subjetivos de igualdade.[337]

O direito ao mínimo para uma existência digna é uma das manifestações da igualdade material, na medida em que assegura meios para que situações de desigualdade de fato – necessidades especiais físicas ou psíquicas, incapacidade para o trabalho, entre outras – sejam pressuposto para gerar direitos subjetivos a abstenções ou a prestações. O princípio da igualdade material oferece uma pauta jurídico-constitucional imposta ao legislador, racionalmente controlável,[338] para que assegure um nível de proteção e garantia de

---

[334] A Constituição portuguesa dispõe no art. 1° que a República portuguesa deve se empenhar na construção de uma sociedade livre, justa e solidária e, no art. 9°, d), que é tarefa fundamental do Estado promover o bem-estar e a qualidade de vida do povo e a igualdade real entre todos os portugueses, bem como a efetivação de direitos econômicos, sociais, culturais e ambientais, mediante a transformação e modernização das estruturas econômicas e sociais. A Constituição brasileira estabelece no art. 3° que constitui objetivo fundamental da República Federativa do Brasil construir uma sociedade livre, justa e solidária (inciso I), além de erradicar a pobreza e a marginalização e reduzir as desigualdades sociais e regionais e sociais (inciso III) e de promover o bem de todos, sem preconceito de origem, raça, sexo, cor, idade e quaisquer outras formas de discriminação (inciso IV).

[335] ALEXY, Robert. *Teoría de los derechos fundamentales*, p. 411-412.

[336] MIRANDA, Jorge. *Direitos fundamentais e ordem social (na constituição de 1933)*, p. 276-277.

[337] ALEXY, Robert. *Teoría de los derechos fundamentales*, p. 415-418.

[338] ALEXY, Robert. *Teoría de los derechos fundamentales*, p. 414.

condições mínimas para uma existência digna, de acordo com a realidade constitucional. Assim, pode-se dizer que a igualdade material permite fundamentar, no que se refere ao mínimo existencial, "direitos concretos definitivos à criação da igualdade de fato".[339]

1.3. A solidariedade social

O direito ao mínimo para uma existência digna se arrima no princípio da dignidade da pessoa humana, no princípio da igualdade material e, por outro lado, não deixa de ter também como fundamento o princípio da solidariedade social.[340] O Estado de Direito democrático e social, fundado no princípio da dignidade da pessoa humana, tem por objetivo construir uma sociedade de bem-estar, "enquanto realização da justiça e da solidariedade sociais".[341] Nesse sentido, a solidariedade social é princípio que integra o núcleo axiológico desta concepção de Estado,[342] como um dos instrumentos de viabilização do respeito à dignidade humana.

A ideia de solidariedade pode ser encontrada na Antiguidade clássica próxima da noção de amizade (*filia*), tendo alcançado dimensão religiosa com o cristianismo, especialmente pela noção de caridade.[343] A solidariedade corresponde ao pertencimento a um determinado grupo social, do que resulta compartilhar os benefícios, mas também a responsabilidade nas dificuldades, o que a identifica com a ideia de fraternidade.[344] As construções da ideia de solidariedade dos primórdios da história do pensamento, até as utopias re-

---

[339] ALEXY, Robert. *Teoría de los derechos fundamentales*, p. 414.

[340] Previsto, por exemplo, no art. 1° da Constituição portuguesa: Portugal é uma República soberana empenhada na construção de uma sociedade livre, justa e *solidária*; e no art. 3°, I, da Constituição brasileira: constitui objetivo fundamental da República Federativa do Brasil construir uma sociedade livre, justa e *solidária*.

[341] OTERO, Paulo. *Vinculação e liberdade de conformação jurídica do sector empresarial do estado*, p. 13.

[342] WEBER, Albrecht. *L'etat social et les droits sociaux en RFA*, p. 681; BENDA, Ernst. *El estado social de derecho*, p. 524. Sobre a solidariedade social ou a fraternidade como princípio da Constituição italiana, de que decorrem deveres de assistência aos socialmente débeis, cf. PIZZOLATO, Filippo. *Il minimo vitale*, p. 10-11.

[343] PECES-BARBA MARTÍNEZ, Gregorio. *Lecciones de derechos fundamentales*, p. 174; NABAIS, José Casalta. *Por uma liberdade com responsabilidade*, p. 135 e nota 13.

[344] NABAIS, José Casalta. *Por uma liberdade com responsabilidade*, p. 134.

nascentistas e o período pré-liberal, são baseadas em uma dimensão ética e religiosa, fase de sua construção que se pode chamar "solidariedade dos antigos".[345]

A esta primeira fase sucedeu a ideia de solidariedade construída no contexto da secularização do pensamento, das declarações de direitos, das teorias econômicas liberais e, posteriormente, da generalização dos direitos fundamentais e dos pensamentos socialistas e anarquistas, caldo de cultura que transportou a noção de solidariedade do campo moral para o jurídico, concebendo a "solidariedade dos modernos".[346] Neste caso, a solidariedade não exclui suas componentes moral, religiosa ou cultural, mas se constrói essencialmente como uma noção jurídica, como uma "dimensão mais forte"[347] da solidariedade.

Esta noção é incompatível, como valor relacional, com o individualismo radical, mas também com a funcionalização do indivíduo à comunidade[348] e os regimes autoritários ou totalitários, postulando tolerância e pluralismo, realizando-se com base em valor moral, cultural ou religioso, mas também, e principalmente para o que aqui interessa, como princípio jurídico.[349] A solidariedade supõe, portanto, não apenas vínculo com a sociedade, mas o reconhecimento das dificuldades sociais de um indivíduo como dificuldades de todos os membros da sociedade, pelo que a todos cabe o dever de contribuir para sua superação. A garantia de suficiência de recursos necessários ao respeito pela dignidade humana passa a ser um problema social, e não mais exclusivamente individual[350] e, para além disso, uma questão jurídica, levada às Constituições sob a forma de direitos e deveres fundamentais. Nesse sentido, solidariedade e igualda-

---

[345] PECES-BARBA MARTÍNEZ, Gregorio. *Lecciones de derechos fundamentales*, p. 174.

[346] PECES-BARBA MARTÍNEZ, Gregorio. *Lecciones de derechos fundamentales*, p. 175-176.

[347] NABAIS, José Casalta. *Por uma liberdade com responsabilidade*, p. 135.

[348] Afirmando, ao tratar da proteção social na Bélgica, que "a preocupação de dar uma vida digna a cada um – com os meios de subsistência suficientes – não pode ter esta conseqüência prejudicial de atentar – de maneira paradoxal – contra o direito desta pessoa, de sua família e de seu lar, de viver de maneira autônoma e ao abrigo de intervenções intempestivas das autoridades públicas e dos serviços públicos ou privados, que são encarregados das tarefas de proteção social", cf. DELPÉRÉE, Francis. *O direito à dignidade humana*, p. 158.

[349] PECES-BARBA MARTÍNEZ, Gregorio. *Lecciones de derechos fundamentales*, p. 176-178.

[350] Assinala Peter Häberle, tratando da dignidade humana, que "Sua abertura ao social, o momento da responsabilidade diante de outros homens e da comunidade, pertence a ela do mesmo modo e revela-se tão constituinte como o momento da auto-responsabilidade, no sentido de autodeterminação" (*A dignidade humana como fundamento da comunidade estatal*, p. 139-140).

de material são princípios-irmãos, já que as discriminações positivas que esta postula são meios de se concretizar também a solidariedade social.[351]

Nesse sentido, a solidariedade social como princípio é suposta pela noção de dignidade da pessoa humana, em sua dimensão inter-subjetiva, não só na concepção de fraternidade, exposta nos ideais da Revolução Francesa, mas também na afirmação de que o princípio da dignidade, que fundamenta a atual feição do Estado de Direito, impõe o reconhecimento da igual dignidade dos semelhantes, que, em outras palavras, significa a "dignidade humana na referência ao outro".[352]

Já a Constituição francesa de 1793 afirmou a solidariedade que, posteriormente, foi retomada pelo "solidarismo" de teóricos franceses, como uma espécie de "terceira via" entre o liberalismo e o socialismo, que postulava uma coordenação de esforços entre instituições não estatais.[353] Ideia esta que ganhou prestígio jurídico com as primeiras Constituições sociais, a do México e a de Weimar, e, especialmente, com as Constituições da Europa ocidental do segundo pós-guerra, que difundiram o Estado de Direito democrático e social, fundado na dignidade da pessoa humana. Dentro desta concepção moderna, pode-se ainda distinguir uma solidariedade "vertical", ou por direitos, e uma solidariedade "horizontal", ou por deveres.[354] A primeira se formaliza especialmente pela consagração de direitos sociais a prestações materiais e pelo direito ao mínimo para uma existência digna. A segunda, pelos deveres fundamentais e, especialmente no âmbito não estatal, por ações voluntárias e espontâneas dos indivíduos e instituições sociais e por atividades privadas em colaboração com o Poder Público.

Pode-se falar em "Estado solidário" no sentido de um Estado fundado no valor da solidariedade, que se formaliza por deveres jurídicos no sentido de construir uma sociedade livre, justa e solidá-

---

[351] PECES-BARBA MARTÍNEZ, Gregorio. *Lecciones de derechos fundamentales*, p. 178-179.

[352] HÄBERLE, Peter. *A dignidade humana como fundamento da comunidade estatal*, p. 127. O Autor faz referência à Constituição de Brandemburgo, que, em seu art. 7º, I, nº 2, dispõe que *"Cada um é responsável perante cada um pelo respeito de sua dignidade"* (op. cit., p. 128).

[353] NABAIS, José Casalta. *Por uma liberdade com responsabilidade*, p. 132-133. O Autor relaciona a recente proposta de "terceira via", que teve um dos maiores expoentes em Anthony Giddens, com a proposta por teóricos como Charles Gide, Émile Durkheim, Léon Duguit e Georges Gurvitch no virar do século XIX para o século XX (op. cit., p. 133, nota 6).

[354] NABAIS, José Casalta. *Por uma liberdade com responsabilidade*, p. 136-143.

ria, em função da preservação do respeito pela dignidade da pessoa humana, em contraposição a um Estado fundado na força, no arbítrio, na agressão à dignidade, na funcionalização do indivíduo ou, por outro lado, a um Estado ausente, que se abstém de intervir nas relações econômicas e sociais. Nesse sentido, uma das dimensões do Estado de Direito democrático e social é a de um Estado solidário.

As ações espontâneas e voluntárias de solidariedade, no sentido de auxílio aos seus semelhantes, por parte de indivíduos e grupos sociais, se cumprem algum dever, é um dever moral, religioso ou cultural, não um dever jurídico. Também as atividades de instituições privadas que atuam em parceria com o Estado ou o substituindo no cumprimento de tarefas públicas[355] não obedecem a um dever jurídico de solidariedade: ou visam a interesse econômico – no caso, por exemplo, da concessão de serviços públicos –, ou visam à atividade de filantropia ou de auxílio mútuo, por entidades sem fins lucrativos, o que também não se enquadra no campo de um dever jurídico, ainda que seja fomentada pelo Estado, a partir de disposições da Constituição.[356]

Nesse sentido, a solidariedade social como princípio jurídico, impositiva de deveres fundamentais,[357] se concretiza classicamente, em relação aos privados, no âmbito do dever de pagar tributos, reforçada no caso de tributos com função principal de redistribuição de rendimentos e riquezas. Já no quadro do Estado social, tem-se o exemplo do dever de inscrição e contribuição para sistema público de segurança social,[358] especialmente sob regime de solidária repartição de ônus e benefícios. Pode-se dizer que, se a solidariedade possui uma dimensão subjetiva interna ao indivíduo, pela consciência de pertencimento ao grupo social e de ser corresponsável por seus

---

[355] Sobre o exercício privado de tarefas públicas, cf., por todos, GONÇALVES, Pedro. *Entidades privadas com poderes públicos*, Coimbra: Almedina, 2005.

[356] Cite-se, como exemplo, o art. 82°, n° 4, da Constituição portuguesa, que prevê a propriedade cooperativa e social dos meios de produção, especificamente a alínea d), que menciona os meios de produção possuídos e geridos por pessoas jurídicas (coletivas, segundo se diz em Portugal), sem caráter lucrativo, que tenham como principal objetivo a solidariedade social, designadamente de natureza mutualista.

[357] Sobre deveres fundamentais, cf. NABAIS, José Casalta. *Por uma liberdade com responsabilidade*, p. 165-175; 197-386; ANDRADE, José Carlos Vieira de. *Os direitos fundamentais na constituição portuguesa de 1976*, 3. ed., p. 159-170; CANOTILHO, José Joaquim Gomes. *Direito constitucional e teoria da constituição*, 7. ed., p. 531-536; MIRANDA, Jorge. *Manual de direito constitucional*, Tomo IV, 3. ed., p. 76-77; 175-180..

[358] NABAIS, José Casalta. *Por uma liberdade com responsabilidade*, p. 169.

destinos, possui também, com sua vertente jurídica, uma dimensão externa, de heterovinculação, pelo dever de se corresponsabilizar pelos destinos da sociedade, ainda que não se sinta, por convicção própria, obrigado a tal.[359]

Se a ideia de solidariedade como sentimento de pertencimento, de corresponsabilidade e de auxílio mútuo liga-se com a iniciativa voluntária e espontânea de indivíduos e instituições da sociedade, seus postulados podem ser utilizados para definir comportamentos obrigatórios, no sentido de atingir finalidades a que aspira o ordenamento jurídico a partir da Constituição. Daí que normas jurídicas podem impor condutas de corresponsabilidade, como o dever de recolher tributos, especialmente a tributação redistributiva, ou discriminações positivas para que determinados objetivos fundamentais possam ser alcançados, com o auxílio do Direito, sem dependerem exclusivamente do "espírito solidário" espontâneo. Outra não é a essência de um Estado de Direito democrático e social, no sentido de Estado solidário, que, se de um lado respeita a liberdade individual, a autonomia da vontade e a propriedade privada, de outro consagra direitos e deveres fundamentais que postulam a intervenção do Estado para corrigir desigualdades e produzir uma sociedade solidária,[360] no sentido de direcionar forças, energias e recursos para a superação de hipossuficiências.

Assim, há que distinguir a solidariedade enquanto fenômeno social, inspirado por valores éticos, religiosos ou culturais, que atua independentemente do Estado, embora seja por ele estimulada num quadro de subsidiariedade, ou, mesmo com forte presença estatal nos campos econômico e social, num quadro de complementaridade, da solidariedade enquanto princípio jurídico, que informa a consagração de direitos e de deveres fundamentais, impondo condutas informadas pelo valor da comunhão de esforços e da participação de todos na satisfação das necessidades básicas de todos e de cada um.

A solidariedade social é, assim, alicerce de direitos fundamentais,[361] em especial direitos a prestações materiais que asseguram o

---

[359] Assinalando, por outro lado, a existência de incompatibilidade entre solidariedade e imposição, cf. NABAIS, José Casalta. *Por uma liberdade com responsabilidade*, p. 150.

[360] PISARELLO, Gerardo. *Los derechos sociales y sus garantías*, p. 56-57. Afirmando que a solidariedade não pode servir de argumento para o completo desmantelamento do Estado social, cf. NABAIS, José Casalta. *Por uma liberdade com responsabilidade*, p. 152.

[361] Sobre a solidariedade como base dos direitos sociais, cf. MIRANDA, Jorge. *Manual de direito constitucional*, Tomo IV, 3. ed., p. 104-105; CANOTILHO, José Joaquim Gomes. *Direito constitu-*

mínimo para uma existência digna e que propiciam uma mais justa distribuição de rendas e riquezas.[362] Além disso, é guia de interpretação de direitos fundamentais, impedindo um uso egoísta e individualista dos mesmos na ponderação entre direitos em conflito.[363] E, por outro lado, a solidariedade social é fundamento de deveres fundamentais, seja na gestão dos interesses sociais atuais, seja no compromisso com as gerações futuras,[364] no caso de interesses difusos, por exemplo, no campo do meio ambiente, do patrimônio histórico, artístico e cultural, sendo possível se falar em deveres fundamentais entre cidadãos gerados pelo princípio da solidariedade social.[365]

O princípio da solidariedade social alcança, portanto, três vertentes principais: a) a solidariedade entre os membros da sociedade aqui e agora, que alcança grupos hipossuficientes quanto à situação econômica, social, física ou psíquica; b) a solidariedade entre gerações, para que uma geração não comprometa o bem-estar das gerações futuras pelo uso egoísta dos recursos naturais ou das riquezas produzidas pela sociedade; c) na esteira do esboço de formação de um Direito global, a solidariedade transnacional entre povos e nações, compreendendo, por exemplo, o direito ao desenvolvimento.[366]

É especialmente na primeira dimensão que o princípio da solidariedade social fundamenta o direito ao mínimo para uma existência digna,[367] em três sentidos: a) a sociedade e cada indivíduo são responsáveis pelo respeito à dignidade da pessoa humana, tendo o dever geral de contribuir, com os recursos comuns que compõem o erário gerido pelo Estado, para assegurar que cada pessoa tenha

---

cional e teoria da constituição, 7. ed., p. 518-519; ALEXANDRINO, José de Melo. *A estruturação do sistema de direitos, liberdades e garantias na constituição portuguesa*, v. 2, p. 203 e nota 839.

[362] Casalta Nabais fala em dimensão solidária da cidadania, que implica "o empenhamento simultaneamente estadual e social de permanente inclusão de todos os membros na respectiva comunidade de modo a todos partilharem um mesmo denominador comum, um mesmo 'chão comum', que assim os torne cidadãos de corpo inteiro dessa comunidade". (*Por uma liberdade com responsabilidade*, p. 151).

[363] PECES-BARBA MARTÍNEZ, Gregorio. *Lecciones de derechos fundamentales*, p. 180.

[364] PECES-BARBA MARTÍNEZ, Gregorio. *Lecciones de derechos fundamentales*, p.179.

[365] CANOTILHO, José Joaquim Gomes. *Direito constitucional e teoria da constituição*, 7. ed., p. 536.

[366] PECES-BARBA MARTÍNEZ, Gregorio. *Lecciones de derechos fundamentales*, p.180.

[367] Sobre a solidariedade como fundamento do direito ao mínimo existencial nos casos em que prevalece sobre a posição jurídica do credor, cf. ALEXANDRINO, José de Melo. *A estruturação do sistema de direitos, liberdades e garantias na constituição portuguesa*, v. 2, p. 203, nota 839.

meios mínimos para viver sem ter desrespeitada sua dignidade, enquanto ser humano; b) cada indivíduo e instituição da sociedade tem de se sujeitar, em situações de conflito, ao direito de seu semelhante a meios indispensáveis para uma existência digna, podendo ver sacrificado um interesse ou mesmo um direito subjetivo individual, como, por exemplo, a execução de um crédito; c) há determinadas relações especiais de dependência entre privados, nas quais o Direito impõe deveres de responsabilidade em garantir meios de subsistência, que também são informados pelo princípio da solidariedade, como, por exemplo, o dever dos pais de prestar alimentos aos filhos menores.

1.4. Fundamentos do direito e sua existência em Constituições analíticas quanto a direitos sociais

Já foram mencionadas decisões jurisdicionais, tanto do Tribunal Constitucional português, como do Supremo Tribunal Federal brasileiro, que justificam a existência de um direito, constitucionalmente adscrito, ao mínimo para uma existência digna. Vistas as bases gerais para um reconhecimento do direito, cabe fazer rápida análise sobre a adequação das referidas decisões jurisdicionais e sobre a possibilidade de se fundamentar um direito ao mínimo existencial, adscrito a disposições jusfundamentais de Constituições analíticas quanto a direitos sociais.

O Tribunal Constitucional federal alemão, ao justificar a adscrição do direito ao mínimo existencial ao princípio da dignidade da pessoa humana e à cláusula geral do Estado social, trabalhou com uma Constituição que, quanto à dimensão social do Estado de Direito, limitou-se a enunciar princípios gerais. Pode-se dizer que a tarefa da jurisdição constitucional alemã, quanto aos direitos sociais, está na justificação adequada de que é constitucionalmente adequada a adscrição de tais direitos a disposições jusfundamentais genéricas, enquanto a jurisdição constitucional de países como Portugal e Brasil tem a seu cargo a verificação das distintas posições de direitos fundamentais sociais que decorrem de enunciados de direitos sociais diretamente estatuídos pela Constituição.[368]

---

[368] ALEXANDRINO, José de Melo. *A estruturação do sistema de direitos, liberdades e garantias na constituição portuguesa*, v. 2, p. 243-244.

A conclusão que se pode retirar da análise dos fundamentos constitucionais do direito ao mínimo para uma existência digna é que o reconhecimento de sua existência em Constituições analíticas quanto a direitos sociais, como a portuguesa e a brasileira, não se deve a indevida transposição de instituto jurídico forjado em cultura jurídico-constitucional diversa, ou que serve aos propósitos de sociedade com grau mais avançado de desenvolvimento.[369] Antes, deve-se a que os alicerces constitucionais para o reconhecimento do direito fundamental adscrito também se encontram em Constituições generosas quanto à consagração expressa de direitos sociais.

É certo que o padrão de desenvolvimento econômico e social, os valores culturais e outros dados identificadores de determinada sociedade influenciam fortemente – mesmo em um contexto de globalização econômica, cultural e jurídica – a compreensão do que se possa considerar, por exemplo, um nível aceitável de bem-estar social, ou do que se possa reconhecer como necessidades básicas para que se considere respeitada e protegida a dignidade humana.[370] Não obstante, o respeito e a proteção da dignidade da pessoa humana postulam, qualquer que seja o nível de desenvolvimento econômico e social, a proteção do Estado, em situações extremas, que, se é certo que ocorrem com mais frequência em sociedades pobres, não são inexistentes em sociedades ricas e com menor grau de desigualdades sociais.

Se a inexistência de direitos sociais expressos na Lei Fundamental de Bonn, de 1949, explica o pioneirismo no reconhecimento de um direito ao mínimo para uma existência digna, daí não se retire a conclusão segundo a qual tal direito só serve à Ale-

---

[369] Como afirma Andreas Krell (*Realização dos direitos fundamentais sociais mediante controle judicial da prestação de serviços públicos básicos*, p. 244).

[370] Quanto a este ponto, Jorge Reis Novais assinala que o princípio da dignidade da pessoa humana deve valer tanto na Alemanha, como em Portugal ou em Moçambique, mas que "se na Alemanha o direito a prestações sociais positivas deste tipo, como forma de garantia de um direito ao mínimo vital de existência, é tido, de forma relativamente pacífica, como judicialmente exigível, em Portugal já é discutível que o deva ser e, em Moçambique, não o será certamente" (*Os princípios constitucionais estruturantes da república portuguesa*, p. 320). Não se confunda, salvo o devido respeito, o regime geral dos direitos sociais, que está faticamente condicionado pela reserva do econômica ou financeiramente possível, com o direito ao mínimo para uma existência digna, que não se vincula a tal reserva, na medida em que é, ele próprio, reserva de eficácia da dignidade da pessoa humana. Admitir que tal direito só poderia ser justiciável em sociedades economicamente desenvolvidas é negar a dignidade humana como valor central também em sociedades pobres. Não se pode admitir que um país, qualquer que seja, não tenha condições de garantir o mínimo – aqui não se trata da cláusula de bem-estar social – para que seus filhos tenham a dignidade respeitada e protegida.

manha.[371] Antes, é um direito que advém, necessariamente, dos princípios da dignidade da pessoa humana, da igualdade material e da solidariedade social que informam um modelo de Estado difundido em nosso tempo: o Estado de Direito democrático e social. Daí decorrem três consequências principais para que todo ser humano tenha sua dignidade respeitada e protegida: a) a posição do Estado como primeiro garante do respeito e da proteção da dignidade humana; b) a necessidade de que se utilizem critérios de discriminação positiva, a fim de que todos possam ter meios mínimos de defesa e proteção de sua dignidade; c) a utilização de políticas que induzam e prestigiem os valores da solidariedade social.

Mas o reconhecimento desses postulados jurídico-constitucionais não bastam: em função do princípio democrático, que está consagrado como fundamento do Estado, sob a forma de pluralismo político na definição de meios e prioridades para a consecução de uma sociedade de bem-estar, livre, justa e solidária – objetivo fundamental do Estado –, é necessária uma garantia de eficácia mínima do princípio da dignidade da pessoa humana. A consagração constitucional do princípio democrático e a existência de condicionantes econômico-financeiras, em uma sociedade capitalista, em que a propriedade privada, a livre iniciativa e a autonomia da vontade também têm proteção jusfundamental, fazem com que não se possa debitar à conta do regime ordinário dos direitos sociais a responsabilidade integral pela proteção da dignidade humana.

É necessária uma reserva de eficácia material, que se manifesta pelo direito ao mínimo para uma existência digna. Assim, se a jurisprudência constitucional alemã construiu as bases de sua dogmática, isso não faz com que se trate de um substitutivo dos direitos sociais, enquanto instrumentos de concretização do bem-estar social, mas de um instrumento decorrente da necessidade de se assegurar, em qualquer circunstância, o respeito e a proteção da dignidade da pessoa humana. Tal necessidade se tornou mais nítida, como já assinalado, após a Segunda Guerra Mundial, pelo que é significativo que tenha sido a Alemanha a dar o passo inicial para o reconhecimento do instrumento jurídico capaz de assegurar sua eficácia.

Desse modo, reconhecer o direito ao mínimo para uma existência digna em Constituições analíticas quanto a direitos sociais signi-

---

[371] Como se pode inferir de KRELL, Andreas. *Realização dos direitos fundamentais sociais mediante controle judicial da prestação de serviços públicos básicos*, p. 244-246.

fica assegurar o respeito ao núcleo axiológico do Estado de Direito democrático e social: a dignidade da pessoa humana, a liberdade, a igualdade, a socialidade e a democracia. O respeito pela dignidade humana supõe o respeito pelo espaço de liberdade individual constitucionalmente assegurado e pela autonomia da vontade, mas também pela busca da superação das desigualdades sociais e da construção de uma sociedade livre, justa e solidária, mediante intervenção do Estado, cujos instrumentos devem ser democraticamente estabelecidos. Mas o respeito pela dignidade humana supõe também que, nos desvãos do sistema, seja assegurado a cada indivíduo o direito de postular diretamente o respeito ou a proteção de sua dignidade.

2. Conteúdo do Direito

2.1. Existência digna, mínimo e médio para uma existência digna

Há que distinguir, de início, a noção de existência digna do mínimo para uma existência digna. A dignidade, como já mencionado, é qualidade inerente ao ser humano; desse modo, não há que graduá-la. Não há um mínimo ou um máximo de dignidade na existência humana: ela é digna, e tal dignidade deve ser respeitada. Não obstante, também já se referiu que a conduta humana pode atentar contra a dignidade própria ou de terceiros, sendo, assim, uma conduta indigna. E, por outro lado, situações de fato podem ameaçar a dignidade humana, pelo que o Direito de um Estado fundado na dignidade da pessoa humana deve fornecer os meios para que tais situações sejam evitadas e combatidas.

O Estado tem o dever de proteger a dignidade por meio da proibição de condutas que contra ela atentem e da garantia de prestações materiais aptas a manter, para todo ser humano, uma existência digna. Assim, a existência digna, ou a existência do homem como sujeito, insubstituível, irrepetível e insuscetível de se tornar objeto, é preservada pelo Direito por meio de instrumentos vários: por exemplo, sancionando criminalmente condutas que violentem tal dignidade; proibindo penas e punições cruéis e degradantes; possibilitando a participação dos cidadãos previamente à tomada de decisões que afetem sua esfera de interesses e na esfera de ação política da comunidade; estabelecendo regras de disciplina das relações de trabalho; garantindo assistência e representação nos casos em que o indivíduo não tenha capacidade de autodeterminação; e, entre outros exemplos ainda possíveis, assegurando um direito ao mínimo para uma existência digna.

Daí decorre que a proteção da existência digna não se faz exclusivamente por meio do direito ao mínimo existencial. Este significa o direito à garantia de condições mínimas necessárias para que o indivíduo tenha uma subsistência digna. Mas a ideia de existência digna reclama outros instrumentos de respeito e proteção. Cabe, portanto, dizer que existência digna é a vida humana tendo respeitada sua dignidade, o homem preservado como sujeito de direitos e, na medida das limitações de uma vida em sociedade, senhor da determinação do desenvolvimento de sua personalidade. A existência digna não significa mera subsistência ou sobrevivência, antes postula condições que permitam a fruição dos direitos fundamentais, a fim de possibilitar o pleno desenvolvimento da personalidade.[372]

Manter uma existência digna é dar as condições para que o ser humano não perca tal capacidade de autodeterminação e de ser sujeito, não sendo comparado a simples objeto da ação do Estado ou de terceiros. Nesse sentido, podem ser aventados vários meios e momentos de preservação da existência digna, desde a proteção do nascituro até, em situações extremas, a admissão da eutanásia,[373] mediante inequívoca e consciente manifestação da vontade de um doente em estado terminal, como forma de morrer com dignidade, ou, mesmo depois da morte, com a proibição do uso de órgãos do corpo humano como objetos sujeitos ao comércio.

Pode-se dizer que a existência digna depende de condições materiais – que serão garantidas pelo direito ao mínimo para uma existência digna – e de condições imateriais – que, em boa parte, devem ser asseguradas por outros instrumentos jurídicos. Quanto ao seu objeto, o direito ao mínimo para uma existência digna visa a proporcionar a manutenção de condições já existentes, ou prestações materiais necessárias à preservação da dignidade da pessoa humana. Não lhe cabe assegurar todos os requisitos necessários para uma existência digna, mas é um dos instrumentos de que se pode fazer uso para tal finalidade. Assim, pode-se dizer que a fruição do

---

[372] Conforme lição de H. Scholler, citada em SARLET, Ingo Wolfgang. *A eficácia dos direitos fundamentais*, 7. ed., p. 341-342.

[373] Defendendo o direito do enfermo terminal em decidir *"morrer com dignidade"*, BENDA, Ernst. *Dignidad humana y derechos de la personalidad*, p. 143.

direito ao mínimo para uma existência digna não assegura, necessariamente, uma existência digna, na medida em que esta pode estar ameaçada, por exemplo, por uma coação moral que tal direito não visa a repelir.

Ainda que o direito ao mínimo existencial vise, em regra, à defesa, proteção ou viabilização de recursos materiais necessários à existência, também auxilia na viabilização da vertente imaterial da existência digna, na medida em que as prestações fáticas que nele se contêm podem ter conteúdo de natureza cultural. É o caso da garantia de acesso ao ensino, por meio da frequência à escola, que assegura, para além da qualificação que abre portas no mercado de trabalho, a preservação da auto-estima do indivíduo e melhores condições de autodeterminação.

As condições necessárias à existência digna variam de acordo com o tempo e o espaço, o desenvolvimento econômico, social e cultural de cada sociedade.[374] A Constituição pode deixar a cargo de seus intérpretes poucos parâmetros de sua definição; ou pode definir, já em suas disposições jusfundamentais, instrumentos que pontuam o alcance de seu conteúdo. No primeiro caso, por exemplo, a Lei Fundamental de Bonn apenas prevê o princípio da dignidade da pessoa humana, a cláusula de Estado Social e a igualdade material;[375] no segundo, as Constituições portuguesa e brasileira, por exemplo, elencam amplo rol de direitos fundamentais sociais, a par dos direitos de liberdade, que, se não esgotam, consagram já à partida vários instrumentos aptos a configurar, em cada caso, o conteúdo do direito ao mínimo existencial.

Desse modo, no caso de Constituições que se limitam a consagrar princípios e disposições jusfundamentais gerais nas quais se pode fundamentar um direito ao mínimo existencial, a função legislativa tem maior âmbito de atuação, ficando prestigiada a liber-

---

[374] SARLET, Ingo Wolfgang. *A eficácia dos direitos fundamentais*, 7. ed., p. 341, citando, em sentido semelhante, V. Neumann (nota 255), C. Starck (nota 256) e R. Breuer (nota 257). Destacando que a fronteira entre necessidades básicas e outras necessidades não é rígida nem definitiva, dependendo dos estágios de desenvolvimento econômico, social e cultural e do *"sufrágio universal que, a cada momento, a traça"*, cf. MIRANDA, Jorge. *Manual de direito constitucional*, Tomo IV, 3. ed., p. 397.

[375] Assinalando que a igualdade material ou de fato permite uma pauta racionalmente controlável, de nível constitucional, que exige uma orientação pelo nível de vida efetivamente existente, o que será resolvido por ponderação, ALEXY, Robert. *Teoría de los derechos fundamentales*, p 414.

dade de conformação do legislador.[376] Por outro lado, em caso de Constituições generosas na consagração de direitos fundamentais, especialmente direitos sociais a prestações, há um campo mais reduzido de liberdade legislativa, limitada pelos deveres de proteção e de concretização de tais direitos diretamente estatuídos pela Constituição.

O conteúdo do direito de que se trata alcança a manutenção e a prestação de meios necessários a uma existência digna. De um lado, defende e protege a preservação de condições já existentes, num patamar que se considere apto a assegurar a dignidade da existência humana, em dada sociedade, em dado tempo histórico; de outro, postula prestações fáticas que possam garantir o respeito a tal dignidade. O conteúdo do direito ao mínimo para uma existência digna será fixado em função das necessidades que se identifiquem para que se mantenha o respeito pela dignidade da pessoa, podendo ser definidos parâmetros na realidade constitucional para tanto.[377]

Nesse sentido, releva o princípio da igualdade material no sentido de fornecer uma pauta jurídico-constitucional controlável para se determinar o conteúdo do mínimo existencial, exigindo uma orientação pelo nível de vida efetivamente existente.[378] O conteúdo do direito ao mínimo para uma existência digna será composto por direitos concretos definitivos, adscritos a disposições jusfundamentais gerais, como o próprio princípio da dignidade da pessoa humana, ou decorrentes de posições ativas, de defesa ou de prestações, derivadas de direitos sociais diretamente estatuídos na Constituição.

Assim é que em Constituições que se limitam a enunciar princípios gerais como o da dignidade da pessoa humana, ou o da igual-

---

[376] HESSE, Konrad. *Elementos de direito constitucional da república federal da alemanha*, p. 177.

[377] Ingo Sarlet afirma que os direitos ao salário mínimo, à assistência social, à previdência social, à saúde e à moradia têm a finalidade comum de assegurar ao indivíduo uma existência digna, ressalvando que não sustenta que a garantia do mínimo existencial se restringe a tais direitos, refutando a possibilidade de se estabelecer elenco definido de prestações que componham o conteúdo do direito (*A eficácia dos direitos fundamentais*, 7.ed., p. 329-330; 373-374, nota 335). Ana Paula de Barcellos, por outro lado, defende ser possível identificar, à partida e com certa precisão, o conteúdo do mínimo existencial, a partir das disposições constitucionais jusfundamentais, destacando que na Constituição brasileira, quanto à dimensão prestacional, tal conteúdo é formado pelos direitos à educação fundamental, saúde básica, assistência aos desamparados e acesso à Justiça (*A eficácia jurídica dos princípios constitucionais*, p. 258).

[378] ALEXY, Robert. *Teoría de los derechos fundamentales*, p. 414.

dade de fato, se podem identificar direitos a prestações materiais mínimas para uma existência digna adscritos a tais disposições gerais e, de outra parte, em Constituições analíticas quanto a direitos fundamentais, incluídos direitos sociais a prestações, se pode assegurar eficácia plena a posições decorrentes de tais direitos fundamentais, considerados como um todo, incluídas posições relativas a direitos a prestações materiais. Neste último caso, o direito ao mínimo existencial possibilita a execução jurisdicional direta de posições relativas a direitos a prestações fáticas, independentemente de intervenção legislativa, de acordo com o que se considerar necessário para o respeito à dignidade da existência humana.

É possível, portanto, a identificação de um conteúdo do direito ao mínimo existencial, a partir de disposições constitucionais jusfundamentais e da identificação de necessidades concretas extraídas de um padrão de vida mais ou menos consolidado em dada sociedade, que indica ao aplicador da norma que necessidades materiais se consideram indispensáveis para uma existência digna. Mas a resposta sobre o que compõe o direito de cada pessoa somente será obtida em cada caso concreto, em função da necessidade do indivíduo que postula o direito. O conteúdo, a partir de parâmetros constitucionais, é relevante, seja para um primeiro passo na aplicação concreta do direito, seja para sua defesa, proteção ou promoção por via legislativa.

Um exemplo de parâmetros para a definição de necessidades básicas que compõem o conteúdo do mínimo existencial é art. 7º, IV, da Constituição brasileira de 1988, que estabelece, no rol de direitos dos trabalhadores, o direito ao salário mínimo, "capaz de atender a suas necessidades vitais básicas e às de sua família com moradia, alimentação, educação, saúde, lazer, vestuário, higiene, transporte e previdência social". Apesar de a ideia de salário mínimo atender a finalidade distinta daquela visada pelo direito ao mínimo existencial,[379] tal norma constitucional permite estabelecer as bases do que

---

[379] O salário mínimo corresponde ao mínimo de contraprestação pecuniária ao trabalho, devendo ter em conta a dignidade não apenas da existência humana, mas do exercício do trabalho humano. Nesse sentido, cf. declaração de voto divergente do Conselheiro Paulo Mota Pinto no Acórdão nº 177, de 23 de abril de 2002, do Tribunal Constitucional português, publicado no Diário da República, I Série-A, de 2 de julho de 2002, bem como o Acórdão nº 657, de 28 de novembro de 2006, do mesmo Tribunal, em que o sentido da declaração de voto divergente no Acórdão anterior tornou-se a tese predominante. Não obstante, o salário mínimo por vezes é utilizado como parâmetro para a fixação de prestações de assistência social, como faz, por exemplo, o art. 203, V, da Constituição brasileira.

se considera hoje, numa sociedade com a brasileira, indispensável para uma existência digna: alimentação, moradia,[380] ensino fundamental,[381] saúde básica,[382] vestuário, além do acesso à Justiça,[383] direito instrumental indispensável à eficácia dos direitos fundamentais. A previdência social é um meio para se assegurar a existência digna, não uma necessidade existencial. A partir desses parâmetros do conteúdo do mínimo existencial chega-se, em cada caso, às necessidades do indivíduo que o componham e ao patamar de sua satisfação que se considere suficiente para se assegurar o respeito pela dignidade.

Além disso, não se pode deixar de incluir os meios indispensáveis à fruição dessas prestações materiais mínimas decorrentes de disposições de direitos fundamentais, em geral materializados em serviços públicos essenciais. É o caso, por exemplo, do transporte em grandes cidades ou em áreas rurais, dos serviços de saneamento básico e energia que, pela essencialidade que assumem na vida contemporânea, podem ser considerados "bens jusfundamentais assegurados direta ou indiretamente pela ordem constitucional".[384]

Nesse sentido, a prestação deve ser determinada em função da específica necessidade que ameace o respeito à dignidade da existência humana, devendo ficar claras as distintas competências do legislador, para fazer escolhas políticas, e do juiz, para assegurar plena eficácia ao direito ao mínimo existencial.[385] O Judiciário não pode substituir o legislador no que se refere, por exemplo, à fixação

---

[380] Ingo Sarlet adverte, e bem, que o direito fundamental à moradia não se confunde com o direito de propriedade (*A eficácia dos direitos fundamentais*, 7. ed., p. 351).

[381] O art. 208, I, da Constituição brasileira, dispõe que "O dever do Estado com a educação será efetivado mediante a garantia de: I – ensino fundamental obrigatório e gratuito, assegurada, inclusive, sua oferta gratuita para todos os que a ele não tiverem acesso na idade própria", acrescentando, no § 1º do mesmo artigo que "O acesso ao ensino obrigatório e gratuito é direito público subjetivo". Assinalando que não se aplicam ao ensino fundamental a reserva do possível e a ausência de competência dos tribunais para decidir sobre destinação de recursos públicos, SARLET, Ingo Wolfgang. *A eficácia dos direitos fundamentais*, 7. ed., p. 358.

[382] Ingo Sarlet reconhece um direito originário a prestações de saúde, "ainda que limitadas ao estritamente necessário para a proteção da vida humana", acrescentando que não considera proporcional ou razoável que um particular que disponha de recursos para pagar um bom plano de saúde privado possa acessar, sem limitação ou condição, o sistema público de saúde, nas mesmas condições de alguém que não possua recursos (SARLET, Ingo Wolfgang. *A eficácia dos direitos fundamentais*, 7. ed., p. 346-347).

[383] Nos termos do art. 5º, LXXIV, da Constituição brasileira, "o Estado prestará assistência jurídica integral e gratuita aos que comprovem insuficiência de recursos". Cf. SARLET, Ingo Wolfgang. *A eficácia dos direitos fundamentais*, p. 378.

[384] SARLET, Ingo Wolfgang. *A eficácia dos direitos fundamentais*, p. 349.

[385] SARLET, Ingo Wolfgang. *A eficácia dos direitos fundamentais*, p. 333-334.

do valor de um benefício social, como um rendimento mínimo[386] ou complementar, que deve ser feita levando em conta, entre outras coisas, a limitação de recursos financeiros; por outro lado, o direito ao mínimo para uma existência digna impõe que, verificando-se que tal rendimento não possibilite ao indivíduo obter todos os bens da vida indispensáveis para viver com dignidade, a partir dos parâmetros constitucionalmente verificáveis, o juiz determine, em vista das circunstâncias do caso concreto, a prestação fática necessária à restauração do respeito à sua dignidade como pessoa.

Além disso, se é certo que a dignidade da pessoa humana postula um contínuo desenvolvimento do ser humano, no sentido individual e em sua projeção social, sendo necessário que os recursos produzidos pela sociedade se empreguem em tal finalidade, além de estar fora de dúvida que o Estado social propugna a concretização do bem-estar, não se devem confundir duas esferas em que se projetam os direitos fundamentais, em especial os direitos a prestações fáticas: uma, a de garantia de que a dignidade da pessoa concreta não será ofendida ou ameaçada, pela garantia de um mínimo de recursos que a possa preservar; outra, a da progressiva ampliação dos meios aptos a promoverem o desenvolvimento pleno das pessoas e da sociedade, pela construção de uma sociedade de bem-estar.

No primeiro caso, tem-se o campo do direito ao mínimo para uma existência digna, cujo regime de vinculação do Estado e dos particulares, como se demonstra no Capítulo III, logo a seguir, reflete sua finalidade: assegurar meios suficientes para garantir o respeito e a proteção da dignidade da pessoa humana. No segundo, tem-se o campo do regime regular dos direitos fundamentais a prestações fáticas, em particular os direitos sociais, em que a gradual expansão e intensificação de seu oferecimento busca a construção do bem-estar social. Daí que, se é certo que a conjugação entre os princípios da dignidade da pessoa humana e da socialidade postulam mais que um mínimo, mas um "médio de existência",[387] tal padrão deve ser concretizado pelo regime geral dos direitos fundamentais, especialmente os direitos sociais. O direito ao mínimo para uma existência digna é instrumento diverso, reserva de eficácia da dignidade da

---

[386] Sobre o direito a um rendimento mínimo ou uma renda básica, entre variada bibliografia, cf. PISARELLO, Gerardo; CABO, Antonio de (org.). *La renta básica como nuevo derecho ciudadano*, Madrid, 2006.

[387] OTERO, Paulo. *Sumários de um curso de direitos fundamentais*, p. 431; *Direito da vida*, p. 176.

pessoa humana como princípio: daí se falar em *mínimo* para uma existência digna.

Direitos como a saúde básica ou a educação fundamental, para que tenham eficácia como direitos a prestações materiais, necessitam de normas organizatórias e procedimentais, além de estarem sujeitos à capacidade econômica e financeira do Estado e da sociedade. A garantia assegurada pelo direito ao mínimo existencial não significa, nesses casos, que o juiz, por uma simples decisão, possa criar serviços públicos e provê-los com recursos. Na ausência completa de aparatos institucionalizados que satisfaçam o direito a prestações – o que, reconheça-se, é hipótese raríssima,[388] em vista do caráter essencial das prestações –, caberia até mesmo a determinação para que se fizesse uso de serviços privados, às expensas do Estado, que deve utilizar, da forma mais adequada possível e atendendo ao grau de urgência de cada caso, os meios formais de que dispõe para a alocação de recursos públicos e a contratação com particulares.

2.2. Dimensões de defesa e de prestações

O conteúdo do direito ao mínimo existencial envolve uma dimensão de defesa e outra de prestações, como, aliás, ocorre com todos os direitos fundamentais, ainda que, na maioria dos casos, uma delas seja predominante, como vocação principal do direito. Assim, partindo-se da noção de direito fundamental como um todo,[389] pode-se dizer que a partir das disposições de direitos fundamentais podem ser justificadas posições ativas individuais de defesa[390] – direitos a abstenções do Estado –, além de posições ativas individuais de prestações[391] – sejam prestações normativas, sejam prestações

---

[388] No Brasil, por exemplo, há normas organizatórias e procedimentais, algumas em nível nacional, outras relativas a Estados e municípios – adequadas ou não – referentes à saúde, ensino, assistência social, renda complementar, defensoria pública, programas de habitação popular e de segurança alimentar. Ainda assim devem-se fundamentar tais prestações essenciais no direito fundamental ao mínimo para uma existência digna, já que este não se aprisiona nas balizas das normas infraconstitucionais. Em sentido semelhante, cf. SARLET, Ingo Wolfgang. *A eficácia dos direitos fundamentais*, 3. ed., p. 330-331.

[389] ALEXY, Robert. *Teoría de los derechos fundamentales*, p. 240-245.

[390] ALEXY, Robert. *Teoría de los derechos fundamentales*, p. 189-194.

[391] ALEXY, Robert. *Teoría de los derechos fundamentales*, p. 194-196.

fáticas. Por exemplo, a disposição jusfundamental que consagra o direito à saúde inclui tanto o direito a que o Estado não atue para prejudicar a saúde do indivíduo, quanto a que o Estado estabeleça normas para a proteção da saúde contra intervenções de terceiros – que nem sempre corresponderá a um direito subjetivo justiciável –, como também o direto a prestações fáticas, como as decorrentes do serviço público de assistência à saúde.

O direito ao mínimo para uma existência digna não foge à regra, podendo, a partir dele, ser fundamentadas posições ativas de defesa contra intervenções do Estado, posições de proteção contra intervenções de terceiros e posições de prestações fáticas, correspondentes a prestações materiais necessárias à existência digna. Quanto à dimensão de defesa, o indivíduo tem o direito a que a conduta do Estado não esvazie "um núcleo mínimo de possibilidades de levar uma vida digna em condições de liberdade e de autoconformação".[392] De outro lado, os direitos a prestações normativas e fáticas são necessários para que se protejam e se assegurem meios materiais mínimos.

Tendo em conta as posições ativas de defesa, o mínimo existencial impõe um dever de abstenção ao Estado,[393] quanto a interferências na esfera jurídica dos privados que possam privá-los dos bens da vida indispensáveis a uma existência digna.[394] É que em todos os direitos fundamentais se podem justificar posições ativas de defesa a que correspondem deveres de abstenção do Estado,[395] o que se reflete, por certo, também no que se refere a dimensões de direitos que compõem o mínimo para uma existência digna. São múltiplas as projeções concretas deste dever de abstenção, sendo exemplos, entre outros: as imunidades tributárias que compreendam parcelas da renda ou do patrimônio que se considerem indispensáveis à existência digna; a vedação de execução de créditos públicos sobre bens que se integrem em um mínimo para uma existência digna;

---

[392] NOVAIS, Jorge Reis. *Os princípios constitucionais estruturantes da república portuguesa*, p. 58.

[393] Apontando que a dimensão de defesa pode envolver também atuações positivas do Estado, como nos casos em que a Administração tem competência para permitir ou autorizar o exercício de determinadas atividades, cf. BOROWSKI, Martin. *La estructura de los derechos fundamentales*, p. 110-111.

[394] Assinalando que o legislador não pode retirar um "mínimo existente", quando este venha disposto na própria Constituição, PORRAS RAMÍREZ, José María. *Caracterización y garantía de los derechos de prestación en el estado constitucional*, p. 666.

[395] PISARELLO, Gerardo. *Los derechos sociales y sus garantías*, p. 61.

as imunidades ou isenções referentes às taxas ou tarifas de serviços públicos essenciais à existência digna.[396]

O direito ao mínimo para uma existência digna como direto a prestações tem duas vertentes: a) uma de prestações normativas, a que corresponde o dever estatal de proteção dos recursos mínimos para uma existência digna, por meio de normas infraconstitucionais, por exemplo as de natureza penal, civil ou trabalhista; b) outra de prestações fáticas ou materiais, a que corresponde o dever estatal de proporcionar os meios indispensáveis à existência digna. Na primeira vertente, cabe ao Estado proteger a dignidade da pessoa contra ameaças de terceiros, sejam ilícitas, sejam lícitas, mas que ameacem o valor maior da dignidade humana, como é o caso da execução de crédito sobre rendimento mínimo de quem não tenha outro meio de subsistência. Já quanto à vertente de prestações materiais, incumbe ao Poder Público assegurar, por meio de direitos sociais a prestações – sejam eles adscritos a disposições jusfundamentais, sejam eles diretamente estatuídos na Constituição, com ou sem regulamentação legal –, os meios necessários ao respeito pela dignidade que corresponde à existência humana.

---

[396] Citando regulamento que veda a interrupção do fornecimento de energia elétrica às famílias em estado de indigência na Bélgica, DELPÉRÉE, Francis. *O direito à dignidade humana*, p. 157.

3. Eficácia do Direito

3.1. Vinculação do Estado

O direito ao mínimo para uma existência digna, como todo direito fundamental, é dirigido ao Estado. Quanto aos direitos fundamentais em geral – tolere-se a repetição –, a vinculação do Estado será direta ao menos em algumas formas de eficácia do direito, como a eficácia negativa. A questão que se coloca, nesta oportunidade, é em que grau vincula o Estado independentemente de intermediação legislativa. Ou, dito de outro modo, há, com base exclusiva na norma constitucional adscrita aos princípios da dignidade da pessoa humana, da igualdade material e da solidariedade social, um direito subjetivo concreto e definitivo a prestações estatais?

Quanto à dimensão do direito ao mínimo existencial que postula uma abstenção do Estado, a sua vinculação é direta, independentemente de intervenção legislativa, na medida em que se refere à clássica função dos direitos fundamentais liberais: a defesa da esfera individual contra a ação estatal. De outro lado, o direito de que se trata postula uma intervenção do Estado no sentido de proteger os recursos mínimos aptos a assegurarem uma existência digna contra a ação de particulares. Tal proteção se faz, regra geral, por meio da função legislativa.[397] E, por fim, postula ainda uma intervenção estatal no sentido de garantir prestações materiais necessárias à existência digna. Cabe, então, quanto às duas formas de intervenção positiva do Estado – por prestações normativas e materiais – verificar como se dá a eficácia do direito.

---

[397] No mesmo sentido, SARLET, Ingo Wolfgang. *A eficácia dos direitos fundamentais*, 7. ed., p. 342, citando doutrina (R. Breuer) e jurisprudência alemãs.

Sendo o direito ao mínimo para uma existência digna a reserva de eficácia da dignidade da pessoa humana, quanto à garantia de meios mínimos para tanto, admitir a necessidade de intervenção legislativa prévia à eficácia plena de sua dimensão prestacional seria esvaziar de sentido o próprio direito. Assim, se para os demais direitos fundamentais, em especial os direitos sociais, a eficácia plena como direito a prestações depende de interposição legislativa, a fim de assegurar, em especial, o respeito ao princípio democrático e à repartição de funções, o mesmo não vale no caso do direito ao mínimo existencial.[398] Se assim fosse, seria inviável justificar a possibilidade de adscrição de um tal direito a disposições jusfundamentais, na medida em que tem como conteúdo exatamente a execução direta de dimensões de outros direitos fundamentais.

Faz parte da fundamentação da existência de um direito-reserva-de-eficácia do princípio da dignidade da pessoa humana sua peculiar eficácia direta, também no que diz respeito às dimensões prestacionais, sejam prestações normativas de proteção, sejam prestações fáticas. A conclusão, neste ponto, é que, no que toca ao mí-

---

[398] Robert Alexy afirma que o direito ao mínimo vital é um direito subjetivo definitivo vinculante, vale dizer, é um direito a prestações justiciável (*Teoría de los derechos fundamentales*, p. 484-485). Sérvulo Correia admite, no que toca à aplicação dos direitos sociais, que "o juiz possui no entanto competência excepcional para, julgando segundo a equidade, corrigir os efeitos mais nocivos da inacção do legislador, ou seja, as situações de necessidade excepcional ou de injustiça extrema possibilitadas pela inacção legislativa, condenando as entidades públicas com atribuições na matéria em prestações de conteúdo mínimo susceptíveis – à luz das circunstâncias do caso concreto – de reparar ofensas intoleráveis à dignidade da pessoa humana" (*Interrelação entre os regimes constitucionais dos direitos, liberdades e garantias e dos direitos económicos, sociais e o sistema constitucional de autonomia do legislador e de separação e interdependência dos poderes*, p. 970). Vieira de Andrade aceita que um conteúdo mínimo dos direitos sociais, ou o conteúdo essencial destes direitos – que identifica como "o mínimo necessário para uma existência condigna" – possa constituir posições jurídicas subjetivas decorrentes diretamente do plano constitucional, que qualifica de "válvula de segurança' da ordem jurídico-constitucional" (*Os direitos fundamentais na constituição portuguesa de 1976*, 3. ed., p. 67; 387-388; 398). Gomes Canotilho assinala que é possível deduzir um princípio jurídico estruturante da ordem económico-social portuguesa, a partir das normas sociais, econômicas e culturais: "todos (princípio da universalidade) têm um direito fundamental a um *núcleo básico de direitos sociais*, *originariamente derivado da Constituição, sempre que constitua* "o *standard* mínimo de existência indispensável à fruição de qualquer direito" (*Direito constitucional e teoria da constituição*, 7. ed., p. 518. Destaque no original). Não obstante, o mesmo Autor assinala que "Se o cidadão tem direito a prestações existenciais mínimas entendidas como dimensão indeclinável do direito à vida, não se afirma que ele tenha um direito de acção (...) perante os poderes públicos. Uma coisa é afirmar a existência de um direito, outra coisa é determinar quais os modos ou formas de protecção desse direito (acção judicial, procedimento administrativo)" (*Tomemos a sério os direitos económicos, sociais e culturais*, p. 57-58). Ingo Sarlet reconhece a existência de direitos originários a prestações, por sua vinculação com o direito à vida e o princípio da dignidade da pessoa humana, direitos que formam o mínimo existencial (*A eficácia dos direitos fundamentais*, 7. ed., p. 373-374).

nimo existencial, qualquer omissão legislativa que impeça a plena exequibilidade de posições jusfundamentais necessárias à manutenção ou à promoção de meios assecuratórios da existência digna deve ser suprida por decisão jurisdicional.[399]

Se o direito ao mínimo existencial postula uma intervenção do Estado protetora contra a ameaça de terceiros, impõe o dever de legislar que, se for descumprido, autoriza intervenção jurisdicional direta para regular a norma de solução do caso concreto.[400] Por outro lado, impondo também uma intervenção estatal que assegure prestações materiais mínimas para uma existência digna, dirige-se inicialmente ao legislador, para a escolha dos meios e a definição dos recursos necessários para tanto. Não obstante, ficando inerte o legislador, ou regulando o direito de modo insuficiente, autoriza também aqui intervenção jurisdicional direta para regular a norma de solução do caso concreto.

O direito ao mínimo para uma existência digna se dirige ao Estado, no exercício de suas três funções. Se o primeiro passo é o exercício da função legislativa – e aqui há verdadeiro dever de legislar, que pode ser atacado mediante as formas de controle da inconstitucionalidade por omissão –, não é, ao mesmo tempo, o último. Falhados os meios jurídicos aptos a desencadear o cumprimento do dever de legislar, ou não havendo tempo hábil para sua provocação, sem que se ponha em causa o respeito à dignidade da pessoa, impõe-se o direito ao mínimo existencial à função jurisdicional, que tem o dever constitucional de lhe garantir eficácia, ainda que seja com a criação de uma norma de solução do caso concreto. E, por fim, vincula-se a função administrativa, seja ao manejo dos instrumentos estabelecidos já por ato legislativo, seja ao cumprimento de ordem judicial, seja, ainda, pelo dever de conferir máxima eficácia ao direito, no âmbito de suas competências.

Se o juiz está vinculado a um dever de proteção aos direitos fundamentais, decorrente de uma dimensão jurídico-objetiva dos mesmos, pode-se dizer que este dever objetivo se manifesta, no caso do direito ao mínimo existencial, como contraface de um direito sub-

---

[399] Em sentido semelhante, SARLET, Ingo Wolfgang. *A eficácia dos direitos fundamentais*, 7. ed., p. 342.

[400] No caso da Constituição brasileira de 1988, há mesmo previsão expressa de instrumento processual adequado para tanto, o mandado de injunção (art. 5º, LXXI). Sobre o mandado de injunção, cf. BITENCOURT NETO, Eurico. *Mandado de injunção na tutela de direitos sociais*. Salvador: Editora JusPodivm, 2009.

jetivo a condições mínimas para uma existência digna. Isto ocorre quanto ao dever de proteção contra ameaças de privados, mas também em relação ao dever de assegurar prestações materiais. Neste último caso, inexistindo normas procedimentais ou organizatórias que criem instrumentos para tanto, ou não havendo mesmo formal destinação de recursos orçamentários e financeiros, deve o juiz determinar a solução do caso, discriminando a prestação devida.[401] À Administração Pública pode ser atribuída – com a garantia de um espaço de escolha que a ela é mais própria – a atribuição de indicar, entre as dotações orçamentárias e recursos financeiros disponíveis, a fonte que considere mais adequada.

Quanto à vinculação do Estado por suas três funções, o direito ao mínimo para uma existência digna é uma exceção à clássica distribuição de funções em Estado democrático, em que cabe à função legislativa a definição de meios, prioridades e a distribuição de recursos.[402] O direito ao mínimo existencial é o trunfo principal que permite afastar, quando necessário, a legitimidade democrática das escolhas, substituindo-a pela legitimidade constitucional da ação jurisdicional. Neste caso, admitindo ser a dignidade da pessoa humana o valor central do Estado de Direito democrático e social, para que seja mantido ou restaurado o seu respeito, a Constituição permite o afastamento excepcional do princípio democrático.

A vinculação direta do Estado se fundamenta na necessidade, em sistemas constitucionais fundados na dignidade da pessoa hu-

---

[401] Vieira de Andrade, a despeito de admitir a retirada diretamente da Constituição de um direito a determinada prestação social, em caso de estar em risco manifesto o mínimo necessário a uma existência condigna, ressalva que "Será necessário, de qualquer modo, que se trate de uma prestação jurídica (determinável por estar em causa um conteúdo mínimo) ou de uma prestação material relativa a serviços estaduais existentes e cujos pressupostos de concessão sejam facilmente extensíveis (isto é, quando esteja em causa um 'direito de quota-parte')". (*Os direitos fundamentais na constituição portuguesa de 1976*, 3. ed., p. 398, nota 36). Resta saber se, sendo o caso de prestação material a que não correspondam normas organizatórias e procedimentais, ou mesmo recursos públicos atribuídos – o que se pode admitir, ao menos em tese, para efeito de argumentação – o juiz não poderia agir. Seguindo tese excessivamente restritiva, poder-se-ia chegar à conclusão absurda de que a competência normativa do legislador poderia, em algumas hipóteses, prevalecer sobre um direito que é reserva última de eficácia do princípio da dignidade da pessoa humana. Nesse sentido, é de se admitir que o juiz, em situações extremas, mesmo inexistindo normas organizatórias e procedimentais, serviços públicos organizados ou mesmo atribuição legal de recursos financeiros e orçamentários, tem a competência de determinar a prestação material indispensável para a salvaguarda do respeito à dignidade da pessoa humana, ditando os meios para sua concretização.

[402] Ingo Sarlet afirma que, na esfera das condições existenciais mínimas, "encontramos um claro limite à liberdade de conformação do legislador" (*A eficácia dos direitos fundamentais*, 7. ed., p. 373).

mana, de impedir que tal princípio não se concretize em situações limite, por inação estatal. Decorrência desta conclusão é, portanto, a plena justiciabilidade do direito,[403] que é reconduzível a uma posição jurídica individual ativa de exigir do Estado, por meio da função jurisdicional, uma abstenção ou uma conduta positiva apta a viabilizar a manutenção ou a garantia de condições indispensáveis para uma vida digna. Se é certo que os direitos de natureza prestacional estão vinculados à possibilidade material de sua realização, ou a uma reserva do materialmente possível, o direito ao mínimo existencial não se vincula a tal limite, já que a dignidade da pessoa humana impõe, como prioridade da ação estatal, que sejam asseguradas as condições necessárias para uma existência digna.

Não se pode afastar a hipótese de, em determinadas sociedades e circunstâncias, mesmo tais condições para uma existência digna serem afetadas pela insuficiência de recursos. Deve-se, no entanto, advertir que é em casos como este que "parece indispensável uma proteção jusfundamental das posições sociais".[404] A constatação fática da insuficiência de recursos reforça a garantia jusfundamental do mínimo existencial no sentido de uma imposição constitucional de prioridade na manutenção e na promoção dos meios necessários à existência digna, em detrimento de outras escolhas feitas pelo legislador democrático.[405]

Assim, se o direito ao mínimo para uma existência digna tem custos financeiros, isto não justifica sustentar a sua inexistência[406] ou o seu enfraquecimento como posição ativa. O princípio democrático, que garante a competência orçamentária do legislador, não é absoluto; em determinadas hipóteses, direitos individuais podem ter mais peso. No caso do direito ao mínimo para uma existência digna, o direito individual, por ser ligado diretamente ao núcleo da dignidade da pessoa humana, tem mais peso que a liberdade de conformação

---

[403] "... ao impor tarefas com certa finalidade, a Constituição fornece critérios para determinação do conteúdo mínimo dos interesses dos beneficiários, que, sendo individualizáveis, podem constituir posições jurídicas subjectivas referíveis ao plano constitucional" (ANDRADE, José Carlos Vieira de. *Os direitos fundamentais na constituição portuguesa de 1976*, 3. ed., p. 387-388).

[404] ALEXY, Robert. *Teoría de los derechos fundamentales*, p. 496.

[405] Apontando nesse sentido, SARLET, Ingo Wolfgang. *A eficácia dos direitos sociais*, 7. ed., p. 376; BARCELLOS, Ana Paula de. *A eficácia jurídica dos princípios constitucionais*, p. 236 e ss.

[406] ALEXY, Robert. *Teoría de los derechos fundamentales*, p. 495.

orçamentária e financeira do legislador.[407] Assim, quando estiver em risco o respeito devido à dignidade própria do ser humano, pela carência de recursos necessários a uma existência digna, mesmo direitos a prestações, independentemente de regulação legislativa, geram posições jurídicas subjetivas que impõem ao Estado, mediante intervenção jurisdicional, o cumprimento de um direito ao mínimo existencial.[408]

Os fundamentos do direito, especificamente a viabilização do respeito à dignidade da pessoa humana, em casos extremos, por si só já é razão jurídica suficiente para vincular diretamente o Estado, tendo este como base axiológica exatamente o princípio da dignidade da pessoa humana. Nesse sentido, a vinculação do Estado pelo direito de que se trata é direta, não só pela vertente negativa, impondo que se abstenha de subtrair parcela de recursos indispensáveis à existência digna, como também pela vertente positiva, impondo que assegure bens e serviços necessários a que não seja violentada a dignidade de cada pessoa.

Nesse sentido, o direito ao mínimo para uma existência digna se impõe ao Estado como um dever geral dos poderes públicos de assegurar sua satisfação e viabiliza-se pela posição jurídica ativa de cada indivíduo em relação ao Estado de resguardar ou obter os recursos de que necessita, no caso concreto, para viver dignamente. Não se confunda direito ao mínimo para uma existência digna como direito a um rendimento mínimo.[409] Este último é um dos meios de

---

[407] ALEXY, Robert. *Teoría de los derechos fundamentales*, p. 495.

[408] ANDRADE, José Carlos Vieira de. *Os direitos fundamentais na constituição portuguesa de 1976*, 3. ed., p. 398. Não deixa de reconhecer que "... pelo menos no que respeita ao conteúdo mínimo dos preceitos constitucionais, tem de admitir-se uma vinculação estrita do legislador às normas constitucionais, que pode mesmo, em determinadas circunstâncias, permitir a afirmação judicial de direitos originários a prestações" (op. cit., p. 399-400). Não obstante, o Autor parece vacilante em admitir um direito ao mínimo para uma existência digna, quando admite uma vertente negativa do mesmo, vedando ao Estado privar o indivíduo do necessário a uma existência digna, "*mesmo que o Estado não esteja obrigado a assegurar positivamente o mínimo de existência a cada cidadão*" (op. cit., p. 404). A última afirmação enfraquece o argumento em favor do direito ao mínimo para uma existência digna.

[409] Assinalando que a garantia *ex lege* de um mínimo vital, em especial por meio de um rendimento mínimo garantido para todos, independentemente do trabalho, é a técnica mais idônea para assegurar um máximo de igualdade, transparência e efetividade, desburocratizando o Estado social, em análise que tem por base a realidade italiana em meados da década de 1990, cf. FERRAJOLI, Luigi. *El futuro del estado social y la renta mínima garantizada*, p. 71-72. Em sentido semelhante, analisando a questão num quadro de "flexisegurança" que se pretende implantar no espaço europeu – flexibilizando os despedimentos, tendo como contrapartida uma garantia de segurança social aos desempregados, cf. AÑON, María José; MIRAVET, Pablo. *El derecho a un ingreso y la cuestión social de las mujeres europeas*, p. 110-111. Sobre a garantia

se assegurar aquele, mas não o único. Se o dever geral de o Estado assegurar o respeito ao direito ao mínimo existencial impõe a criação das condições para que todo ser humano viva dignamente – o que não substitui o dever de concretização gradual dos direitos sociais, para a construção de uma sociedade de bem-estar, o que se verá a seu tempo –, por outro lado não anula a liberdade relativa de meios, decorrente do princípio democrático. Liberdade relativa, na medida em que os direitos fundamentais consagrados são as balizas para a atuação do Estado-legislador.

De outra parte, falhando o dever de prevenção, ou, dito de outro modo, violando o Estado o dever de assegurar meios para que todos tenham um mínimo de recursos para que a dignidade de cada um não seja desrespeitada, tem o indivíduo o direito de investir judicialmente contra o Poder Público – pelos meios previstos no sistema processual vigente, ou pelo uso de qualquer deles por analogia, já que o acesso à Justiça é parte relevante do direito ao mínimo para uma existência digna. Tal direito de demandar judicialmente o Estado nascerá quando, por algum motivo – falta de alimento, moradia, ensino básico, algum problema de saúde, entre outros – a dignidade da existência esteja em risco de não merecer o respeito a ela devido.

Nesta hipótese – ressalte-se, uma vez mais –, caso não haja normas organizatórias ou procedimentais que viabilizem, ou a proteção de um bem ou um rendimento, ou a obtenção de um bem ou uma prestação material, caberá, excepcionalmente, ao órgão judicial, defini-las para o caso concreto,[410] determinando seu imediato cum-

---

de uma renda básica independente do trabalho assalariado como um meio de reconhecimento das formas de trabalho não remunerado, em especial como meio de emancipação feminina, cf. ROBEYNS, Ingrid. *¿El precio del silencio o una puerta a la emancipación?*, p. 78-100; AÑON, María José; MIRAVET, Pablo. *El derecho a un ingreso y la cuestión social de las mujeres europeas*, p. 112-127; PAUTASSI, Laura; ENRÍQUEZ, Corina Rodríguez. *Ingreso ciudadano y equidad de género*, p. 146-153.

[410] A Constituição brasileira de 1988 estatui expressamente um meio de controle concreto da omissão legislativa inconstitucional: o mandado de injunção. Segundo o art. 5º, LXXI, *"conceder-se-á mandado de injunção sempre que a falta de norma regulamentadora torne inviável o exercício de direitos e liberdades constitucionais e das prerrogativas inerentes à nacionalidade, à soberania e à cidadania"*. Quanto aos efeitos do mandado de injunção no caso de omissão de lei, pode-se dizer, em síntese, que o mandado de injunção é meio apto à definição judicial dos requisitos necessários à fruição de direitos sociais nos seguintes casos: a) quando se tratar de posições ativas com natureza de direito de liberdade, como, por exemplo, a fruição do direito de greve dos servidores públicos (art. 37, VII); b) quando houver insuficiente regulação legislativa do direito social a prestações materiais, por exemplo excluindo, implícita e indevidamente, parcela de seus titulares; c) quando, tratando-se de omissão legislativa absoluta, estiver em causa o direito ao mínimo para uma existência digna. Para maior desenvolvimento do tema,

primento. Assim é porque o direito ao mínimo para uma existência digna é a reserva de eficácia do princípio da dignidade da pessoa humana, fundamento dos Estados de Direito democráticos e sociais e base das sociedades que por tal modelo se organizam.

Cabe por fim, fazer sumária referência ao problema relativo a uma suposta interferência negativa da assistência estatal sobre a autonomia individual e o trabalho, entendidos como valores relevantes para o desenvolvimento pessoal e social. Trata-se de vertente de análise da questão que está fora do foco da presente investigação, pelo que não será desenvolvida nesta oportunidade, ainda que se deva deixar assinalado que, no âmbito da proteção da dignidade da pessoa humana, o trabalho dos que estejam física e psiquicamente aptos, se deve ser fomentado e estimulado no âmbito das políticas sociais – até como fator de respeito à dignidade – não pode, por outro lado, aos que a ele se recusam, ser causa para a omissão do Estado em lhes assegurar meios mínimos de existência digna. A dignidade da pessoa humana, sendo fundamento axiológico e jurídico dos Estados de Direito democráticos e sociais, como o português e o brasileiro, impede os poderes públicos de se absterem de auxiliar aos que se negam a trabalhar, devendo, não obstante, buscar meios alternativos para assegurar que todos contribuam para a produção de riquezas e a sua justa distribuição na sociedade.[411]

3.2. Vinculação de particulares

A incidência dos direitos fundamentais nas relações entre privados não é difícil de sustentar nos dias de hoje. O que causa maiores divergências é a natureza de tal incidência, se ocorre por meio de uma atuação estatal, se existe pela vinculação direta dos particulares aos direitos fundamentais. A discussão sobre a vinculação de particulares aos direitos fundamentais é objeto para trabalho monográ-

---

cf. BITENCOURT NETO, Eurico. *Mandado de injunção na tutela de direitos sociais*. Salvador: Editora JusPodivm, 2009.

[411] Sobre ócio e assistência social na Constituição italiana, assinalando posições da doutrina favoráveis a vincular o direito à assistência do Estado a uma dever de trabalhar, cf. PIZZOLATO, Filippo. *Il minimo vitale*, p. 26-30. Analisando a crítica ao direito a uma renda básica, no sentido de que fomenta o parasitismo social, cf. BARTOMEU, María Julia; RAVENTÓS, Daniel. *El derecho de existência y l la renta básica de ciudadanía*, p. 22-23.

fico específico;[412] aqui cabe analisar, com a síntese necessária, se há, de algum modo, a eficácia do direito ao mínimo para uma existência digna nas relações privadas. Para tanto, parte-se do pressuposto de que há incidência dos direitos fundamentais nas relações entre particulares, afastando-se, portanto, a tese que a nega inteiramente.[413] É indiscutível, por exemplo, que o direito de propriedade privada postula uma ação protetora do Estado, proibindo e sancionando ameaças de particulares que contra ele sejam perpetradas.

Em geral, pode-se afirmar que a inegável incidência dos direitos fundamentais nas relações privadas se pode fundamentar na tese dos deveres de proteção dos direitos fundamentais pelo Estado.[414] Este tem o dever constitucional de proteger os indivíduos nas relações com outros indivíduos ou entidades privadas, o que pode ser designado como a função dos direitos fundamentais como "imperativos de tutela".[415] Daí decorre que a Constituição impõe ao Estado a garantia de um mínimo de proteção dos direitos fundamentais nas relações privadas, o que pode ser designado como um princípio de "proibição da insuficiência".[416]

Deve-se mencionar, como peculiar, a forma de vinculação de particulares ao direito ao mínimo para uma existência digna que se dá nas hipóteses de exercício privado de tarefas públicas.[417] Neste caso, não há propriamente incidência do direito fundamental em uma relação entre privados, mas em uma relação onde uma das par-

---

[412] Pode-se dizer, em síntese, que há basicamente três correntes sobre a eficácia dos direitos fundamentais nas relações privadas: uma que a nega inteiramente; uma que a admite, de forma indireta, mediante intervenção estatal (aqui se destacam a teoria da eficácia mediata e a teoria dos deveres de proteção); outra que a aceita como vinculação direta dos particulares. Para a descrição e análise das características principais de cada uma, cf. NOVAIS, Jorge Reis. *Direitos fundamentais: trunfos contra a maioria*, p. 71-79; SARMENTO, Daniel. *Direitos fundamentais e relações privadas*, p. 223-276.

[413] Uma das teses que negam a incidência dos direitos fundamentais nas relações privadas, embora com as particularidades próprias do Direito Constitucional norte-americano, é a *state action doctrine*. Sobre a teoria da *state action* nos Estados Unidos da América e a incidência de direitos fundamentais nas relações entre particulares naquele país, cf. TRIBE, Laurence H. *American constitutional law*, 2. ed., p. 1688-1720; ROTUNDA, Ronald D.; NOWAK; John E. *Treatise on constitutional law*, v. 3, 2. ed., p. 540 e ss; SARMENTO, Daniel. *Direitos fundamentais e relações privadas*, p. 226-238.

[414] Para maior desenvolvimento, cf. CANARIS, Claus-Wilhelm. *Direitos fundamentais e direito privado*. Coimbra: Almedina, 2003.

[415] CANARIS, Claus-Wilhelm. *Direitos fundamentais e direito privado*, p. 58.

[416] CANARIS, Claus-Wilhelm. *Direitos fundamentais e direito privado*, p. 59-60.

[417] Sobre o exercício privado de tarefas públicas, cf., por todos, GONÇALVES, Pedro. *Entidades privadas com poderes públicos*, Coimbra, 2005.

tes, a despeito de não perder a condição de pessoa privada, exerce uma tarefa pública, mediante vínculo com uma entidade pública.[418] Nesse sentido, a vinculação ao direito ao mínimo existencial é debitada na conta dos deveres estatais inerentes à atividade pública. Daí decorre que os custos de tal vinculação, em geral, estarão já compondo a equação econômica de remuneração do privado. É o caso das concessões de serviços públicos essenciais, em que a isenção do pagamento de tarifas decorrente da insuficiência de recursos de muitos usuários já compõe a cláusula econômico-financeira do contrato.

Quanto às relações típicas entre privados, fazer depender a eficácia do direito ao mínimo para uma existência digna da intermediação do legislador seria esvaziar sua característica central de último garante de eficácia da dignidade da pessoa humana. Assim, se, em uma disputa judicial entre particulares, estiver em jogo a manutenção de meio mínimo indispensável para viver dignamente, ainda que não haja norma legal disciplinando a questão, o direito constitucional ao mínimo para uma existência digna impõe a sucumbência de um interesse individual em função da preservação do respeito à dignidade humana. Será o caso, por exemplo, da vedação da execução de crédito sobre rendimento indispensável à subsistência.

Como já referido, um dos fundamentos do direito ao mínimo para uma existência digna é o princípio da solidariedade social que, se não substitui o dever do Estado de viabilizar condições mínimas de existência digna e de bem-estar social, é um dos fundamentos axiológicos do Estado de Direito democrático e social. Nesse sentido, se, neste paradigma, o Estado é o primeiro garante do respeito à dignidade humana e da construção de uma sociedade livre, justa e solidária, cada indivíduo tem também sua parcela de responsabilidade para com a sua dignidade e a de seus semelhantes,[419] para além de seus deveres de contribuição financeira, por meio do recolhimento de tributos.

Registre-se, por fim, que a vinculação de particulares – quando estejam no desempenho não de uma tarefa pública, mediante dele-

---

[418] A vinculação de privados que exercem atividades públicas foi, de certa forma, reconhecida pela Suprema Corte norte-americana, segundo a *public function theory*. Sobre tal teoria, cf. TRIBE, Laurence H. *American constitutional law*, 2. ed., p. 1705-1711.

[419] "Dito isto, não fica totalmente afastada a ideia de Drittwirkung no plano intersubjetivo. As ideias de 'solidariedade' e de 'fraternidade' apontam para deveres fundamentais entre cidadãos" (CANOTILHO, José Joaquim Gomes. *Direito constitucional e teoria da constituição*, 7. ed., p. 536).

gação, mas de uma tarefa privada – é limitada, regra geral, à vertente de proteção do direito ao mínimo para uma existência digna, excluída sua dimensão prestacional. A proteção de um bem ou um rendimento na medida indispensável para assegurar uma existência digna vincula diretamente os privados; não obstante, a obtenção de prestações materiais só vincula, em regra, diretamente o Estado, ou particulares que desempenham tarefas públicas, já que, do contrário, estaria atingida de modo desproporcional a autonomia da vontade e a propriedade privada, no quadro de um Estado de Direito democrático e social. As exceções são definidas por relações especiais entre privados, como, por exemplo, a relação de paternidade, em que a Constituição pode fundamentar deveres de prestações fáticas (cf. art. 229 da Constituição brasileira).

3.3. Renúncia, perda e não exercício do direito

A renúncia, como o ato voluntário de abandonar um direito, que se extingue, não pode ser transposta sem temperamentos do Direito Privado para o campo dos direitos fundamentais. A renúncia a direitos fundamentais, se pode ser tida como admissível, não significará a subtração do direito fundamental da esfera jurídica da pessoa, ou não acarretará, em regra, a "extinção de um direito fundamental como um todo",[420] mas apenas uma disposição temporária sobre posições ativas decorrentes de direitos fundamentais. Entendida nesse sentido, a renúncia a direitos fundamentais é possível em determinadas circunstâncias, podendo, excepcionalmente, a própria Constituição admiti-la de forma expressa.[421]

---

[420] NOVAIS, Jorge Reis. *Direitos fundamentais: trunfos contra a maioria*, p. 218. Assinala o Autor que normalmente a renúncia a direitos fundamentais significa um compromisso individual e voluntário da pessoa não invocar, temporariamente, uma determinada posição jurídica tutelada por uma norma de direito fundamental. Daí que haja propostas em se substituir a expressão "renúncia a direitos fundamentais" por "disposição individual acerca de posições de direitos fundamentais" (op. cit., p. 219). Sobre a noção de direito fundamental como um todo, cf. ALEXY, Robert. *Teoría de los derechos fundamentales*, p. 240-245.

[421] NOVAIS, Jorge Reis. *Direitos fundamentais: trunfos contra a maioria*, p. 216. O Autor menciona o art. 34° da Constituição portuguesa de 1976, que, em seu n° 2, diz que, *contra a sua vontade*, a entrada no domicílio dos cidadãos só pode ser ordenada pela autoridade judicial competente e, no n° 3, estabelece que ninguém pode entrar durante a noite no domicílio de qualquer pessoa *sem o seu consentimento*.

Não obstante, com tal adaptação da figura da renúncia aos direitos fundamentais não são eliminados casos limite, em que é muito discutida a hipótese de renúncia do próprio direito fundamental como um todo, de que é exemplo máximo o direito à vida, em especial nos casos de eutanásia, em que não fará sentido a discussão sobre o alcance da renúncia sobre posições decorrentes do direito fundamental, já que o direito, por inteiro, estará atingido.[422] Nesta situação extrema, a defesa da possibilidade de renúncia muitas vezes se baseia na preservação da dignidade da pessoa humana, que alcançaria não apenas o direito a viver com dignidade, mas também o direito a morrer de forma digna. O exemplo ilustra a relevância do tema da renúncia aplicada a direitos fundamentais, embora aqui apenas se cogite da verificação de seu cabimento ao direito ao mínimo para uma existência digna, pela necessidade de limitação do objeto investigado.

A renúncia ao direito ao mínimo para uma existência digna, sendo este reserva de eficácia do princípio da dignidade da pessoa humana, deve ser analisada em função da admissibilidade de renúncia à própria dignidade. A noção de dignidade humana assinalada no item 3.2.1 do Capítulo III da Parte I, tratando do princípio da dignidade da pessoa humana como alicerce dos sistemas de direitos fundamentais das constituições portuguesa de 1976 e brasileira de 1988, deixou claro que: a) a dignidade da pessoa humana é ideia universal,[423] podendo ser identificados traços característicos comuns na maior parte do mundo ocidental; b) a dignidade é aqui entendida como qualidade inata do ser humano concreto; c) como tal, a dignidade é inalienável e irrenunciável, não se podendo falar em ser humano sem dignidade, mas sendo possível identificar ações humanas indignas,[424] no sentido de ofensivas à própria dignidade ou à de terceiros; d) a dignidade tem também uma dimensão intersubjetiva e uma dimensão histórico-cultural.

Assim, não é admissível a renúncia ao direito ao mínimo para uma existência digna, já que tal significaria renunciar, ainda que temporariamente e por meio de posições jurídicas decorrentes do direito, ao respeito à própria dignidade, ou, em outras palavras, seria admitir formas de desrespeito à dignidade humana, o que uma

---

[422] NOVAIS, Jorge Reis. *Direitos fundamentais: trunfos contra a maioria*, p. 220.

[423] MAURER, Béatrice. *Notas sobre o respeito da dignidade da pessoa humana*, p. 61.

[424] MAURER, Béatrice. *Notas sobre o respeito da dignidade da pessoa humana*, p. 81-83.

Constituição que a tem como fundamento não permite. A renúncia significaria um compromisso jurídico de não utilizar determinadas posições ativas decorrentes do direito ao mínimo existencial. Ou, em outras palavras, o indivíduo estaria se comprometendo a não utilizar posições ativas cuja finalidade é a de assegurar um mínimo de condições para proteger a sua dignidade.

Deve-se concluir, desse modo, que é vedado ao indivíduo emitir declaração que seja juridicamente válida, ainda que voluntariamente, no sentido de abrir mão, por determinado tempo, de posições decorrentes do direito fundamental ao mínimo para uma existência digna. Admitir-se tal possibilidade de renúncia seria tornar admissível que o indivíduo pudesse se comprometer com alguém – incluído o Estado – a não fazer uso de posições de vantagem do direito, podendo chegar a uma situação absurda de estar em extrema necessidade material, ofensiva à dignidade e mesmo com risco à vida e não se valer de um direito fundamental que a Constituição lhe assegura exatamente porque sua dignidade não é disponível, ou, ainda, ter que responder juridicamente pelo uso de uma posição ativa decorrente de tal direito.

Por outro lado, será também inadmissível a perda do direito fundamental ao mínimo para uma existência digna, entendida como o esbatimento da posição jurídica jusfundamental do indivíduo, determinada pela ordem jurídica, em função de certos pressupostos de fato.[425] Se a Constituição de um Estado de Direito democrático e social tem como alicerce o princípio da dignidade da pessoa humana, seria uma contradição inafastável admitir, ao mesmo tempo, a possibilidade de perda do direito que resguarda, em situações limite, o respeito e a proteção à dignidade, que é o caso do direito ao mínimo para uma existência digna. Nesse sentido, não há situação de fato que possa justificar a perda de posições ativas do indivíduo decorrentes do mencionado direito fundamental.

O que pode haver é a alteração dos pressupostos de fato que fazem incidir a norma jusfundamental do direito ao mínimo para uma existência digna, o que, por consequência, faz cessar seus efeitos. Assim, se um indivíduo percebe uma renda de inserção social do Estado e, tempos depois, é admitido em um posto de trabalho, passará a ter condições materiais de prover seu próprio sustento, o

---

[425] NOVAIS, Jorge Reis. *Direitos fundamentais: trunfos contra a maioria*, p. 221.

que autoriza que o Estado interrompa o pagamento da renda mensal, que, nesta hipótese, foi um meio pelo qual optou para efetivar a vertente prestacional do direito ao mínimo existencial. Não se confunda, portanto, a alteração dos pressupostos de fato que fazem incidir, concretamente, o direito ao mínimo para uma existência digna – vale dizer, a situação de risco de desrespeito à dignidade da pessoa humana –, com a determinação pela ordem jurídica da perda do direito por razões outras, que visem a concretizar distintos valores albergados pelo Direito, como, por exemplo, a segurança jurídica.

Nesse sentido, é lícita a norma infraconstitucional que imponha a cessação de vantagens, decorrentes do direito ao mínimo para uma existência digna, quando finde a situação de fato que as desencadeou. Por exemplo, o aumento na renda mensal pode pôr termo a uma imunidade tributária, excluir o indivíduo de um plano habitacional ou retirá-lo do rol de beneficiários de programa de renda mínima. Aqui não se trata da perda do direito, mas da alteração da situação de fato que faz cessar a incidência da norma constitucional atributiva do direito. É o que acontece, em relação a outro direito fundamental, com alguém que deixe de ser professor, em relação à de liberdade de ensinar, direito previsto na Constituição portuguesa.[426] Nessas hipóteses, não há perda do direito: se o indivíduo futuramente se encontrar, uma vez mais, na situação de fato que faz incidir a norma, será outra vez titular das posições jurídicas que dele decorrem.

Pode-se assim dizer que todos os indivíduos são destinatários de um direito fundamental ao mínimo para uma existência digna, mas a fruição de tal direito depende da existência de uma situação de fato determinada: a ameaça, ou o risco de que seja atingida a dignidade de sua existência, por hipossuficiência pessoal – física ou psíquica –, por ameaça de terceiros, ou mesmo pela conjuntura econômica e social que não lhe permite, por si só, prover suas necessidades básicas de forma que possa viver com dignidade. Fora daí não haverá possibilidade de se estabelecer a cessação de qualquer vantagem decorrente do direito, o que significaria verdadeira perda de uma posição ativa dele decorrente. Assim, não seria possível findar o pagamento de um rendimento mínimo de subsistência pelo fato de seu beneficiário, por exemplo, se recusar a prestar serviços voluntários.

---

[426] Art. 43°: *"É garantida a liberdade de aprender e de ensinar"*.

Não se confundam, por outro lado, renúncia e perda de um direito fundamental, com o seu não exercício. A norma jusfundamental, ao conferir a alguém um direito, atribui uma posição jurídica, que poderá exercer ou não; o exercício e o não exercício de um direito fundamental são, em sentido amplo, formas de exercer o direito.[427] Pode-se falar, assim, em exercício negativo de um direito fundamental, ou de uma posição ativa decorrente de uma norma atributiva de um direito fundamental, quando, por exemplo, alguém, tendo direito ao sistema de saúde público e gratuito, opta por utilizar o sistema privado e pago. Aqui, o indivíduo opta por não exercer uma posição ativa decorrente de um direito fundamental, o que não enfraquece tal posição, que pode ser exercida a qualquer momento. Ressalvem-se os casos de direitos-deveres, como pode ser o caso do ensino básico[428] ou fundamental.[429]

O não exercício de um direito fundamental, em determinadas hipóteses e por determinado período de tempo, pode levar à perda de uma posição ativa decorrente do direito, nas hipóteses em que a ordem jurídica assim o determine,[430] mas não do direito como um todo. É o caso do direito à impugnação judicial de uma conduta da Administração Pública que, se não exercido em determinado prazo, terá como consequência, decorrente da ordem jurídica, a prescrição do direito de acionar judicialmente a entidade estatal, naquele caso concreto. Neste caso, tal posição jurídica ativa decorrente de uma norma de direito fundamental estará perdida, não em função do não exercício, mas de uma consequência que a norma jurídica atribuiu ao não exercício dentro de determinado prazo, em homenagem ao princípio da segurança jurídica.

Quanto ao direito ao mínimo para uma existência digna, afastadas totalmente as hipóteses de renúncia ou de perda de poderes, faculdades ou vantagens decorrentes do direito, pode-se admitir o seu não exercício, desde que isso não leve à perda das posições jurí-

---

[427] NOVAIS, Jorge Reis. *Direitos fundamentais: trunfos contra a maioria*, p. 221. Ingo Sarlet, ao tratar da eficácia dos direitos de defesa – posições jusfundamentais decorrentes de direitos de liberdade ou de direitos sociais –, aponta que entre as *"diferenciadas manifestações jurídico-subjetivas encontra-se incluída também a possibilidade outorgada ao titular do direito de não gozar da liberdade ou fruir da posição jurídica fundamental assegurada, que, à evidência, não lhe pode ser imposta"* (*A eficácia dos direitos fundamentais*, 7. ed., p. 295). Em sentido semelhante, tratando de direitos sociais, MIRANDA, Jorge. *Manual de direito constitucional*, Tomo IV, 3. ed., p. 112.

[428] Por exemplo, Constituição portuguesa, art. 74°, n° 2, a).

[429] Por exemplo, Constituição brasileira, art. 208, I.

[430] NOVAIS, Jorge Reis. *Direitos fundamentais: trunfos contra a maioria*, p. 224-225.

dicas que dele advêm e da possibilidade de autoderminação futura do indivíduo. Em uma ordem constitucional que assegura a liberdade individual e a autonomia da vontade,[431] seria ilegítima a pretensão de se obrigar o indivíduo a usar as posições ativas[432] decorrentes do direito ao mínimo para uma existência digna, em concepção de verdadeira anulação da vontade individual e, de certo modo, autoritária, na definição do que se considera ser o mais adequado, em cada caso, para a preservação da dignidade humana. Um espaço, mínimo que seja, de autorreferência da própria dignidade deve ser respeitado. O indivíduo tem o direito a não exercer posições decorrentes do direito ao mínimo existencial se considera que o respeito à sua dignidade será melhor resguardado de outro modo. Neste caso, estaria prestigiado o valor da liberdade no desenvolvimento da personalidade, também elevado a uma posição jusfundamental.

Refira-se que o direito ao livre desenvolvimento da personalidade tem uma contraface, que é o dever de autodesenvolvimento, decorrente da função da subsidiariedade num Estado de Direito democrático e social, que, se não afasta a responsabilidade do Estado como primeiro garante do mínimo existencial e da promoção do bem-estar, postula uma responsabilidade dos indivíduos na efetivação do próprio sustento e do desenvolvimento pessoal.[433] Responsabilidade que incide na efetivação das condições para a própria existência com dignidade e que se projeta nas instituições sociais, a começar pela família.[434]

---

[431] Sobre a autonomia privada como indispensável à proteção da dignidade da pessoa humana, cf. SARMENTO, Daniel. *Direitos fundamentais e relações privadas*, p. 189.

[432] "Num Estado não paternalista como é essencialmente o Estado de Direito, que assenta na dignidade da pessoa humana e faz do livre desenvolvimento da personalidade individual um valor fundamental, esta situação de direitos de exercício obrigatório (direitos/deveres) é claramente excepcional" (NOVAIS, Jorge Reis. *Direitos fundamentais: trunfos contra a maioria*, p. 234). Em sentido semelhante, ANDRADE, José Carlos Vieira de. *Os direitos fundamentais na constituição portuguesa de 1976*, p. 165-166.

[433] SARLET, Ingo Wolfgang. *A eficácia dos direitos fundamentais*, 7. ed., p. 383, citando, a respeito da subsidiariedade, Jörg Neuner (*Los derechos humanos fundamentales, p. 254-255).

[434] Por exemplo, a Constituição brasileira estabelece: no art. 205, que a educação é direito de todos e dever do Estado e da família; no art. 227, que é dever da família, da sociedade e do Estado assegurar à criança e ao adolescente, com absoluta prioridade, o direito à vida, à saúde, à alimentação, à educação, ao lazer, à profissionalização, à cultura, à dignidade, ao respeito, à liberdade e à convivência familiar e comunitária, além de colocá-los a salvo de toda forma de negligência, discriminação, exploração, violência, crueldade e opressão; art. 229, que os pais têm o dever de assistir, criar e educar os filhos menores e os filhos maiores têm o dever de ajudar e amparar os pais na velhice, carência ou enfermidade; art. 230, que a família, a sociedade e o Estado têm o dever de amparar as pessoas idosas, assegurando sua participação na comunidade, defendendo sua dignidade e bem-estar e garantindo-lhes o direito à vida.

O limite à admissão do não exercício do direito ao mínimo para uma existência digna, como uma forma de seu exercício negativo, é a ameaça à capacidade de autodeterminação do indivíduo. Pode-se dizer que cabe ao Estado intervir sempre que haja risco de comprometimento das condições de autodeterminação futura,[435] ou – acrescente-se – haja degradação das condições de vida abaixo de parâmetros mínimos socialmente vigentes, ainda que com tal condição degradante consinta o indivíduo. Nesse sentido, mesmo o não exercício do direito não deve ser indiscriminadamente aceito como um meio de exercitá-lo, sob pena de ser violado o bem jurídico que se pretende com ele proteger: a dignidade da pessoa humana, cujo conteúdo, em cada caso, não é definido exclusivamente pela autorreferência da própria dignidade, mas reflete um padrão social vigente.

---

[435] NOVAIS, Jorge Reis. *Os princípios constitucionais estruturantes da república portuguesa*, p. 62.

4. Mínimo para uma existência digna e máxima eficácia dos direitos sociais

4.1. Fundamentalidade dos direitos sociais e interposição legislativa

O reconhecimento de um direito ao mínimo para uma existência digna não deve conduzir, no modelo de Estado de Direito democrático e social, especialmente em Constituições analíticas quanto a direitos fundamentais, à conclusão de que os direitos sociais a prestações, no que ultrapassa o mínimo necessário à proteção da dignidade, não são direitos fundamentais.[436] Em outras palavras, o mínimo existencial não significa que os direitos sociais só são fundamentais quanto ao mínimo de suas possibilidades.[437] Por um lado, deve-se reconhecer que os direitos sociais a prestações são normas-princípio que se sujeitam à ponderação com outros princípios como o democrático, a competência do Legislativo e a reserva do econômica e financeiramente possível. Assim, no que toca a posições prestacionais, demandando escolhas primárias, dependem da intervenção do legislador.[438] Em outras palavras: não são eficazes por intermedia-

---

[436] Ao contrário do que propõe, por exemplo, Ricardo Lobo Torres (cf. *O mínimo existencial e os direitos fundamentais; A cidadania multidimensional na era dos direitos;* e *A metamorfose dos direitos sociais em mínimo existencial*).

[437] SARLET, Ingo Wolfgang. *A eficácia dos direitos fundamentais*, 7. ed., p. 373, nota 335. Assinalando que o direito a uma renda básica, como instrumento para assegurar uma liberdade positiva, é um complemento, não um substituto das prestações do Estado social, FUMAGALLI, Andrea. *Doce teses sobre la renta de ciudadanía*, p. 39; 56-58.

[438] Sobre a relação entre dignidade humana e democracia, cf. HÄBERLE, Peter. *El estado constitucional*, p. 293-296. Sobre a necessidade de intervenção legislativa para assegurar plena eficácia aos direitos fundamentais, cf. PISARELLO, Gerardo. *Los derechos sociales y sus garantías*, p. 83-84.

ção judicial direta, sob pena de ofensa ao princípio democrático e ao pluralismo político que se manifesta no pluralismo de meios.[439] Mas, por outro lado, não deixam de ser direitos fundamentais, tendo carga própria de normatividade, de que resulta, entre outros efeitos imediatos, por exemplo, o dever de legislar.[440]

O pluralismo político implica a necessidade de que as escolhas primárias, a partir da Constituição, respeitem a vontade das maiorias, embora se tenha claro que às maiorias não cabe desconsiderar os valores constitucionalmente consagrados sob a forma de direitos fundamentais, estes consagrados como verdadeiras garantias "contramajoritárias".[441] Ressalve-se, pois, que o campo dos direitos fundamentais está protegido contra eventuais pretensões aniquiladoras, ainda que apoiadas pela maioria das forças políticas representadas no parlamento ou no governo. Tal proteção significa que o legislador, se tem liberdade na conformação dos meios, não é livre para escolher não concretizar a dimensão prestacional dos direitos sociais.

Quando se diz que os direitos sociais se caracterizam pela indeterminação constitucional do conteúdo, o significado adequado da

---

[439] Nesse sentido, CORREIA, José Manuel Sérvulo. *Interrelação entre os regimes constitucionais dos direitos, liberdades e garantias e dos direitos econômicos, sociais e culturais e o sistema constitucional de autonomia do legislador e de separação e de interdependência de poderes*, p. 970; MIRANDA, Jorge. *Manual de direito constitucional*, Tomo IV, 3. ed., p. 113; 392; CANOTILHO, José Joaquim Gomes. *Direito constitucional e teoria da constituição*, 7. ed., p. 478; 519; ANDRADE, José Carlos Vieira de. *Os direitos fundamentais na constituição portuguesa de 1976*, 3. ed., p. 386-389; NOVAIS, Jorge Reis. *As restrições aos direitos fundamentais não expressamente autorizadas pela constituição*, p. 137-140; do mesmo Autor, *Os princípios constitucionais estruturantes da república portuguesa*, p. 294-295; SARLET, Ingo Wolfgang. *A eficácia dos direitos fundamentais*, 7. ed., p. 372-373; HESSE, Konrad. *Significado de los derechos fundamentales*, p. 98.

[440] Gomes Canotilho assinala, tratando da Constituição portuguesa, que a efetivação dos direitos sociais, embora sujeita a um reserva do possível, "não se reduz a um simples 'apelo' ao legislador" e, em outra passagem, afirma que, embora das normas consagradoras de direitos sociais não decorram, em geral, direitos subjetivos a prestações, tais normas têm a natureza de "norma-tarefa", apontando para "um verdadeiro dever do legislador de dar operacionalidade prática a estas imposições sob pena de inconstitucionalidade por omissão" (*Direito constitucional e teoria da constituição*, 7. ed., p. 478 e 519).

[441] NOVAIS, Jorge Reis. *Direitos fundamentais: trunfos contra a maioria*, p. 17-67. Por outro lado, José de Melo Alexandrino assinala que a metáfora dos trunfos tem utilidade teórica e prática, mas não se pode descartar a existências de outros trunfos no sistema jurídico – por entender que não há hierarquia entre as normas constitucionais, a par de que há outros direitos fundamentais que são melhor representados por outras metáforas, como a do "sinal vermelho", a da "armadura" ou "escudo de proteção", ou a do "seguro". Afirma, ainda, que os direitos fundamentais econômicos, sociais e culturais não passam de "trunfos baixos", "que facilmente se deixam bater por trunfos mais altos" (cf. *Direitos fundamentais*, p. 26 e nota 51; do mesmo Autor, *A estruturação do sistema de direitos, liberdades e garantias na constituição portuguesa*, v. 2, p. 246, nota 1035).

afirmação é que as posições jusfundamentais decorrentes das disposições de direitos sociais que se referem a direitos a prestações fáticas não estão dadas, regra geral, pelo enunciado do direito social, que aponta para uma abertura quanto à definição dos meios[442] de concretização. Em outras palavras, as disposições de direitos sociais permitem uma pluralidade de meios de concretização de sua vertente prestacional. A compreensão, a partir das disposições constitucionais, do conteúdo dos direitos sociais, não é tarefa difícil no caso de Constituições analíticas quanto a direitos sociais, que adiantam, na maior parte dos casos, normas organizatórias, deveres e posições ativas que decorrem das disposições jusfundamentais.[443]

Quanto à caracterização constitucional de direitos originários a prestações fáticas, assume peculiar relevância o cárater limitado dos recursos financeiros disponíveis, no sentido de que, especialmente em sociedades com grandes carências sociais e dotadas de Constituições com extenso rol de direitos sociais, fatalmente não haverá recursos suficientes para assegurar máxima efetividade, simultaneamente, a todos os direitos a prestações. A chamada reserva do possível não é mera retórica jurídica; trata-se do reconhecimento da limitação fática, imposta pela insuficiência de recursos, que deve ser levada a sério[444] no processo de realização dos direitos fundamentais.

---

[442] Apontando que a necessidade de interposição legislativa dos direitos sociais prestacionais justifica-se pela circunstância de que sua realização depende da disponibilidade dos meios, cf. SARLET, Ingo Wolfgang. *A eficácia dos direitos fundamentais*, 7. ed., p. 310.

[443] Por exemplo, na Constituição brasileira, o art. 196: "A saúde é direito de todos e dever do Estado, garantido mediante políticas sociais e econômicas que visem à redução do risco de doença e de outros agravos e ao acesso universal e igualitário às ações e serviços para a sua promoção, proteção e recuperação"; o art. 198: "As ações e serviços públicos de saúde integram uma rede regionalizada e hierarquizada e constituem um sistema único, organizado de acordo com as seguintes diretrizes: I – descentralização, com direção única em cada esfera de governo; II – atendimento integral, com prioridade para as atividades preventivas, sem prejuízo dos serviços assistenciais; III – participação da comunidade". Por exemplo, na Constituição portuguesa, o art. 64°, n° 3: "Para assegurar o direito à proteção da saúde, incumbe prioritariamente ao Estado: a) Garantir o acesso de todos os cidadãos, independentemente de sua condição económica, aos cuidados da medicina preventiva, curativa e de reabilitação; b) Garantir uma racional e eficiente cobertura de todo o país em recursos humanos e unidades de saúde; c) Orientar a sua acção para a socialização dos custos dos cuidados médicos e medicamentosos; d) Disciplinar e fiscalizar as formas empresariais e privadas da medicina, articulando-as com o serviço nacional de saúde, por forma a assegurar, nas instituições de saúde públicas e privadas, adequados padrões de eficiência e qualidade; e) Disciplinar e controlar a produção, a distribuição, a comercialização e o uso dos produtos químicos, biológicos e farmacêuticos e outros meios de tratamento e diagnóstico; f) Estabelecer políticas de prevenção e tratamento da toxicodependência".

[444] Se é necessário *"nutrir reservas à reserva do possível"* (cf. FREITAS, Juarez. *A interpretação sistemática do direito*, 3. ed., p. 211), no sentido de que não basta sua alegação para poster-

Nesse sentido, a reserva do possível, tanto quanto a indeterminação dos direitos sociais em relação ao conteúdo, torna-se grande entrave[445] para as generosas concepções que pretendem a possibilidade de se extraírem das normas jusfundamentais posições ativas de direitos originários a prestações fáticas, tendo as Constituições democráticas conferido primariamente ao legislador a decisão sobre a aplicação dos recursos públicos. Conjugada com a fundamentalidade dos direitos, a reserva do possível não serve como fundamento genérico para a inércia do legislador, mas como instrumento de ponderação, a ser manejado por adequada fundamentação, para se comprovar a proporcionalidade de uma marcha atrás no que toca à concretização de direitos a prestações, no âmbito do controle da jurisdição constitucional.[446]

Não se nega que também os direitos de liberdade têm que ver com a limitação dos recursos disponíveis, no que toca às posições de prestações que deles decorrem.[447] Pode-se dizer que a dimensão prestacional de todos os direitos fundamentais tem vinculação direta com a aplicação de recursos públicos, mas também as posições de defesa têm pressupostos de efetividade que dependem de recursos, como, por exemplo, a manutenção de um aparato policial e jurisdicional. O que não se pode desconhecer, no entanto, é que os direitos a prestações materiais dependem, com mais vigor, de recursos financeiros. Além do mais, avultam, no que toca aos direitos a prestações fáticas, as questões relativas à isonomia e a escolhas de meios de efe-

---

gar a realização de direitos sociais, sua desvalorização, no processo de tal realização, acaba contribuindo para que o acesso às prestações sociais do Estado se dê em quadro de ofensa à isonomia e à gradualidade de sua efetivação, já que as políticas públicas são corroídas por decisões judiciais de alcance individual, que acaba instalando concretamente uma ordem de prioridades de questionável constitucionalidade, quer quanto à competência para ditá-la, quer quanto aos destinatários ou mesmo o conteúdo das prestações. Tal situação pode ocorrer, por exemplo, nas políticas públicas de saúde, em que o planejamento de uma ampla cobertura pode ser posto em causa por decisões judiciais concessivas de tratamentos sofisticados e de alto custo, comprometendo a oferta de um atendimento básico, com qualidade, às parcelas mais necessitadas da população.

[445] NOVAIS, Jorge Reis. *As restrições aos direitos fundamentais não expressamente autorizadas pela constituição*, p. 143; SARLET, Ingo Wolfgang. *A eficácia dos direitos fundamentais*, p. 372. Afirmando que o Estado social não pode se limitar a fazer política social, mas deve fomentar e garantir a manutenção, a estabilidade e o crescimento da economia, sob pena de limitar-se a administrar a escassez, BENDA, Ernst. *El estado social de derecho*, p. 551.

[446] Em sentido semelhante, cf. BALDASSARE, Antonio. *Diritti della persona e valori costituzionali*, p. 217.

[447] NOVAIS, Jorge Reis. *As restrições aos direitos fundamentais não expressamente autorizadas pela constituição*, p. 141; PISARELLO, Gerardo. *Los derechos sociales y sus garantías*, p. 60-61.

tivação, em particular em sociedades profundamente desiguais. Daí que a definição de prioridades e de políticas públicas deve ser feita de modo geral pelo legislador democrático, e não de forma pontual pelo juiz, com o grave risco, neste caso, de, assegurando determinadas prestações relevantes, tornar inviáveis outras imprescindíveis.

Por outro lado, quando se trata da necessidade de escolhas primárias, vale dizer, que se impõem para concretizar normas constitucionais, em especial normas de direitos fundamentais, o princípio democrático, em especial pela vertente do pluralismo político, supõe seja garantido o direito de participação a correntes políticas minoritárias de diversa natureza no procedimento de formalização da vontade estatal. Assim, não basta a simples deliberação da maioria, antes o pluralismo político exige que as escolhas sejam precedidas de debate público em que as diversas tendências de pensamento tenham possibilidade de manifestação e de que esta seja levada em conta.[448] Dito de outro modo, o princípio democrático não impõe apenas a vontade da maioria, mas, pela vertente do pluralismo político, exige que decisões fundamentais sejam tomadas em processo de discussão pública entre as forças políticas representativas das diversas correntes sociais.

Pode-se então dizer que o modo de eficácia dos direitos fundamentais que se revela em prestações materiais – que se constitui na face principal dos direitos sociais, mas também na face muitas vezes oculta dos direitos de liberdade – está sujeito, em geral, a dois dados que o condicionam: a submissão à reserva dos cofres públicos e à necessidade de se definirem os meios de concretização. Ambos impõem a interposição legislativa, já que é à função legislativa que cabem, em regimes democráticos, as escolhas primárias a partir da Constituição.[449]

E não se invoque contra tal conclusão, no caso da Constituição brasileira, o art. 5º, § 1º, que dispõe sobre a aplicabilidade imediata dos direitos fundamentais. Aplicabilidade imediata significa, por certo, que as normas de direitos fundamentais têm, todas elas, efi-

---

[448] Assinala Sérvulo Correia que a reserva de competência legislativa do parlamento é instrumento de vitalidade da democracia, na medida em que deve conduzir a debate público conhecível do eleitorado no qual poderão participar as diversas correntes de opinião partidariamente institucionalizadas (*Legalidade e autonomia contratual nos contratos administrativos*, p. 38-41).

[449] PORRAS RAMÍREZ, José María. *Caracterización y garantía de los derechos de prestación en el estado constitucional*, p. 665.

cácia direta, o que não afasta, não obstante, a distinção que se deve fazer entre formas distintas de eficácia[450] das posições jusfundamentais que correspondem a uma abstenção do Estado, a uma prestação normativa, ou a uma prestação fática. A própria existência, na mesma Constituição brasileira, do mandado de injunção, "sempre que a falta de norma regulamentadora torne inviável o exercício dos direitos e liberdades constitucionais e das prerrogativas inerentes à nacionalidade, à soberania e à cidadania" (art. 5º, LXXI), demonstra que há posições decorrentes de disposições jusfundamentais que requerem intervenção regulamentadora para que possam ser plenamente exeqüíveis.[451]

É necessário distinguir as posições referentes a uma disposição jusfundamental, seja de direito de liberdade, seja de direito social: defesa, proteção e prestações materiais. Em relação a cada uma delas, o que varia é a forma, ou o "quanto" da eficácia,[452] sendo esta, sempre, imediata. As posições de defesa – decorrentes de direitos de liberdade ou mesmo de direitos sociais[453] – são plenamente eficazes e integralmente justiciáveis, já que postulam uma abstenção do Estado.[454] As posições que demandam prestações estatais, seja para a elaboração de normas de organização, de procedimento ou de proteção,[455] seja para viabilizar prestações materiais, que dependem da feitura de normas para sua viabilização,[456] tendo também eficácia

---

[450] SARLET, Ingo Wolfgang, *A eficácia dos direitos fundamentais*, 7. ed., p. 312 e nota 165.

[451] Nesse sentido, SARLET, Ingo Wolfgang, *A eficácia dos direitos fundamentais*, 7. ed., p. 278.

[452] SARLET, Ingo Wolfgang, *A eficácia dos direitos fundamentais*, 7. ed., p. 297.

[453] NOVAIS, Jorge Reis. *As restrições aos direitos fundamentais não expressamente autorizadas pela constituição*, p. 149-151; SARLET, Ingo Wolfgang. *A eficácia dos direitos fundamentais*, 7. ed., p. 291; ABRAMOVICH, Víctor; COURTIS, Christian. *Los derechos sociales como derechos exigibles*, p. 25; 32.

[454] ANDRADE, José Carlos Vieira de. *Os direitos fundamentais na constituição portuguesa de 1976*, 3. ed., p. 208; CORREIA, José Manuel Sérvulo. *Interrelação entre os regimes constitucionais dos direitos, liberdades e garantias e dos direitos económicos, sociais e culturais e o sistema constitucional de autonomia do legislador e de separação e interdependência de poderes*, p. 970; MIRANDA, Jorge. *Manual de direito constitucional*, Tomo IV, 3. ed., p. 313; CANOTILHO, José Joaquim Gomes. *Direito constitucional e teoria da constituição*, 7. ed., p. 401-402; MELLO, Celso Antônio Bandeira de. *Eficácia das normas constitucionais sobre justiça social*, p. 242; SARLET, Ingo Wolfgang. *A eficácia dos direitos fundamentais*, 7. ed., p. 290-291.

[455] NOVAIS, Jorge Reis. *As restrições aos direitos fundamentais não expressamente autorizadas pela constituição*, p. 152-153; MIRANDA, Jorge. *Manual de direito constitucional*, Tomo IV, 3. ed., p. 108-109; 113; 313; CANOTILHO, José Joaquim Gomes. *Direito constitucional e teoria da constituição*, 7. ed., p. 438; ANDRADE, José Carlos Vieira de. *Os direitos fundamentais na constituição portuguesa de 1976*, 3. ed., p. 201, em que afirma que, nestes casos de normas de organização, procedimento ou proteção, a aplicabilidade direta não significa exequibilidade imediata, mas *"deverosidade estrita"* da intervenção legislativa.

[456] ANDRADE, José Carlos Vieira de. *Os direitos fundamentais na constituição portuguesa de 1976*, 3. ed., p. 211, nota 15; 388-389; 392-393; 398; CORREIA, José Manuel Sérvulo. *Interrelação en-*

imediata, não geram direitos subjetivos justiciáveis às respectivas prestações normativas ou fáticas. Por consequência, levar a sério a norma do art. 5°, § 1°, da Constituição brasileira significa a necessidade de não subestimá-la, mas também de não superestimá-la.[457]

Assim, a menos que a própria disposição jusfundamental estabeleça diretamente um direito subjetivo a prestações materiais, sua configuração pressupõe intervenção legislativa,[458] sem o que o Poder Judiciário não pode agir,[459] escolhendo ele próprio os critérios de conformação do direito ou as prioridades para concretização pela Administração Pública. Nesse sentido, a defesa de um ativismo judicial, definidor de políticas públicas, em Estado de Direito democrático e social, está em desacordo com o necessário prestígio do princípio do pluralismo político; não obstante, tem sido levado a cabo, com a compreensível preocupação de aproximar as disposições jusfundamentais da realidade constitucional, ao ponto de se postular, mais que um juiz-legislador, verdadeiro juiz-administrador, solto das peias da legalidade, figura típica do período pré-liberal.[460] Não se olvide que a legitimidade democrática é fortemente

---

tre os regimes constitucionais dos direitos, liberdades e garantias e dos direitos económicos, sociais e culturais e o sistema constitucional de autonomia do legislador e de separação e interdependência de poderes, p. 970; MIRANDA, Jorge. Manual de direito constitucional, Tomo IV, 3. ed., p. 113; 392; 400; CANOTILHO, José Joaquim Gomes. Direito constitucional e teoria da constituição, 7. ed., p. 478; 482.

[457] SARLET, Ingo Wolfgang. A eficácia dos direitos fundamentais, 7. ed., p. 281-282. Em outra passagem, adverte o Autor para que "Não esqueçamos que o postulado da aplicabilidade imediata dos direitos fundamentais não elucida de que forma se dá esta aplicabilidade e quais os diversos efeitos jurídicos que lhes são inerentes" (op. cit., p. 289).

[458] Segundo assinala Sérvulo Correia, o poder-dever de conformação social se dirige primariamente ao legislador; o princípio da socialidade conduz ao papel diretivo da lei (Legalidade e autonomia contratual nos contratos administrativos, p. 90). Também nesse sentido e tratando do sistema alemão, cf. WEBER, Albrecht. L'etat social et les droits sociaux en RFA, p. 685.

[459] Assinalando que, em casos de descumprimento geral e absoluto da obrigação positiva por parte do Estado, no que toca a direitos sociais, cabe dar razão às tradicionais objeções efetuadas à ação judicial direta, como sua inadequação para definir políticas públicas, o desprestígio da igualdade e a ausência de meios compulsórios de execução forçada da obrigação do Estado de efetuar as prestações omitidas, cf. ABRAMOVICH, Víctor; COURTIS, Christian. Los derechos sociales como derechos exigibles, p. 42.

[460] Andreas Krell fala em "mutação fundamental que transforma progressivamente o juiz em administrador e o convoca a operar como agente de mudança social" (Controle judicial dos serviços públicos básicos na base dos direitos fundamentais sociais, p. 49). Luís Roberto Barroso afirma que há disposição em se superar por via jurisprudencial as omissões do Poder Público, "mesmo ao custo de um ativismo judicial que não tem raízes profundas na tradição brasileira, mas que vem em boa hora" (O direito constitucional e a efetividade de suas normas, 7. ed., p. 111). No modelo francês pré-revolucionário e no sistema inglês podia-se falar em juiz-administrador nos muitos casos em que o mesmo órgão dispunha simultaneamente de competências

prestigiada – veja-se a Constituição brasileira: art. 1°, IV e parágrafo único; e a portuguesa, arts. 1° e 2° –, além do que a construção de uma sociedade de bem-estar exige esforço no aprimoramento das instituições e dos procedimentos democráticos.[461]

Não obstante, o argumento de que a necessidade de conformação legislativa dos direitos sociais retira o seu caráter jusfundamental, por impedir sua justiciabilidade, não prospera perante uma análise mais detida.[462] Também direitos de liberdade ou direitos políticos necessitam, em muitos casos, de regulação legal procedimental para que possam ser exercidos,[463] sem que se pretenda negar-lhes o caráter de direitos fundamentais. É o caso do direito de sufrágio. De outro lado, há uma dimensão prestacional nos direitos de liberdade,[464] que também se submete à reserva do caixa financeiro do Estado e também é indeterminada quanto aos meios; por exemplo, a proteção da liberdade de locomoção impõe a existência de um aparato policial e penitenciário cujos custos não são de desprezar. Não é, pois, estranha ao regime dos direitos de liberdade, a necessidade de interposição legislativa.[465]

A expressão *direito social* não pode ser usada como sinônimo de *direito a prestações*, assim como *direito de liberdade* não corresponde a

---

jurisdicionais e de competências administrativas (CORREIA, José Manuel Sérvulo. *Direito do contencioso administrativo*, I, p. 43-44 e p. 131).

[461] O modelo de Constituição democrática e social é adequado ao nosso tempo e às necessidades de sociedades como a brasileira; para quem discorde da afirmação, tenha-se sempre presente que "*Os inconvenientes de ordem prática de uma solução constitucionalmente consagrada resolvem-se no fundamental pela revisão da constituição e não pela desobediência ao nela preceituado*" (CORREIA, José Manuel Sérvulo. *Legalidade e autonomia contratual nos contratos administrativos*, p. 103-104). Para ser coerente com a visão que se defende nesta investigação, cabe acrescentar que tais inconvenientes se devem resolver, no caso do défice de concretização dos direitos sociais, pelo apuramento da realidade constitucional, pelo amadurecimento da sociedade e de suas instituições, não pela busca de solução que parece a mais simples – forte ativismo judicial – mas que desvaloriza a democracia e pode fomentar – ainda que seus defensores não a propugnem, reconheça-se – perigosa crença em uma classe de iluminados.

[462] ALEXY, Robert. *Teoría de los derechos fundamentales*, p. 496; PISARELLO, Gerardo. *Los derechos sociales y sus garantías*, p. 90-92. Assinalando que os direitos sociais constituem normas jurídicas preceptivas, gozando da força jurídica comum a todas as normas constitucionais imperativas, ANDRADE, José Carlos Vieira de. *Os direitos fundamentais na constituição portuguesa de 1976*, 3. ed., p. 392.

[463] GIMÉNEZ, Teresa Vicente. *La exigibilidad de los derechos sociales*, p. 86.

[464] BALDASSARE, Antonio. *Diritti della persona e valori costituzionali*, p. 211.

[465] Conforme admitem MIRANDA, Jorge. *Manual de direito constitucional*, Tomo IV, 3. ed., p. 313; NOVAIS, Jorge Reis. *As restrições aos direitos fundamentais não expressamente autorizadas pela constituição*, p. 134-135, ANDRADE, José Carlos Vieira de. *Os direitos fundamentais na constituição portuguesa de 1976*, 3. ed., p. 210; CANOTILHO, José Joaquim Gomes. *Direito constitucional e teoria da constituição*, 7. ed., p. 401-402.

direito de defesa.[466] Embora as prestações sejam a principal vocação dos direitos sociais e a defesa e a proteção, dos direitos de liberdade, tais formas de eficácia são possíveis em qualquer deles. É o que se pode inferir da distinção entre as noções de direito fundamental como um todo e de cada uma das posições jurídicas ou pretensões que a ele se podem relacionar.[467] Assim, tanto direitos sociais quanto direitos de liberdade, compreendidos como um todo, permitem que deles decorram várias posições ou pretensões a defesa, a proteção contra terceiros, bem como a prestações materiais. Desse modo, o mais adequado é analisar o regime de cada uma dessas posições, e não pretender um regime jurídico uniforme para os direitos sociais, como se pudessem se esgotar em sua dimensão prestacional.[468]

Se a realização dos direitos sociais e mesmo dos direitos de liberdade, enquanto direitos a prestações, está vinculada a escolhas políticas e a um custo financeiro, sendo a dimensão prestacional também um posição jusfundamental, daí não pode advir a conclusão da "tendência para zero",[469] ou mesmo tendência para o mínimo da eficácia jurídica das normas constitucionais que a veiculam. O regime da dimensão dos direitos fundamentais que gera prestações materiais é o mesmo, seja para direitos de liberdade, seja em direitos sociais, assim como o regime da dimensão de defesa e de proteção, esta também dependente de intermediação legislativa. A diferença é que a vocação principal dos direitos sociais está na face prestacio-

---

[466] MIRANDA, Jorge. *Manual de direito constitucional*, Tomo IV, 3 ed., p. 108-112; NOVAIS, Jorge Reis. *As restrições aos direitos fundamentais não expressamente autorizadas pela constituição*, p. 127 e *Os princípios constitucionais estruturantes da república portuguesa*, p. 295; CORREIA, José Manuel Sérvulo. *Direitos fundamentais*, p. 40; ALEXANDRINO, José de Melo. *A estruturação do sistema de direitos, liberdades e garantias na constituição portuguesa*, v. 2, p. 234.

[467] ALEXY, Robert. *Teoría de los derechos fundamentales*, p. 186-245. Cf., também, NOVAIS, Jorge Reis. *As restrições aos direitos fundamentais não expressamente autorizadas pela constituição*, p. 128-133.

[468] Tal análise estrutural parece preferível à proposta de Antonio Baldassare de se conceber os direitos sociais em dois grupos: os incondicionados, que possibilitam fruição direta a partir da Constituição e os condicionados, cujo gozo depende da existência de um pressuposto de fato, ou uma organização necessária para gerar diretos subjetivos a prestações materiais. O Autor inclui na segunda hipótese, no caso da Constituição italiana, o direito à assistência e à previdência, o direito ao ensino, à prestações de saúde, entre outros (cf. BALDASSARE, Antonio. *Diritti della persona e valori costituzionali*, p. 214-215). A concepção de posições decorrentes do direito fundamental como um todo é mais adequada, já que deixa ver a existência de posições de defesa e de prestações tanto em disposições jusfundamentais de liberdade, quanto nas relativas a direitos sociais.

[469] CANOTILHO, José Joaquim Gomes. *Metodologia "fuzzy" e "camaleões normativos" na problemática actual dos direitos económicos, sociais e culturais*, p. 107-108.

nal, enquanto a dos direitos de liberdade está na face de defesa e de proteção.

Por outro lado, não se pode dizer que os direitos sociais careçam de universalidade ou de prioridade,[470] por visarem à libertação da necessidade, sendo uma espécie de direitos das faixas mais necessitadas da comunidade. Como direitos fundamentais que são, os direitos sociais são universais, no sentido de que são direitos de todos,[471] não tendo como finalidade apenas libertar da miséria – o que constitui sua faceta ligada ao mínimo existencial –, mas construir uma sociedade de bem-estar. E, num Estado de Direito democrático e social, não se pode afirmar, sob pena de desconhecer suas tarefas fundamentais, que a construção do bem-estar não seja uma prioridade, não apenas política e social, mas também jurídica, impondo deveres ao legislador,[472] à Administração Pública e, quando se tratar da viabilização do direito ao mínimo para uma existência digna, também ao Poder Judiciário.

O legislador tem o dever de agir para concretizar o Estado de bem-estar constitucionalmente consagrado, por meio da efetivação dos direitos sociais, além de que o conjunto de normas que veiculam o modelo constitucional de bem-estar impõe que se interpretem os atos jurídicos e se conduza a Administração Pública "segundo um sentido mais favorável ou de melhor acolhimento às necessidades sociais".[473] É o que se pode extrair, por exemplo, do art. 9º, aliena d) da Constituição portuguesa (tarefa fundamental do Estado: promover o bem-estar e a qualidade de vida do povo e a igualdade real entre os portugueses, bem como a efetivação dos direitos econômicos, sociais, culturais e ambientais, mediante a transformação e modernização das estruturas econômicas e sociais); e, na Constituição brasileira, do art. 3º, incisos III e IV (objetivos fundamentais da República Federativa do Brasil: erradicar a pobreza e a marginalização

---

[470] Afirmando a não universalidade e a não prioridade dos direitos sociais, ALEXANDRINO, José de Melo. *A estruturação do sistema de direitos, liberdades e garantias na constituição portuguesa*, v. 2, p. 219.

[471] MIRANDA, Jorge. *Manual de direito constitucional*, Tomo IV, 3. ed., p. 395.

[472] Assinalando que o catálogo de direitos sociais significa uma legitimação jurídica do Estado para intervir, ou uma liberdade geral de ação, obrigando à institucionalização e organização dos diretos e à imposição de políticas públicas e reconhecendo ainda a proibição de recriar omissões constitucionais, embora afirme a não-prioridade e a vinculação débil dos direitos sociais, cf. ALEXANDRINO, José de Melo. *A estruturação do sistema de direitos, liberdades e garantias na constituição portuguesa*, v. 2, p. 225.

[473] OTERO, Paulo. *O poder de substituição em direito administrativo*, p. 592-593.

e reduzir as desigualdades sociais e regionais; promover o bem de todos, sem preconceitos de origem, raça, sexo, cor, idade e quaisquer outras formas de discriminação).

A normatividade da Constituição e do sistema de direitos fundamentais é global,[474] ainda que se deva reconhecer que a eficácia de suas normas obedeça a modos distintos. Assim, é necessário reconhecer as peculiaridades dos direitos fundamentais sociais,[475] em especial em sua vertente prestacional, quanto à sua eficácia. Como já se mencionou, a conclusão de que o art. 5º, § 1º, da Constituição brasileira de 1988, confere também aos direitos sociais aplicabilidade imediata, não significa que todas as posições que decorrem das respectivas disposições jusfundamentais sejam imediata e plenamente exequíveis. Não obstante, tal norma gera, independentemente de intervenção legislativa, algumas formas de eficácia imediata.[476]

Nesse sentido, podem ser referidas: a) ao menos uma posição ativa decorrente da dimensão subjetiva[477] do direito e diretamente justiciável, qual seja a sua eficácia negativa, gerando posições de defesa,[478] contra atuações do Estado contrariamente ao que dispõe a norma jusfundamental; b) consequências decorrentes da dimensão objetiva[479] do direito, tais como b.1) o dever de legislar,[480] seja para instituir meios de proteção, seja para assegurar meios de concreti-

---

[474] Sobre a unidade do sistema de direitos fundamentais, cf. COMPARATO, Fábio Konder. *A afirmação histórica dos direitos humanos*, 4. ed., p. 305.

[475] BALDASSARE, Antonio. *Diritti della persona e valori costituzionali*, p. 212; BARROSO, Luís Roberto. *O direito constitucional e a efetividade de suas normas*, 7. ed., p. 107; SARMENTO, Daniel. *Direitos fundamentais e relações privadas*, p. 37.

[476] Assinalando que não há direito econômicos, social ou cultural que não apresente ao menos alguma característica ou faceta que permita sua exigibilidade judicial em caso de violação, ABRAMOVICH, Víctor; COURTIS, Christian. *Los derechos sociales como derechos exigibles*, p. 47.

[477] CANOTILHO, José Joaquim Gomes. *Direito constitucional e teoria da constituição*, 7. ed., p. 476.

[478] MIRANDA, Jorge. *Manual de direito constitucional*, Tomo IV, 3. ed., p. 112; SARLET, Ingo Wolfgang. *A eficácia dos direitos fundamentais*, 7. ed., p. 315-316; ABRAMOVICH, Víctor; COURTIS, Christian. *Los derechos sociales como derechos exigibles*, p. 41-42. Tratando do sistema constitucional anterior a 1988, cf. MELLO, Celso Antônio Bandeira de. *Eficácia das normas constitucionais sobre justiça social*, p. 243.

[479] CANOTILHO, José Joaquim Gomes. *Direito constitucional e teoria da constituição*, 7. ed., p. 476-477.

[480] ANDRADE, José Carlos Vieira de. *Os direitos fundamentais na constituição portuguesa de 1976*, 3. ed., p. 393. Segundo o Autor, tratando-se os direitos sociais, "no seu conteúdo principal, de direitos a prestações públicas, o dever que lhes corresponde da parte do Estado é precisamente, em primeira linha, o dever de legislar, já que a feitura de leis é uma tarefa devida (no caso de direito a prestações jurídicas) ou uma condição organizatória necessária (no caso dos direitos a prestações materiais) para a sua realização efectiva" (op. cit., p. 393-394).

zação de direitos a prestações fáticas, vinculando o legislador a opções e parâmetros de concretização já definidos na Constituição;[481] b.2) a justificação para a declaração de inconstitucionalidade por omissão;[482] b.3) a justificação para, no caso brasileiro, a impetração de mandado de injunção;[483] b.4) a possibilidade de gerar responsabilização do Estado pela omissão quanto a medidas indispensáveis à realização dos direitos fundamentais;[484] b.5) o dever de que tais direitos sejam considerados como guias de interpretação[485] de normas constitucionais e infraconstitucionais; b.6) a emissão de força irradiante, conferindo "certa capacidade de resistência"[486] às leis conformadoras de tais direitos, o que impõe o dever de ponderação proporcional para que seja possível marcha atrás quanto à sua realização; b.7) a justificação para a restrição de direitos de liberdade;[487] b.8) eficácia derrogatória de atos normativos anteriores e imposição de declaração de inconstitucionalidade de atos posteriores ofensivos a tais direitos fundamentais.[488]

Tais formas de eficácia também se aplicam a Constituições que, como a portuguesa, disciplinam, ao menos aparentemente, regimes distintos para direitos de liberdade e direitos sociais.[489] A Constituição portuguesa edifica a ponte entre os regimes dos direitos por

---

[481] SARLET, Ingo Wolfgang. *A eficácia dos direitos fundamentais*, 7. ed., p. 313.

[482] ANDRADE, José Carlos Vieira de. *Os direitos fundamentais na constituição portuguesa de 1976*, 3. ed., p. 393; SARLET, Ingo Wolfgang. *A eficácia dos direitos fundamentais*, 7. ed., p. 314.

[483] SARLET, Ingo Wolfgang. *A eficácia dos direitos fundamentais*, 7. ed., p. 314.

[484] SARLET, Ingo Wolfgang. *A eficácia dos direitos fundamentais*, 7. ed., p. 314.

[485] ANDRADE, José Carlos Vieira de. *Os direitos fundamentais na constituição portuguesa de 1976*, 3. ed., p. 393; CORREIA, José Manuel Sérvulo. *O direito dos interessados à informação*, p. 320; SARLET, Ingo Wolfgang. *A eficácia dos direitos fundamentais*, 7. ed., p. 314-315. Sobre a vinculação da Administração, na interpretação de atos infraconstitucionais, ao sentido que mais se harmonize com a máxima garantia e efetividade dos direitos fundamentais, cf. OTERO, Paulo. *O poder de substituição em direito administrativo*, p. 533. Tratando do sistema constitucional anterior a 1988 no Brasil, cf. MELLO, Celso Antônio Bandeira de. *Eficácia das normas constitucionais sobre justiça social*, p. 243.

[486] ANDRADE, José Carlos Vieira de. *Os direitos fundamentais na constituição portuguesa de 1976*, 3. ed., p. 393.

[487] NOVAIS, Jorge Reis. *Os princípios constitucionais estruturantes da república portuguesa*, p. 298-299; ANDRADE, José Carlos Vieira de. *Os direitos fundamentais na constituição portuguesa de 1976*, 3. ed., p. 393.

[488] SARLET, Ingo Wolfgang. *A eficácia dos direitos fundamentais*, 7. ed., p. 313-314.

[489] Assinalando que a Constituição portuguesa parece indicar mais um aprofundamento do que uma relativização da distinção entre direitos de liberdade e direitos sociais, cf. ALEXANDRINO, José de Melo. *A estruturação do sistema de direitos, liberdades e garantias na constituição portuguesa*, v. 2, p. 242.

meio do art. 17º, que estabelece que o regime dos direitos, liberdades e garantias se aplica também aos direitos fundamentais de natureza análoga. Nesse sentido, há posições jusfundamentais decorrentes dos direitos sociais que gozam de exequibilidade imediata, como a dimensão de defesa, que impõem abstenções ao Estado, ou a dimensão que alberga o mínimo indispensável para uma existência digna,[490] esta podendo conter deveres de abstenção, de proteção e mesmo de prestações materiais que, neste caso, escapam ao condicionamento à reserva do econômica e financeiramente possível.

Por outro lado, nas hipóteses em que a Constituição já dá condições jurídicas para a concretização dos direitos a prestações fáticas – o que, reconheça-se, não é o comum dos casos – haverá direito subjetivo à prestação, plenamente justiciável, muito embora seja possível a restrição de tal direito, cumpridos determinados requisitos, como a ponderação e a vedação de retrocesso social arbitrário. Já quando não houver condições jurídicas para a concretização do direito, ou quando a norma constitucional impuser a definição de meios, regra geral tal escolha se fará pelo exercício da função legislativa.

Não obstante, o que acontece, no mais das vezes, em Estados sociais de Direito já minimamente consolidados[491] – como são os casos português e brasileiro – é que a grande maioria das normas constitucionais consagradoras de direitos sociais já mereceu regulamentação legal.[492] Os direitos à saúde, à educação, à previdência social, à assistência social, ao acesso à justiça, entre outros, já encontram disciplina normativa que permite a geração de direitos subjetivos públicos a prestações estatais. A partir deste estágio, a questão jurídica passa a ser a do respeito pela isonomia,[493] além da discussão

---

[490] José de Melo Alexandrino admite a existência de uma proteção especial, pela Constituição portuguesa, de um "núcleo básico de direitos sociais cujo conteúdo mínimo (...), no sistema da Constituição, se deva reputar constitucionalmente determinado e vinculativo" (*A estruturação do sistema de direitos, liberdades e garantias na constituição portuguesa*, v. 2, nota 875, p. 212). José Carlos Vieira de Andrade assinala que o "mínimo necessário para uma existência condigna", que considera o conteúdo essencial dos direitos a prestações sociais, "poderá ser equacionado, nos seus diversos aspectos, como um direito pleno de todos à prestação do Estado" (*Os direitos fundamentais na constituição portuguesa de 1976*, p. 67. Ver também p. 398; 401).

[491] Quer-se com isto dizer Estados sociais em que já se instalou certo aparato organizatório e procedimental de prestações sociais que, ainda que de modo insuficiente, asseguram aos cidadãos a fruição da maior parte dos direitos sociais a prestações consagrados na Constituição.

[492] SARLET, Ingo Wolfgang. *A eficácia dos direitos fundamentais*, 7. ed., p. 319.

[493] SARLET, Ingo Wolfgang. *A eficácia dos direitos fundamentais*, 7. ed., p. 320-323.

da possibilidade de retrocesso no patamar de garantia social do que ultrapassar o mínimo para uma existência digna.[494]

Assim, não basta justificar a normatividade dos direitos sociais com a afirmação de que é suficiente que um juiz determine o cumprimento pelo Estado do direito à educação para que este proveja, o acesso, por exemplo, à escola. Neste caso, a discussão jurídica não estará em se comprovar a normatividade imediata do direito à educação, mas de garantir o exercício de um direito subjetivo público de acesso ao ensino, que se instrumentaliza pela norma infraconstitucional. Supondo-se, para efeito de argumentação, que o direito social estivesse previsto na Constituição, mas não houvesse norma legal regulamentadora, estrutura administrativa criada ou mesmo recursos públicos destinados no orçamento, a decisão judicial que determinasse a imediata fruição de uma prestação material seria ilegítima e antijurídica, já que usurpadora de competência legislativa e ofensiva do princípio democrático. A exceção é o exercício do direito ao mínimo para uma existência digna.[495]

Se a face prestacional dos direitos fundamentais, incluídos os direitos sociais, dependem de intervenção legislativa, a dimensão das prestações minimamente necessárias para uma existência digna compõe um direito subjetivo público, plenamente justiciável:[496]

---

[494] Sobre as discussões acerca da proibição de retrocesso social, cf. SARLET, Ingo Wolfgang. *A eficácia dos direitos fundamentais*, 7. ed., p. 440-467; COURTIS, Christian (org.). *Ni un paso atrás: la prohibición de regresividad em materia de derechos sociales.* Buenos Aires: Del Puerto, 2006; NETTO, Luísa Cristina Pinto e. *O princípio de proibição de retrocesso social.* 2007. Relatório apresentado na disciplina Direitos Fundamentais (Doutoramento em Ciências Jurídico-Políticas) – Faculdade de Direito, Universidade de Lisboa. 2007.

[495] Jorge Reis Novais cita passagem de Rüdiger Breuer (Grundrechte als Anspruchnormen, *in* BACHOF/HEIGL/REDEKER (org.). *Verwaltungsrecht zwischen Freiheit, Teilhabe und Bindung, Festgabe aus Anlaβ des 25jährigen Bestehen des Bundesverwaltungsgerichts.* München: C. H. Beck, 1978, p. 94 ss), em que distingue entre pretensões a prestações fáticas fundamentáveis no padrão ótimo derivado do princípio da justiça distributiva do Estado social e pretensões a prestações fáticas, também com implicações financeiras, fundamentáveis no padrão minimalista exigido pela necessidade impreterível de o Estado de Direito garantir a existência de direitos fundamentais para cujo exercício o particular não dispõe dos indispensáveis pressupostos materiais (*As restrições aos direitos fundamentais não expressamente autorizadas pela constituição*, p. 141, nota 234).

[496] Argumentando em sentido semelhante, em relação a um direito à assistência social extraído diretamente da Constituição italiana e imediatamente acionável e, de outro lado, afirmando que, ressalvado este nível mínimo de proteção constitucional, o legislador goza de ampla discricionariedade, sindicável pelo juiz constitucional somente sob o aspecto da razoabilidade, cf. PIZZOLATO, Filippo. *Il minimo vitale*, p. 134-135. Assinalando que a Constituição espanhola assegura ampla capacidade de configuração ao legislador, para que este possa "eleger os meios que creia indispensáveis para satisfazer, de maneira gradual, prestações existenciais mínimas", PORRAS RAMÍREZ, José María. *Caracterización y garantía de los derechos de presta-

o direito ao mínimo para uma existência digna, em que a necessidade de se garantir força jurídica ao princípio da dignidade da pessoa humana impõe que, caso seja necessário, o Poder Judiciário determine uma solução que a preserve, para tanto podendo mesmo fazer escolhas políticas que, em regra, cabem à função legislativa. Nesse sentido, pode-se dizer que, neste caso extremo, a legitimidade democrática é afastada, para que possa ser assegurada reserva de eficácia ao respeito pela dignidade da pessoa humana,[497] até porque sem tal respeito não há sentido na democracia, assim como sem esta não se respeita integralmente a dignidade da pessoa humana.

Em síntese: ressalvado o direito ao mínimo para uma existência digna, o princípio democrático veda que se retire do legislador a decisão sobre os meios de concretização de direitos sociais, que, em parte, coincidem com a própria decisão sobre o modelo de Estado que se pretende manter; os textos constitucionais garantem liberdade de meios, ora mais ampla, ora mais limitada. De outro lado, a concepção de Estado de Direito democrático e social, impõe a fundamentalidade dos direitos sociais, o que impede que sejam deixados inteiramente sob o jugo das maiorias.[498] Assim, sendo direitos fundamentais, os direitos sociais possuem carga de eficácia imediata, impõem o dever de legislar para sua eficácia plena e impedem, uma vez regulamentados, retrocesso arbitrário do patamar de concretização efetivado. Dito de outro modo: o mínimo existencial não significa o mínimo de normatividade dos direitos sociais.

---

ción en el estado constitucional, p. 667-668. Em relação a prestações existenciais mínimas cabe ressaltar a plena justiciabilidade das prestações materiais a cargo do Estado, não incidindo o princípio da gradualidade, pela simples razão de se tratar do indispensável à existência digna. Não se confunda garantia da existência digna com construção do bem-estar social, que se trata de dever mais amplo e complexo.

[497] Segundo Paulo Otero, "A soberania popular está limitada de forma imperativa pelo respeito pela dignidade da pessoa humana, tal como a relevância da soberania popular tem por base a dignidade da pessoa humana. Não há maiorias, unanimidades ou consensos, nem parlamentos, referendos ou quaisquer resultados eleitorais que derroguem validamente o sentido último da ideia de Direito. O respeito e a garantia da dignidade da pessoa humana reflecte o núcleo duro de um Estado pluralista, que é, por definição, um Estado de direitos fundamentais ou Estado baseado na dignidade da pessoa humana" (cf. *O poder de substituição em direito administrativo*, p. 552-553).

[498] ALEXY, Robert. *Teoría de los derechos fundamentales*, p. 435. Jorge Reis Novais afirma que "... os direitos sociais, seja por definição constitucional, seja como consequência da assunção do princípio da socialidade próprio do Estado de Direito de nossos dias, são direitos fundamentais e, porque o são, não estão à livre disposição de opções políticas ou do legislador" (cf *Os princípios constitucionais estruturantes da república portuguesa*, p. 306).

4.2. Fundamentalidade dos direitos sociais e condicionamentos para o legislador: dever de legislar, progressividade de realização e proibição de retrocesso arbitrário

Os direitos sociais a prestações fáticas, se estão sujeitos à regulamentação legislativa e à condicionamentos econômico-financeiros, por outro lado, sendo direitos fundamentais, não estão ao livre alvitre do legislador. A fundamentalidade dos direitos sociais impõe três consequências principais em relação ao legislador, quanto à eficácia prestacional: a) o dever de legislar, no sentido da obrigação de regulamentar os preceitos constitucionais carentes de intervenção legislativa; b) o dever de, uma vez conferida por lei eficácia prestacional ao direito, só se admitir marcha atrás mediante fundamentação que demonstre a necessidade, adequação e proporcionalidade da medida, preservado o mínimo necessário para uma existência digna; c) a sujeição ao regime de progressividade ou gradualidade de realização, não no sentido de uma "ingênua concepção ferroviária da história – quer seja a da direcção única do movimento emancipatório da humanidade, ou, em abstracto, a do tempo como factor de progresso",[499] mas como dever do Estado de direcionar suas ações para o alcance do bem-estar, na construção de uma sociedade livre, justa e solidária, o que é objetivo central em Estado de Direito democrático e social, fundado na dignidade da pessoa humana.

Quanto ao dever de legislar, não se deve menosprezar o cerne da função legislativa, isto é, sua componente política, que se reflete na liberdade de conformação legislativa, exigência do princípio democrático, em sua vertente de pluralismo político. Não obstante, a jusfundamentalidade dos direitos sociais faz com que a necessidade de lei para a garantia de sua eficácia plena, no que toca à dimensão prestacional, seja um componente jurídico que limita o campo de liberdade do legislador. Se os direitos sociais têm vocação principal para gerar direitos a prestações materiais, admitir-se que tal forma de eficácia fique integralmente à mercê do legislador infraconstitucional significa fazer com que percam o caráter de direitos fundamentais, passando a ser, de fato, direitos atribuídos pela lei. As normas constitucionais que consagram

---

[499] ANDRADE, José Carlos Vieira de. *O "direito ao mínimo de existência condigna" como direito fundamental a prestações estaduais positivas*, p. 24, nota 6.

direitos sociais, nas Constituições portuguesa e brasileira, não são normas programáticas,[500] mas normas que instituem deveres específicos de legislar.[501] Aquelas traçam os objetivos e os parâmetros para a realização de uma sociedade de bem-estar; estas criam direitos determinados, impondo ao legislador a disciplina dos meios de sua realização concreta sob a forma de prestações materiais.

Nesse sentido, ao legislador não cabe decidir sobre a conveniência ou a oportunidade de regulamentar o direito social, sujeitando-se a verdadeiro dever jurídico de legislar,[502] que conta com meios de tutela construídos pela jurisdição constitucional de vários países,

---

[500] Concebe-se, nesta oportunidade, a expressão "norma programática" no sentido de norma-fim do Estado, atributiva de seus objetivos fundamentais, com o mais alto grau de fluidez e indeterminação e que depende essencialmente dos órgãos políticos. Por exemplo, Constituição brasileira, art. 3º; Constituição portuguesa, art. 9º. Cf. CANOTILHO, José Joaquim Gomes. Gomes. *Direito constitucional e teoria da constituição*, 7. ed., p. 1034. Segundo Luís Roberto Barroso, no caso de normas programáticas, a concretização depende da luta política (cf. *O direito constitucional e a efetividade de suas normas*, 7. ed., p. 165). Jorge Pereira da Silva, em posição distinta, defende que a fiscalização da inconstitucionalidade por omissão no caso de incumprimento de normas programáticas, reconhecendo embora que se trata de tarefa espinhosa (cf. *Dever de legislar e protecção jurisdicional contra omissões legislativas*, p. 160).

[501] Segundo Gomes Canotilho, são deveres específicos de legislar: a) o dever de dar exequibilidade a normas constitucionais de densidade insuficiente; b) o dever de cumprir ordens de legislar, ou seja, determinações concretas e não permanentes, como a organização do Tribunal Constitucional; c) o dever de atualizar e aperfeiçoar normas legais; d) o dever de reparar omissão legislativa parcial, em ofensa à igualdade (*Direito constitucional e teoria da constituição*, 7. ed., p. 1034-1036). Quanto a Jorge Pereira da Silva: a) dever de concretização de normas constitucionais; b) dever de proteção de direitos fundamentais; c) dever de correção ou adequação de leis vigentes; d) dever de reposição da igualdade violada (*Dever de legislar e protecção jurisdicional contra omissões legislativas*, p. 21).

[502] Nesse sentido, há dever específico de legislar que, caso seja violado, gera omissão legislativa inconstitucional, o que não é novidade do Estado social, embora sua teorização e estudo sejam próprias da superação do modelo liberal clássico. Indicando a existência de omissão legislativa inconstitucional já no período liberal, dando exemplos de dever de legislar existente em Constituições portuguesas de matriz liberal, embora a doutrina e a jurisprudência só se tenham preocupado o tema a partir do nascimento das Constituições programáticas no primeiro quartel do século XX, cf. MORAIS, Carlos Blanco de. *Justiça constitucional*, Tomo II, p. 462-464. Negando a existência de dever jurídico de legislar, que atribui a inadequada concepção de Constituição dirigente e atribuindo o fundamento do controle da omissão legislativa à ideia de supremacia da Constituição, que impõe seja negado efeito a norma implícita inconstitucional decorrente do silêncio legislativo, cf. VILLAVERDE MENÉNDEZ, Ignacio. *La inconstitucionalidad por omisión de los silencios legislativos*, p. 122-124. Também negando, ainda que não de modo explícito, a existência de um dever de legislar, cf. CORRÊA, Oscar Dias. *Breves observações sobre a influência da constituição portuguesa na constituição brasileira de 1988*, p. 84.

como a Áustria,[503] a Alemanha,[504] a Itália[505] e a Espanha,[506] além de instrumentos constitucionais expressos de controle, como o controle de inconstitucionalidade por omissão, previsto na Constituição portuguesa de 1976[507] e também na Constituição brasileira de 1988,[508] além do mandado de injunção,[509] que se pode dizer tratar-se de instrumento peculiar do sistema constitucional brasileiro.[510] Assim, a liberdade de conformação legislativa diz respeito à escolha de meios e prioridades, ficando o legislador vinculado ao dever de dar con-

---

[503] Por exemplo, com a postergação dos efeitos da declaração de inconstitucionalidade, em caso de omissão legislativa parcial, a fim de que o Legislativo supra a omissão; cf. DÍAZ REVORIO, Francisco Javier. *El control de constitucionalidad de las omisiones legislativas relativas en el derecho comparado europeo*, p. 87-89.

[504] Por exemplo, com as decisões de mera inconstitucionalidade, sem pronúncia de nulidade, no caso de omissão legislativa parcial, ou as decisões apelativas,'no caso de inconstitucionalidade superveniente; cf. SILVA, Jorge Pereira da. *Dever de legislar e protecção jurisdicional contra omissões legislativas*, p. 113-120; DÍAZ REVORIO, Francisco Javier. *El control de constitucionalidad de las omisiones legislativas relativas en el derecho comparado europeo*, p. 91-98; MORAIS, Carlos Blanco de. *Justiça constitucional*, Tomo II, p. 465; MENDES, Gilmar Ferreira. *Direitos fundamentais e controle de constitucionalidade*, 3. ed., p. 402 e 407-418.

[505] Especialmente com as decisões chamadas manipulativas, com destaque para as decisões aditivas; cf. SILVA, Jorge Pereira da. *Dever de legislar e protecção jurisdicional contra omissões legislativas*, p. 120-132; DÍAZ REVORIO, Francisco Javier. *El control de constitucionalidad de las omisiones legislativas relativas en el derecho comparado europeo*, p. 98-99.

[506] Por exemplo, com apelos e recomendações ao legislador, decisões de inconstitucionalidade sem pronúncia de nulidade e decisões aditivas; cf. DÍAZ RIVORIO, Francisco Javier. *El control de constitucionalidad de las omisiones legislativas relativas en el derecho comparado europeo*, p. 109-110; 113-127; SILVA, Jorge Pereira da. *Dever de legislar e protecção jurisdicional contra omissões legislativas*, p. 134-138.

[507] Art. 283°, na redação atualmente vigente. O controle da inconstitucionalidade por omissão tem-se limitado a uma comunicação da inércia ao legislador, sem sanção jurídica ou substituição do legislador pelo Tribunal Constitucional, constituindo uma espécie de *"soft law"*. Para uma amostragem da doutrina portuguesa sobre o instituto, cf. MIRANDA, Jorge. *Manual de direito constitucional*, Tomo VI, 2. ed., p. 304; OTERO, Paulo. *Ensaio sobre o caso julgado inconstitucional*, p. 147; MEDEIROS, Rui. *A decisão de inconstitucionalidade*, p. 514; MORAIS, Carlos Blanco de. *Justiça constitucional*, Tomo II, p. 483-485; SOUSA, Marcelo Rebelo de; ALEXANDRINO, José de Melo. *Constituição da república portuguesa comentada*, p. 428; CANOTILHO, José Joaquim Gomes. *Direito constitucional e teoria da constituição*, 7. ed., p. 1039; SILVA, Jorge Pereira da. *Dever de legislar e protecção jurisdicional contra omissões legislativas*, p. 144-153.

[508] Art. 103, § 2°. Tendo sido influenciada pela Constituição portuguesa de 1976, a inconstitucionalidade por omissão no Direito brasileiro tem as mesmas feições do instituto português.

[509] Sobre o mandado de injunção na tutela de direitos sociais, cf. BITENCOURT NETO, Eurico. *Mandado de injunção na tutela de direitos sociais*. Salvador: Editora JusPodivm, 2009.

[510] Sobre a originalidade da Constituição brasileira de 1988 na instituição do mandado de injunção, cf. FERREIRA FILHO, Manoel Gonçalves. *Direitos humanos fundamentais*, 3. ed., p. 149-150; BARROSO, Luís Roberto. *O direito constitucional e a efetividade de suas normas*, 7. ed., p. 248. Afirmando que o mandado de injunção teve influência histórica do Direito constitucional português, cf. MACIEL, Adhemar Ferreira. *Mandado de injunção e inconstitucionalidade por omissão*, p. 102. Assinalando inspiração na *structural injunction* norte-americana, cf. TORRES, Ricardo Lobo. *O mandado de injunção e a legalidade financeira*, p. 94.

creção à norma constitucional que, ela sim, cria um direito social que se destina a gerar prestações materiais, a fim de concretizar uma sociedade de bem-estar social.

A sujeição a um regime de progressividade de realização decorre da imposição constitucional do bem-estar e também de normas transnacionais sobre direitos fundamentais, como o Pacto Internacional de Direitos Econômicos, Sociais e Culturais, adotado pela Assembleia Geral das Nações Unidas (Resolução 2.200, de 16 de dezembro de 1966, com entrada em vigor em 3 de janeiro de 1976), em seu art. 2.1, ou a Convenção Americana sobre Direitos Humanos – Pacto de San José de Costa Rica, em seu art. 26. Tal regime de progressividade supõe a constatação de que direitos a prestações dependem de condicionantes fáticas, em especial recursos financeiros, nem sempre disponíveis no montante necessário à sua plena eficácia, o que inviabiliza uma imediata instauração de uma sociedade de bem-estar, notadamente e sociedades marcadas por graves desigualdades sociais.

Por outro lado, o regime de progressividade ou gradualidade significa uma vedação de inércia dos poderes públicos em relação à superação de carências e à construção do bem-estar, impondo a atuação positiva do Estado no enfrentamento dos óbices à plena eficácia prestacional dos diretos sociais. Em outras palavras, o reconhecimento de condicionantes fáticas não pode esvaziar a fundamentalidade de posições ativas referentes a prestações materiais,[511] o que significa que ao Estado se impõe a promoção do progresso social, elegendo prioridades e potencializando recursos.

Ao regime de progressividade corresponde também a vedação de retrocesso desproporcional na efetivação dos direitos sociais.[512] As dimensões de eficácia dos direitos fundamentais que dependem de intervenção legislativa, em especial as posições ativas prestacionais que decorrem dos direitos sociais, uma vez viabilizadas pelo legislador, não podem ser objeto de nova intervenção que signifique desproporcional restrição ou restituição da omissão legislativa

---

[511] ABRAMOVICH, Víctor; COURTIS, Christian. *Los derechos sociales como derechos exigibles*, p. 93.

[512] PISARELLO, Gerardo. *Los derechos sociales y sus garantías*, p. 66. Sobre critérios de aceitação de um princípio de proibição de retrocesso social, cf. NETTO, Luísa Cristina Pinto e. *O princípio de proibição de retrocesso social*, p. 152-208.

inconstitucional.[513] É o que se costuma chamar de proibição de retrocesso social arbitrário, que, se não significa absoluta vedação de marcha atrás ou de modificação da regulação legislativa do direito fundamental, proíbe seja reinstalado o vazio normativo que inviabilize o exercício de dimensões de eficácia do direito social.

O chamado princípio da proibição de retrocesso social, embora não tenha aceitação consensual,[514] se impõe pela fundamentalidade dos direitos sociais e pelo regime de progressividade que a eles se aplica, vedando ao Estado-legislador retroceder arbitrariamente – leia-se de modo desproporcional – em relação à regulação legislativa de um direito social.[515]

---

[513] PISARELLO, Gerardo. *Los derechos sociales y sus garantías*, p. 63-65

[514] Em sentido contrário, por exemplo, cf. NOVAIS, Jorge Reis. *Os princípios constitucionais estruturantes da república portuguesa*, p. 294; ALEXANDRINO, José de Melo. *A estruturação do sistema de direitos, liberdades e garantias na constituição portuguesa*. v. 2, p. 608.

[515] O princípio da proibição de retrocesso social foi expressamente admitido pelo Tribunal Constitucional português, em conhecido Acórdão relatado pelo Conselheiro Vital Moreira (nº 39/84). Sobre os fundamentos do princípio, entre outros, cf. COURTIS, Christian (org.). *Ni un paso atrás: la prohibición de regresividad em materia de derechos sociales*. Buenos Aires: Del Puerto, 2006; MIRANDA, Jorge. *Manual de direito constitucional*, Tomo IV, 3. ed., p. 397-400; CANOTILHO, José Joaquim Gomes. *Direito constitucional e teoria da constituição*, 7. ed., p. 338-340; 478-480; e *Constituição dirigente e vinculação do legislador*, 2. ed., p. 374-375; 411-415; BENDA, Ernst. *El estado social de derecho*, p. 535-537.

5. Natureza do direito ao mínimo para uma existência digna

5.1. Direito adscrito

Não há nas Constituições democráticas e sociais de nosso tempo uma norma expressa, ou diretamente estatuída, que estabeleça um direito fundamental ao mínimo para uma existência digna. Como se demonstrou, tal direito tem três fundamentos basilares em tais Constituições: os princípios da dignidade da pessoa humana, da igualdade material e da solidariedade social. Nesse sentido, não é um direito expresso, mas um direito adscrito[516] a disposições de direitos fundamentais.[517]

Para se falar em um direito adscrito, ou em um direito que decorre de uma norma adscrita a uma disposição jusfundamental, é necessário partir da distinção entre norma e enunciado normativo. Este, que será expresso por um texto, no caso das Constituições escritas e, sendo entendido como uma disposição de direito fundamental, expressa diretamente uma determinada norma, mas pode exprimir outras normas de direitos fundamentais, que se diz pode-

---

[516] A expressão "direito adscrito" remete à expressão "norma adscrita" cunhada por Robert Alexy. Segundo este Autor, as normas de direitos fundamentais podem ser estatuídas diretamente por enunciados da Constituição, mas também há normas de direitos fundamentais que podem ser adscritas aos enunciados jusfundamentais, para além das normas diretamente expressadas, mediante uma "fundamentação jusfundamental correta" (*Teoría de los derechos fundamentales*, p. 70-71). Assim, utiliza-se aqui a expressão "direito adscrito" para referir um direito fundamental decorrente de uma norma jusfundamental adscrita. Também se inclui na espécie normas adscritas a norma jurídica que resulta da ponderação (op. cit., p. 95-98).

[517] Utiliza-se a expressão "disposição de direito fundamental" no sentido de enunciado normativo de direito fundamental, segundo Robert Alexy (*Teoría de los derechos fundamentales*, p. 63).

rem ser adscritas[518] ao mesmo enunciado normativo, desde que seja possível uma "fundamentação jusfundamental correta".[519]

As disposições constitucionais jusfundamentais, em especial os princípios basilares do sistema de direitos fundamentais, são caracterizadas pela indeterminação: assim, ainda que se possa identificar *prima facie* uma norma diretamente estatuída em uma disposição jusfundamental, não se pode estabelecer, *a priori*, todas as normas que dela decorrem, direta ou indiretamente.[520] Normas adscritas são aquelas que, não sendo diretamente estatuídas pelas disposições constitucionais, podem ser fundamentadas a partir delas.[521] Nesse sentido, os sistemas constitucionais de direitos fundamentais são compostos por direitos fundamentais expressamente consagrados e direitos fundamentais adscritos a determinada ou determinadas disposições normativas, ou cuja consagração implícita a uma disposição constitucional pode ser demonstrada mediante fundamentação.[522]

Para uma síntese explicativa[523] que estabeleça a relação entre normas de direitos fundamentais diretamente estatuídas, adscritas e individuais, pode-se dizer que as primeiras são mais gerais e se fundamentam de modo imediato e suficiente pelo texto da disposição constitucional;[524] as normas adscritas têm um grau menor de generalidade e são fundamentadas por interpretação suplementar que parte das normas diretamente estatuídas; e, por fim, as normas individuais têm um grau de generalidade ainda mais reduzido e são o resultado de uma subsunção de um caso a um suposto de fato de uma norma diretamente estatuída ou de uma norma adscrita.

Nesse sentido, o direito ao mínimo para uma existência digna, não sendo diretamente estatuído por nenhuma norma jusfundamen-

---

[518] Sobre a distinção entre o conceito de norma adscrita e o conceito de norma de decisão de Friedrich Müller, cf. ALEXY, Robert. *Teoría de los derechos fundamentales*, p. 79-80.

[519] ALEXY, Robert. *Teoría de los derechos fundamentales*, p. 70-71; 73-74.

[520] PULIDO, Carlos Bernal. *El principio de proporcionalidad y los derechos fundamentales*, p. 100.

[521] ALEXY, Robert. *Teoría de los derechos fundamentales*, p. 71; PULIDO, Carlos Bernal. *El principio de proporcionalidad y los derechos fundamentales*, p. 100

[522] Questão relevante, mas que ultrapassa os limites deste trabalho, é a de se saber se o exercício de fundamentação da existência de um direito fundamental adscrito, realizado por órgão judicial, configura criação jurisprudencial de um direito fundamental. Não nos parece que tal ocorra, na medida em que se trata da justificação de um direito que se encontra implícito na Constituição.

[523] Segundo se verifica em PULIDO, Carlos Bernal. *El principio de proporcionalidad y los derechos fundamentales*, p. 110-111.

[524] ALEXY, Robert. *Teoría de los derechos fundamentales*, p. 73.

tal, pode ser adscrito a três normas fundamentais: os princípios da dignidade da pessoa humana, da igualdade material e da solidariedade social. Daí decorre que se trata de um direito fundamental autônomo, embora seja formado por posições ativas típicas de direitos de liberdade e de direitos sociais, sendo seu conteúdo composto por certas dimensões de outros direitos fundamentais.

Tendo sido identificado, de forma embrionária, pelo Tribunal Constitucional Federal alemão, já em 1951,[525] e sendo reconhecido também pela jurisprudência constitucional e pela doutrina tanto em Portugal como no Brasil, o direito ao mínimo existencial ainda não teve tratamento dogmático satisfatório, que permita identificar com clareza e contundência sua natureza de direito fundamental autônomo. Assim, ora tal garantia do mínimo vital é identificada como um direito defensivo contra o Estado e mesmo como um direito a prestações sociais,[526] chegando-se mesmo a falar na "defesa de um direito fundamental a um mínimo vital – no âmbito do direito à vida ou como direito fundamental autônomo",[527] ora é referida como um "princípio do mínimo de existência (todavia ainda carecido de uma concreta configuração legislativa)",[528] o que torna a caracterização de tal direito por vezes um terreno movediço.

Encontram-se também concepções que postulam o mínimo necessário para uma existência condigna como núcleo essencial dos direitos sociais.[529] Nesse sentido, deve-se concluir que se trataria não

---

[525] BVerfGE, 1, 97 (104 s.), cf. ALEXY, Robert. *Teoría de los derechos fundamentales*, p. 422.

[526] ALEXANDRINO, José de Melo. *A estruturação do sistema de direitos, liberdades e garantias na constituição portuguesa*, v. 2, p. 266, nota 1118.

[527] NOVAIS, Jorge Reis. *Os princípios constitucionais estruturantes da república portuguesa*, p. 63.

[528] ALEXANDRINO, José de Melo. *A estruturação do sistema de direitos, liberdades e garantias na constituição portuguesa*, v. 2, p. 267, nota 1120.

[529] ANDRADE, José Carlos Vieira de. *Os direitos fundamentais na constituição portuguesa de 1976*, p. 67; 417; VILLELA, Patrícia Couto. *O núcleo essencial do direito fundamental social*, p. 283 e ss., em que apresenta, como razões para se afastar a ideia de um direito ao mínimo para uma existência digna, a existência na Constituição brasileira de direitos sociais expressos, a presença de um "*subjetivismo intuicionista*" para justificar o mínimo existencial; a impossibilidade de, com base na ideia de mínimo existencial, resolver conflitos entre direitos sociais; a insuficiência de recursos econômicos; a indevida redução dos direitos sociais ao mínimo existencial (op. cit., p. 283-286). Cabe dizer, em síntese, que nenhuma das objeções procede, tendo em vista que: a) a existência de direitos sociais expressos na Constituição não torna supérflua a ideia de um direito ao mínimo para uma existência digna, em função de nem todos pertencerem a um núcleo que possa ser considerado "reserva de eficácia da dignidade da pessoa humana"; b) as Constituições e as realidades constitucionais possibilitam estabelecer uma fundamentação racional – que também é requerida para se justificar a ideia de núcleo essencial – do que se considere, em cada caso, materialmente indispensável para uma existência digna; c) não há

de um direito fundamental autônomo, mas de um regime de eficácia plena do núcleo essencial dos direitos fundamentais. Por vezes tal concepção é fundada no receio em se admitir um autônomo direito fundamental ao mínimo existencial, que se revela, por exemplo, quando se alude a que "mesmo que o Estado não esteja obrigado a assegurar positivamente o mínimo de existência a cada cidadão, ao menos que não lhe retire, sobretudo para satisfação de necessidades públicas, aquilo que ele adquiriu e é imprescindível à sua sobrevivência com o mínimo de dignidade".[530]

Partindo da possibilidade de se justificar a existência um núcleo essencial dos direitos fundamentais, qualquer que seja a concepção adotada[531] – para efeito de argumentação – pode-se afirmar que a garantia do mínimo existencial, como salvaguarda da dignidade da pessoa humana, postula a justificação de um direito autônomo, com fundamento na posição de centralidade do princípio da dignidade da pessoa humana no ordenamento constitucional, o que justifica a existência de uma reserva última de eficácia sob a forma de um direito fundamental autônomo, seja porque nem todos direitos fundamentais ou os respectivos núcleos essenciais têm relação direta com tal função de reserva de eficácia, seja pelo reforço argumentativo que a dignidade humana requer para sua efetividade.

---

que se falar em conflito de dimensões de direitos sociais componentes do mínimo existencial, já que este requer, sempre, o indispensável para sua manutenção e promoção, sendo o Estado o primeiro responsável; d) em um quadro de insuficiência de recursos, as dimensões dos direitos sociais que se enquadrem na ideia de mínimo existencial serão prioritárias; e) os direitos sociais não se reduzem ao mínimo existencial, postulando, para além desta dimensão, máxima eficácia, que aponta para a vinculação do legislador, a gradualidade de realização e a vedação de retrocesso arbitrário.

[530] ANDRADE, José Carlos Vieira de. *Os direitos fundamentais na constituição portuguesa de 1976*, p. 404. Há que se perguntar: se a garantia do mínimo existencial decorre da eficácia plena do núcleo essencial dos direitos fundamentais, não está o Estado *sempre* obrigado a assegurar positivamente o mínimo de existência a cada cidadão?

[531] Para uma síntese das concepções de núcleo essencial dos direitos fundamentais, cite-se a lição de Jorge Reis Novais: a) uma teoria relativa, que considera violado o núcleo essencial dos direitos fundamentais quando se verifica um excesso, uma desproporcionalidade ou uma desnecessidade da sua restrição, ou, em outras palavras, a garantia do núcleo essencial se identifica com a proibição do excesso num quadro de ponderação de bens; b) uma teoria absoluta, de natureza ontológica-substancialista, que considera haver, em cada direito fundamental, um âmbito nuclear intocável; c) uma teoria subjetiva, que defende que a garantia do núcleo essencial se destina a proteger a posição subjetiva do titular do direito fundamental afetado; d) uma teoria objetiva, para a qual o que importa, na garantia do conteúdo essencial, é a preservação do sentido útil do direito fundamental na ordem jurídica e na perspectiva da generalidade das pessoas, tendo como referência a alteração da norma objetiva que o garante (*As restrições aos direitos fundamentais não expressamente autorizadas pela constituição*, p. 780-785).

A garantia do mínimo existencial não se confunde com a defesa da plena eficácia do núcleo essencial dos direitos sociais. Se, por exemplo, o acesso à universidade e às demais entidades de ensino superior pode ser considerado um direito fundamental, de inquestionável relevância na construção de uma sociedade de bem-estar – fim do Estado social –, por outro lado é duvidoso que o cumprimento do que se considere o conteúdo essencial de tal direito seja indispensável para assegurar um mínimo para uma existência digna. Refira-se o caso da Constituição brasileira de 1988, que estabelece que o dever do Estado com a educação será efetivado mediante a garantia de ensino fundamental obrigatório e gratuito, progressiva universalização do ensino médio gratuito e acesso aos níveis mais elevados do ensino segundo a capacidade de cada um (art. 208, I, II e V).

Outro exemplo é o direito de acesso às fontes da cultura nacional e aos bens de cultura (Constituição brasileira de 1988, art. 215, *caput* e § 3°, IV). Não se discute a natureza jusfundamental do direito, bem como sua relevância para a construção de uma sociedade de bem-estar, que é um dos objetivos fundamentais do Estado brasileiro. Não obstante, é duvidoso que tal direito, ou o que se considere o seu núcleo essencial, no âmbito da realidade brasileira, componha o mínimo indispensável a uma existência digna. Reitere-se que tal mínimo não se identifica com o regime ordinário dos direitos sociais, a que se deve assegurar todas as formas de eficácia possíveis. Em outras palavras, dizer que determinados direitos não compõem o mínimo existencial não significa negar sua condição jusfundamental e, muito menos, o dever do Estado de lhes proporcionar, de modo gradual, máxima eficácia.

Em conclusão, o direito ao mínimo para uma existência digna é direito adscrito, o que significa dizer que é um direito fundamental autônomo que, pelo fato de não ser diretamente estatuído por uma disposição jusfundamental, nem por isso deixa de contar com a carga de normatividade dos direitos fundamentais.

5.2. Direito híbrido

O mínimo existencial, considerado como condição do próprio direito à vida e, por consequência, dotado de eficácia imediata, poderia ser entendido como um direito de liberdade.[532] Nesse sentido, seria um direito-condição, ou um pressuposto para o pleno exercício dos direitos fundamentais, entendidos, essencialmente, como direitos de liberdade. Parte-se da ideia de que não se pode usufruir de todas as potencialidades dos direitos de liberdade sem que uma dimensão mínima de alguns direitos fundamentais, instrumentais à preservação da dignidade da existência, tenham eficácia plena, independentemente de qualquer contingência. Assim, por exemplo, o direito à vida pressupõe alimentação; a liberdade de manifestação pressupõe educação; o direito à propriedade privada pressupõe renda; a conquista do bem-estar pressupõe meios materiais mínimos que possibilitem o desenvolvimento do indivíduo e da sociedade.[533]

Entendido como direito de liberdade, ou como uma dimensão do que se pode chamar liberdade positiva ou liberdade fática,[534] o direito ao mínimo para uma existência digna é instrumento para assegurar condições equitativas à partida, postulando prestações materiais, a fim de potencializar as condições de desenvolvimento humano nos âmbitos pessoal e social, que se deve fazer, a partir do mínimo, sem interferência estatal. Nesta perspectiva, o mínimo existencial tem raiz na doutrina liberal, com exceção da mais radical.[535] Ainda que não seja o objeto aqui investigado, registre-se que também em Constituições que não pertencem ao paradigma de matriz europeia-continental de Estado de Direito democrático e social é possível a fundamentação de um direito ao mínimo para uma existência digna.

Marco de especial relevância no pensamento liberal que admite a postulação de meios mínimos para uma existência digna, num

---

[532] TORRES, Ricardo Lobo. *O mínimo existencial e os direitos fundamentais*, p. 33-35; do mesmo Autor, *A cidadania multidimensional na era dos direitos*, p. 285-286; e *A metamorfose dos direitos sociais em mínimo existencial*, p. 1-46. Assinalando a ideia de que o Estado social tem como fim não impor a igualdade, mas dar condições para que o indivíduo exercite sua liberdade, DOEHRING, Karl. *Estado social, estado de derecho y orden democrático*, p. 128.

[533] Afirmando, por outro lado, que o exercício igualitário da liberdade fática ou real pressupõe a satisfação de todos os direitos civis, sociais e políticos, o que significa inevitável conflito com o direito de propriedade privada e as liberdades contratuais, PISARELLO, Gerardo. *Los derechos sociales y sus garantías*, p. 43-44.

[534] BOROWSKI, Martin. *La estructura de los derechos fundamentales*, p. 145.

[535] Que se pode simbolizar pela obra de Robert Nozick, defensor de um Estado mínimo. Para maior desenvolvimento, cf. NOZICK, Robert. *Anarchy, state and utopia*, Oxford: Blackwell, 2003; PAUL, Jeffrey (org.). *Reading nozick*, Oxford: Blackwell, 1983; HÖFFE, Otfried. *L'état et la justice*, p. 95-108; OÑA, Fernando Vallespín. *Nuevas teorias del contrato social*, p. 135-172.

Estado constitucional de matriz diversa, é a obra de John Rawls.[536] A ideia fundamental de direitos e liberdades individuais básicos, que devem merecer igual proteção da sociedade – ou o primeiro princípio da justiça – pressupõe um princípio anterior, que se presume em sua aplicação, segundo o qual as necessidades básicas do indivíduo devem ser satisfeitas, "pelo menos tanto quanto a sua satisfação seja necessária para os cidadãos compreenderem e serem capazes de exercer fecundamente esses direitos e liberdades".[537]

O que permite tal universalidade do direito ao mínimo existencial, que também tem base de fundamentação fora do Estado social, é sua natureza de direito-condição. Direito que não se pode negar quando a base da organização social é a dignidade da pessoa humana. Se a dignidade como valor e como princípio jurídico postula o respeito pela igual dignidade do homem concreto, de cada indivíduo e do cidadão na sociedade, é indispensável assegurar as condições materiais para que todos e cada um estejam aptos para fruir os direitos fundamentais consagrados, em todas as suas possibilidades e virtualidades. A condição para a eficácia real dos direitos fundamentais é a garantia de um direito ao mínimo para uma existência digna.

Por outro lado, no marco do Estado de Direito democrático e social de matriz europeia, em especial quando se trata de Constituições analíticas quanto a direitos sociais, o direto ao mínimo existencial é mais facilmente identificado como um direito social,[538] embora seja reconhecido como direito justiciável pelo fato de ser condição necessária à existência da liberdade. Assim, pode-se dizer que as matrizes constitucionais do direito são basicamente a dignidade da pessoa humana e o princípio da socialidade, embora se reconheça ser o direito também um pressuposto para o exercício da liberdade e, por que não dizer, de todos os direitos fundamentais. Nesse sentido, também no quadro do Estado social se pode reconhecer no direito ao mínimo para uma existência digna as feições de um direito-condição.

---

[536] Cf. *Uma teria da justiça*. Lisboa: Editorial Presença, 1993; e, especialmente, *Liberalismo político*. Lisboa: Editorial Presença, 1997. Para uma crítica à concepção de "mínimo social" em Rawls, cf. BASCETTA, Marco; BRONZINI, Giuseppe. *La renta universal en la crisis de la sociedad del trabajo*, p. 166-169. Para análise da contraposição entre as obras de Nozick e Rawls, cf. HÖFFE, Otfried. *L'état et la justice*, p. 59-108; OÑA, Fernando Vallespín. *Nuevas teorias del contrato social*, p. 50-172; 189-200.

[537] RAWLS, John. *Liberalismo político*, p. 36.

[538] NOVAIS, Jorge Reis. *As restrições aos direitos fundamentais não expressamente autorizadas pela constituição*, p. 151; do mesmo Autor, *Os princípios constitucionais estruturantes da república portuguesa*, p. 296.

Para se configurar um direito fundamental como direito de liberdade ou direito social é necessário verificar o que qualifica cada uma dessas espécies, sem que se tenha em conta, de modo principal, o momento histórico de sua consagração.[539] Um critério que parece relevante, para este fim, é, partindo de análise estrutural, o da vocação principal do direito como um todo. Assim, se os direitos de liberdade, tomados como um todo, podem compreender posições de defesa, de proteção e mesmo de prestações materiais, não se pode negar que sua vocação principal é permitir a defesa contra investidas do Estado e a proteção contra ameaças de terceiros privados. Por outro lado, sendo possível fundamentar posições de defesa e proteção a partir de um direito social como um todo, é também inegável que sua finalidade principal é gerar direitos a prestações materiais.[540]

A partir desse critério, podem ser identificados direitos fundamentais que têm como vocação principal tanto posições de defesa e proteção quanto posições de prestações materiais. São os chamados direitos de estrutura bifronte,[541] ou direitos híbridos;[542] direitos que postulam, com a mesma relevância, abstenções, prestações normativas e prestações fáticas do Estado; dito de outro modo, as faces de direito de liberdade e de direito social estão em pé de igualdade quanto à importância da posição que ocupam para a satisfação de sua finalidade. Exemplo de direto híbrido é o direito ao ambiente, que supõe que Estado e particulares se abstenham de afetar as condições para que se mantenha saudável e equilibrado e, ao mesmo tempo, supõem também prestações estatais no sentido de manter um ambiente ecologicamente equilibrado e adequado à vida humana.[543]

---

[539] Pense-se, por exemplo, no direito à identidade genética, previsto na Constituição portuguesa (art. 26°, n° 3).

[540] ALEXANDRINO, José de Melo. *A estruturação do sistema de direitos, liberdades e garantias na constituição portuguesa*, v. 2, p. 235. Cf. também NOVAIS, Jorge Reis. *As restrições aos direitos fundamentais não expressamente autorizadas pela constituição*, p. 132, nota 220.

[541] MIRANDA, Jorge. *Manual de direito constitucional*, Tomo IV, 3. ed., p. 542.

[542] ALEXANDRINO, José de Melo. *A estruturação do sistema de direitos, liberdades e garantias na constituição portuguesa*, v. 2, p. 227. O Autor entende ser possível justificar a existência de direitos fundamentais híbridos a partir do art. 17° da Constituição portuguesa, que estabelece que *"O regime dos direitos, liberdades e garantias aplica-se aos enunciados no título II e aos direitos fundamentais de natureza análoga"* (Op. cit., p. 265-266). Sendo direito híbrido, composto de vertente de garantia ou proteção e vertente de prestações, o direito ao mínimo para uma existência digna seria mais que um "direito-seguro", como o descreve, em outra obra, o mesmo Autor (*Direitos fundamentais*, p. 26, nota 51), mas também um "direito-armadura" (Schauer) ou "direito-escudo".

[543] Tais posições ativas podem ser retiradas, por exemplo, do art. 66° da Constituição portuguesa e do art. 225 da Constituição brasileira. Cf. MIRANDA, Jorge. *Manual de direito consti-*

Os direitos híbridos, reunindo em pé de igualdade, já a partir da previsão normativa, as características predominantes nos direitos de liberdade e nos direitos sociais, não se constituem, por outro lado, em uma terceira espécie de direitos fundamentais.[544] Antes, são direitos que têm a peculiaridade de postular, com a mesma força, posições de abstenção e de prestação, não variando o regime jurídico a que se submete cada uma delas, em relação aos demais direitos a abstenção e a prestações, decorrentes de outras posições jusfundamentais instituidoras de direitos de liberdade ou direitos sociais, considerados como um todo.[545]

O direito ao mínimo para uma existência digna, como já referido, postula, com a mesma força, em relação aos meios materiais necessários: a) defesa contra investidas do Estado; b) proteção contra ameaças de particulares; c) prestações materiais do Estado. Não há dúvida de que se trata de um direito híbrido,[546] que se distingue dos demais direitos que possam ter a mesma configuração pelo fato de que não há distinção de regimes de eficácia quanto às posições ativas de defesa, proteção ou prestações: todas são aptas, a partir da Constituição, a produzir todos os efeitos que delas se espera, vinculando, também de forma imediata, a função jurisdicional do Estado.

5.3. Direito sobre direitos

O direito ao mínimo para uma existência digna é um direito sobre direitos, vale dizer, não possui conteúdo próprio, distinto e

---

tucional, Tomo IV, 3. ed., p. 538-542, assinalando que, embora não haja um direito subjetivo a que não haja poluição ou erosão, quando radicam em certas e determinadas pessoas ou quando confluem com certos direitos, tais interesses podem reverter em verdadeiros direitos fundamentais. Em sentido similar, cf. ALEXANDRINO, José de Melo. *A estruturação do sistema de direitos, liberdades e garantias na constituição portuguesa*, vol. 2, p. 267.

[544] MIRANDA, Jorge. *Manual de direito constitucional*, Tomo IV, 3. ed., p. 539; ALEXANDRINO, José de Melo. *A estruturação do sistema de direitos, liberdades e garantias na constituição portuguesa*, vol. 2, p. 265, nota 1112.

[545] José de Melo Alexandrino assinala que, caso haja dificuldade de separação entre as dimensões de direito de liberdade e de direito social, deve-se aplicar o regime referente àquela. Caso seja possível autonomizar a posição de direito social, aplica-se o regime que lhe compete (*A estruturação do sistema de direitos, liberdades e garantias na constituição portuguesa*, vol. 2, p. 265, nota 1114). Pode-se concordar com a afirmação, com a ressalva das divergências quanto ao que se entende ser o regime dos direitos sociais, particularmente referente ao dever de legislar, ao princípio da gradualidade de sua efetivação e à vedação de marcha atrás desproporcional, como já se referiu.

[546] ALEXANDRINO, José de Melo. *A estruturação do sistema de direitos, liberdades e garantias na constituição portuguesa*, vol. 2, p. 266.

complementar dos demais direitos fundamentais, mas é um direito ao cumprimento do mínimo de outros direitos fundamentais. Não se confunde com a ideia da eficácia direta do núcleo essencial dos direitos fundamentais, como já mencionado, já que se trata de um direito fundamental autônomo: um direito cuja autonomia tem fundamento na necessidade de se assegurar um mínimo de eficácia direta ao princípio da dignidade da pessoa humana. Além disso, não se trata, neste caso, da eficácia imediata do conteúdo essencial dos direitos fundamentais, na medida em que nem todos são instrumentos para viabilizar meios materiais mínimos para uma existência digna.

O direito ao mínimo para uma existência digna é um direito fundamental autônomo.[547] Sua autonomia se pode justificar, como já se referiu, basicamente, por duas razões principais: a) o fato de que nem todos os direitos fundamentais, sejam os de liberdade, sejam os econômicos, sociais e culturais, têm íntima relação com um mínimo indispensável para uma existência digna, pelo que não é adequada a concepção do mínimo existencial como a realização direta do conteúdo essencial dos direitos fundamentais; b) o reforço argumentativo em favor da realização direta das dimensões dos direitos fundamentais necessárias a um mínimo para uma existência digna, reforço que se impõe em ordenamentos constitucionais fundados na dignidade da pessoa humana.

Sendo direito fundamental autônomo, o mínimo existencial, não obstante, visa a que determinadas dimensões de outros direitos sejam imediatamente materializadas, o que inclui posições ativas prestacionais. Assim, sua concretização se dá pela efetivação de posições decorrentes de direitos fundamentais que se referem à defesa, à proteção ou à promoção de meios materiais mínimos necessários ao respeito pela dignidade da existência do ser humano. Daí se dizer que se trata de um direito sobre direitos. Desta afirmação se retira uma conclusão relevante: trata-se de um direito-princípio, no sentido de que dele podem ser extraídas múltiplas posições ativas para os cidadãos, de defesa, de proteção ou de prestações, além de que dele decorrem deveres para os poderes públicos.

Apesar de tal conclusão parecer igualar o direito ao mínimo existencial aos demais direitos fundamentais, considerados como

---

[547] Assinalando, com base na Constituição da Bélgica, que a autonomia do direito à dignidade humana contém a ideia de um direito a um mínimo de meios de subsistência, DELPÉRÉE, Francis. *O direito à dignidade humana*, p. 155-158.

um todo, há uma distinção central: todas as posições ativas que dele se retiram são direitos subjetivos públicos, no sentido de direitos imediatamente justiciáveis. Além disso, todas as posições ativas que a partir dele se fundamentam correspondem a posições ativas que se justificam a partir de disposições relativas a outros direitos fundamentais. Por exemplo, o cidadão que não tem acesso ao ensino fundamental tem uma posição ativa jusfundamental decorrente do direito ao mínimo existencial correspondente ao direito subjetivo público de ter acesso a uma vaga em estabelecimento de ensino básico. Tal posição se fundamenta, para além da norma adscrita do direito ao mínimo para uma existência digna, no direito fundamental à educação. E assim será também em relação à alimentação, à saúde básica, à moradia, entre outras necessidades que compõem o conjunto de recursos materiais necessários à existência digna.

Portanto, a afirmação de que o direito ao mínimo existencial é um direito sobre direitos põe em relevo duas características marcantes: a) trata-se de direito fundamental autônomo; b) trata-se de direito fundamental cujo conteúdo se compõe de dimensões de outros direitos fundamentais. Esta última peculiaridade faz com que se possa qualificá-lo como um direito-condição, reserva de eficácia da dignidade da pessoa humana.

Conclusões

Da exposição empreendida, podem ser extraídas as seguintes conclusões gerais:

1. A indigência e a ausência de meios materiais de subsistência é fenômeno presente desde os primórdios da história da humanidade, podendo ser identificados variados meios na busca pela sua mitigação ou mesmo superação.

2. Podem ser citados, como marcos relevantes do pensamento social, numa fase pré-liberal, as utopias renascentistas e, posteriormente, o socialismo utópico, o anarquismo, o marxismo e a Doutrina Social da Igreja, propugnando, cada qual, a superação das carências materiais, por meio de soluções reformadoras ou transformadoras da realidade.

3. A assistência aos necessitados já se verificava na Antiguidade, podendo ser caracterizada, de modo geral, até o período liberal, como fundada em princípios de ordem religiosa ou numa visão policial da pobreza, em que se buscava reprimir a ameaça que significava em relação à propriedade e à ordem pública.

4. O período relativo ao constitucionalismo liberal foi marcado por várias experiências de assistência pública aos necessitados, mas sem a caracterização de um direito fundamental a meios e recursos necessários para uma existência digna.

5. A consagração do Estado social, que teve manifestação inicial nas Constituições mexicana de 1917 e de Weimar de 1919, marca o reconhecimento formal de um direito fundamental ao mínimo para uma existência digna.

6. O modelo de Estado de Direito democrático e social, nascido no período pós-Segunda Guerra Mundial, fundado no princípio

fundamental da dignidade da pessoa humana e consagrador de direitos sociais adscritos ou expressos, é fonte de imposição de um direito ao mínimo para uma existência digna.

7. O reconhecimento inicial do direito ao mínimo para uma existência digna se deu em 1975, com decisão do Tribunal Constitucional Federal alemão, em que se afirmou o dever do Estado de assistir aos necessitados, o direito de quem seja incapaz de prover o seu sustento a condições mínimas para uma existência humanamente digna e a liberdade de conformação do legislador para escolher os meios de proteção da dignidade humana; decidiu-se que a assistência aos necessitados é um dos deveres do Estado social e que a comunidade estatal tem que lhes assegurar as condições mínimas para uma existência humana digna.

8. O direito ao mínimo para uma existência digna, tendo sido reconhecido inicialmente no âmbito de ordenamento constitucional genérico quanto à consagração do Estado social, também pode ser fundamentado a partir de Constituições analíticas quanto a direitos sociais, como a portuguesa e a brasileira, já que também nelas é necessária uma reserva de eficácia do princípio basilar da dignidade da pessoa humana.

9. Pode-se dizer que a dignidade da pessoa humana é uma qualidade inata de cada ser humano, cuja obrigação de respeito se pode qualificar como uma das mais relevantes conquistas históricas, nela se identificando: a) uma dimensão ontológica, como qualidade intrínseca da pessoa humana, irrenunciável e inalienável, devendo ser reconhecida e protegida; b) uma dimensão intersubjetiva, na medida em que a ideia de dignidade de cada ser humano se reflete no meio social em que se vive e também o reflete, postulando uma dignidade social, que se manifesta por meio do acesso aos bens da vida necessários ao desenvolvimento da pessoa, do reconhecimento pela sociedade e suas instituições da igual dignidade de cada ser humano; c) uma dimensão política, em que cada ser humano deve tomar parte das decisões relevantes sobre o seu próprio destino; d) uma dimensão histórico-cultural, já que sua compreensão varia de acordo com a evolução histórica e os valores culturais.

10. A noção de dignidade da pessoa humana, que se pode verificar nas Constituições portuguesa e brasileira vigentes, postula: a) a defesa e a proteção do homem concreto enquanto sujeito, vedando que seja violentada, pelo Estado ou por terceiros, a condição huma-

na, por meio de sua instrumentalização como objeto: aqui se postula, para além da abstenção dos poderes públicos quanto a qualquer conduta aniquiladora da condição humana, a intervenção normativa do Estado, para proteger o indivíduo em sua dignidade contra as ações que a ofendam; b) a assistência ao ser humano que não possa se autodeterminar nas escolhas fundamentais da vida, bem como àqueles que não tenham acesso aos bens e serviços necessários para viver com dignidade: neste caso se postula a intervenção do Estado por meio de prestações fáticas, seja possibilitando assistência, representação ou proteção legal aos que não tenham condições de manifestar conscientemente sua vontade, seja promovendo ou possibilitando acesso a bens e serviços essenciais a uma existência digna.

11. O Estado de Direito democrático e social, consagrado nas Constituições portuguesa de 1976 e brasileira de 1988, constituindo-se em novo perfil do Estado de Direito, significa, para além do exercício democrático do poder e da garantia de um mínimo existencial, a busca de uma sociedade de bem-estar para todos, na medida das possibilidades de um sistema capitalista, em que as liberdades individuais e a propriedade privada também contam com proteção constitucional.

12. A existência de amplo rol de direitos sociais diretamente estatuídos na Constituição reforça o caráter social do Estado e significa: a) a limitação da esfera de liberdade de conformação do legislador; b) a vinculação da Administração à realização, direta ou indireta, de prestações materiais de bem-estar; c) a vinculação do Poder Judiciário, no sentido de assegurar a promoção das prestações necessárias à existência digna.

13. As Constituições portuguesa e brasileira utilizam distintas técnicas de constitucionalização dos direitos fundamentais, firmando a primeira uma clivagem entre direitos, liberdades e garantias e direitos sociais e estabelecendo, a segunda, norma de aplicabilidade imediata de todos os direitos fundamentais; não obstante, aparentemente, a Constituição portuguesa apontar para dois regimes distintos, entre direitos de liberdade e direitos sociais e a Constituição brasileira apontar para regime único, há na doutrina de ambos os países as mais diversas interpretações para os respectivos sistemas constitucionais de direitos fundamentais.

14. A função legislativa, ponto central da controvérsia sobre a eficácia dos direitos sociais a prestações, é facultada, de modo nor-

mal, ao Governo, no sistema semipresidencial português, enquanto é atribuída com primazia ao Poder Legislativo, no sistema presidencial brasileiro.

15. O direito ao mínimo para uma existência digna foi reconhecido pela jurisdição constitucional, como adscrito a normas jusfundamentais: a) mediante sistemática evolução da jurisprudência, no caso português; b) por decisões isoladas e pouco elaboradas, no caso brasileiro.

16. O direito ao mínimo para uma existência digna, próprio de Estado de Direito democrático e social, tem três fundamentos principais: a dignidade da pessoa humana; a igualdade material; a solidariedade social.

17. O direito ao mínimo para uma existência digna, a despeito de ter sido inicialmente reconhecido com base na Lei Fundamental de Bonn, genérica quanto à consagração do Estado social, é identificado nas Constituições portuguesa e brasileira, porque também nelas estão presentes os seus fundamentos.

18. A proteção da existência digna não se faz exclusivamente por meio do direito ao mínimo para uma existência digna. Se a conjugação dos princípios da dignidade da pessoa humana e da socialidade impõem, mais que um mínimo, um "médio de existência", tal padrão deve ser concretizado pelo regime geral dos direitos sociais; o direito ao mínimo existencial é reserva última de eficácia da dignidade humana.

19. O conteúdo do direito ao mínimo para uma existência digna depende da análise das necessidades concretas e do padrão social médio em determinado tempo e lugar. Não obstante, é possível justificar racionalmente, com base na Constituição, parâmetros para o seu balizamento, como é o caso do art. 7º, IV, da Constituição brasileira, que, conjugado com outros dispositivos, aponta, *prima facie*, para as necessidades básicas com alimentação, moradia, ensino fundamental, saúde básica, vestuário e acesso à Justiça, como componentes de um direito ao mínimo existencial.

20. Os parâmetros constitucionais para a delimitação do conteúdo do direito ao mínimo existencial não devem ser vistos de modo definitivo e exaustivo, a eles se agregando – o que se deverá fundamentar, em cada caso concreto –, por exemplo, prestações relativas a

serviços públicos essenciais, como os de transporte, energia elétrica e saneamento básico.

21. O conteúdo do direito ao mínimo para uma existência digna envolve uma dimensão de defesa e outra de prestações, incluindo prestações normativas e prestações fáticas, boa parte delas individualizáveis como posições ativas justiciáveis.

22. O direito ao mínimo para uma existência digna vincula o Estado, em suas três funções, tendo eficácia direta, em que se admite ampla intervenção jurisdicional, também no que se refere a direitos subjetivos a prestações materiais, independentemente de interposição legislativa.

23. A vinculação de particulares ao direito ao mínimo existencial se dá de três formas: a) por meio do dever do Estado de proteção dos indivíduos nas relações com outros indivíduos, o que se viabiliza: a.1) pelo exercício da função legislativa; a.2) pelo exercício da função jurisdicional, nos casos em que, mesmo na ausência de lei, um direito ou interesse protegido pode ser sacrificado, no âmbito de uma disputa judicial, se colocar em causa o mínimo para uma existência digna; b) nos casos de exercício privado de tarefas públicas, hipóteses em que os particulares atuam como se do Poder Público se tratasse.

24. O direito ao mínimo para uma existência digna não pode ser objeto de renúncia ou de perda, sendo possível, não obstante, o seu não exercício, por decisão livre e consciente, desde que isto não leve à perda de posições jurídicas decorrentes do direito e da possibilidade de autodeterminação futura do indivíduo.

25. O direito ao mínimo para uma existência digna não significa o mínimo de vinculatividade jurídica dos direitos sociais; estes, sendo direitos fundamentais, têm formas de eficácia diretamente decorrentes de sua consagração constitucional, dependendo de interposição legislativa para desencadear outras, característica que se reconhece em todos os direitos fundamentais.

26. O direito ao mínimo existencial tem como consequência a eficácia plena de posições ativas decorrentes dos direitos fundamentais, em especial dos direitos sociais, que dependam de intermediação legislativa, quando estiverem em jogo condições necessárias para uma existência digna.

27. As dimensões de eficácia dos direitos sociais que ultrapassem o mínimo existencial estarão sujeitas ao seu regime ordinário, que aponta para a interposição do legislador democrático, que tem liberdade de conformação – o que densifica o princípio do pluralismo político –, mas liberdade condicionada pelo dever de legislar, pela imposição de progressividade de realização dos direitos sociais e pela proibição de retrocesso arbitrário – o que decorre da jusfundamentalidade dos direitos sociais.

28. O direito ao mínimo para uma existência digna é adscrito a três normas jusfundamentais: o princípios da dignidade da pessoa humana, da igualdade material e da solidariedade social.

29. O direito ao mínimo para uma existência digna é híbrido, tendo como vocação principal tanto posições de defesa e proteção, quanto posições de prestações materiais.

30. O direito ao mínimo para uma existência digna é direito sobre direitos: tem como função a realização de dimensões de eficácia de outros direitos fundamentais.

Bibliografia

ABENDROTH, Wolfgang. El estado de derecho democrático y social como proyecto político. In: ABENDROTH, Wolfgang, FORSTHOFF, Ernst, DOEHRING, Karl. El estado social. Madrid: Centro de Estudios Constitucionales, 1986. p. 9-42.

ABENDROTH, Wolfgang. Sociedad antagónica y democracia política. Barcelona-México: Grijalbo, 1973.

ABRAMOVICH, Víctor; COURTIS, Christian. Los derechos sociales como derechos exigibles. Madrid: Editorial Trotta, 2002.

AGUDO, Miguel. Estado social y felicidad: la exigibilidad de los derechos sociales en el constitucionalismo actual. Laberinto, 2007.

ALBUQUERQUE, Martim de. A doutrina social da igreja. Separata da Revista da Faculdade de Direito da Universidade de Lisboa, v. XVIII. Lisboa, 1965.

ALEXANDRINO, José de Melo. A estruturação do sistema de direitos, liberdades e garantias na constituição portuguesa. v. 2. Coimbra: Almedina, 2006.

——. Direitos fundamentais: introdução geral. Estoril: Principia, 2007.

ALEXY, Robert. Teoría de los derechos fundamentales. Madrid: Centro de Estudios Políticos y Constitucionales, 2002.

ALMADA, Gonçalo Portocarrero de. A igreja e a justiça: notas à carta encíclica "deus caritas est" de sua santidade o papa Bento XVI. In: Faculdade de Direito da Universidade de Lisboa. Estudos em honra de Ruy de Albuquerque, v. 2. Coimbra: Coimbra Editora, 2006. p. 905-922.

ALVES, Cléber Francisco. O princípio da dignidade da pessoa humana: enfoque da doutrina social da igreja. Rio de Janeiro: Renovar, 2001.

ANDRADE, José Carlos Vieira de. O "direito ao mínimo de existência condigna" como direito fundamental a prestações estaduais positivas – uma decisão singular do tribunal constitucional: anotação ao acórdão do tribunal constitucional n° 509/02. Jurisprudência Constitucional, Lisboa, n. 1, jan./mar. 2004, p. 4-29.

——. Os direitos fundamentais na constituição portuguesa de 1976. 3. ed. Coimbra: Almedina, 2006.

AÑON, María José; MIRAVET, Pablo. El derecho a un ingreso y la cuestión social de las mujeres europeas. In: PISARELLO, Gerardo; CABO, Antonio de. La renta básica como nuevo derecho ciudadano. Madrid: Trotta, 2006. p. 101-127.

ARANGO, Rodolfo. La prohibición de retrocesso em Colombia. In: COURTIS, Christian. Ni un paso atrás: la prohibición de regresividad en materia de derechos sociales. Buenos Aires: Del Puerto, 2006. p. 153-171.

BACON, Francis. Nova atlântida. Lisboa: Editorial Minerva, 1976.

BALDASSARE, Antonio. Diritti della persona e valori costituzionali. Torino: G. Giappichelli Editore, 1997.

BARCELLOS, Ana Paula de. A eficácia jurídica dos princípios constitucionais: o princípio da dignidade da pessoa humana. Rio de Janeiro: Renovar, 2002.

———. *Neoconstitucionalismo, direitos fundamentais e controle das políticas públicas*. Disponível em: http//www.lex.com.br. Consultado em 07.02.2007.

BARROSO, Luís Roberto. *Interpretação e aplicação da constituição*: fundamentos de uma dogmática constitucional transformadora. 6. ed. rev., atual. e ampl. São Paulo: Saraiva: 2004.

———. *O direito constitucional e a efetividade de suas normas*: limites e possibilidades da constituição brasileira. 7. ed. atual. Rio de Janeiro: Renovar, 2003.

BASCETTA, Marco; BRONZINI, Giuseppe. La renta universal en la crisis de la sociedad del trabajo. *In*: PISARELLO, Gerardo; CABO, Antonio de. *La renta básica como nuevo derecho ciudadano*. Madrid: Trotta, 2006. p. 165-200.

BENDA, Ernst. Dignidad humana y derechos de la personalidad. *In*: BENDA, Ernst, MAIHOFER, Werner, VOGEL, Hans-Jochen, HESSE, Konrad, HEYDE, Wolfgang. *Manual de derecho constitucional*. 2. ed. Madrid-Barcelona: Marcial Pons, 2001. p. 117-144.

———. El estado social de derecho. *In*: BENDA, Ernst, MAIHOFER, Werner, VOGEL, Hans-Jochen, HESSE, Konrad, HEYDE, Wolfgang. *Manual de derecho constitucional*. 2. ed. Madrid-Barcelona: Marcial Pons, 2001. p. 487-559.

BERLIRI, Cristina; PARISI, Valentino. Poverty targeting e impatto redistributivo del reddito minimo di inserimento. *Studi Economici – a cura della Facoltà di Economia dell'Università degli Studi di Napoli "Federico II"*, Milano, ano LVIII, n. 81, p. 113-132, 2003.

BERTOMEU, María Julia; RAVENTÓS, Daniel. El derecho de existencia y la renta basica de ciudadanía: una justificación republicana. *In*: PISARELLO, Gerardo; CABO, Antonio de. *La renta básica como nuevo derecho ciudadano*. Madrid: Trotta, 2006. p. 19-33.

BITENCOURT NETO, Eurico. *Mandado de injunção na tutela de direitos sociais*. Salvador: Editora JusPodivm, 2009.

———. *Omissão legislativa inconstitucional e mandado de injunção na tutela de direitos sociais*. 2007. 140 f. Relatório apresentado na disciplina Direito Constitucional (Doutoramento em Ciências Jurídico-Políticas) – Faculdade de Direito, Universidade de Lisboa.

BÖCKENFÖRDE, Ernst Wolfgang. *Estudios sobre el estado de derecho y la democracia*. Madrid: Trotta, 2000.

BONAVIDES, Paulo. Constitucionalismo luso-brasileiro: influxos recíprocos. *In*: MIRANDA, Jorge. *Perspectivas constitucionais nos 20 anos da constituição de 1976*. v. I. Coimbra: Coimbra Editora, 1996. p. 51-53.

———. *Curso de direito constitucional*. 12.ed. São Paulo: Malheiros, 2002.

———. *Do estado liberal ao estado social*. 7.ed. 2ª tiragem. São Paulo: Malheiros, 2004.

BOROWSKI, Martin. *La estructura de los derechos fundamentales*. Tradução de Carlos Bernal Pulido. Bogotá: Universidad Externado de Colombia, 2003.

BRANCO, Francisco. Serviço social, rendimento mínimo e inserção. *Intervenção Social*, Lisboa, ano VII, n. 15/16, p. 67-82, dez. 1997.

CAMPOAMOR, Alfonso Fernández-Miranda. El estado social. *Revista Española de derecho constitucional*, Madrid, Ano 23, n. 69, p. 139-180, set./dez. 2003.

CAMPOS, Luis; KLETZEL, Gabriela. Progresividad y prohibición de regresividad en materia de accidentes de trabajo y enfermedades profesionales en argentina. *In*: COURTIS, Christian. *Ni un paso atrás*: la prohibición de regresividad en materia de derechos sociales. Buenos Aires: Del Puerto, 2006. p. 173-191.

CANARIS, Claus-Wilhelm. *Direitos fundamentais e direito privado*. Tradução de Ingo Wolfgang Sarlet e Paulo Mota Pinto. Coimbra: Almedina, 2003.

CANOTILHO, José Joaquim Gomes. *Constituição dirigente e vinculação do legislador*: contributo para a compreensão das normas constitucionais programáticas. Coimbra: Coimbra Editora, 2001.

———. *Direito constitucional e teoria da constituição*. 7. ed. Coimbra: Almedina, 2003.

———. Metodologia "fuzzy" e "camaleões normativos" na problemática actual dos direitos económicos, sociais e culturais. *In*: *Estudos sobre direitos fundamentais*. Coimbra: Coimbra Editora, 2004. p. 97-114.

——. O círculo e a linha – da "liberdade dos antigos" à "liberdade dos modernos" na teoria republicana dos direitos fundamentais. *In: Estudos sobre direitos fundamentais*. Coimbra: Coimbra Editora, 2004. p. 7-34.

——. Provedor de justiça e efeito horizontal de direitos, liberdades e garantias. *In: Estudos sobre direitos fundamentais*. Coimbra: Coimbra Editora, 2004. p. 85-96.

——. Tomemos a sério os direitos económicos, sociais e culturais. *In: Estudos sobre direitos fundamentais*. Coimbra: Coimbra Editora, 2004. p. 35-68.

——; MOREIRA, Vital. *Constituição da república portuguesa anotada*. v. 1. 4. ed. rev. Coimbra: Coimbra Editora, 2007.

CASTANHEIRA NEVES, A. A revolução e o direito. *Digesta*: escritos acerca do direito, do pensamento jurídico, da sua metodologia e outros, v. 1. Coimbra: Coimbra Editora, 1995. p. 51-239.

——. *O instituto dos "assentos" e a função jurídica dos Supremos Tribunais*. Coimbra: Coimbra Editora, 1983.

CASTLES, Francis G. *The future of the welfare state*: crisis myths and crisis realities. Oxford: Oxford University Press, 2004.

COMPARATO, Fábio Konder. *A afirmação histórica dos direitos humanos*. 4. ed. rev. e atual. São Paulo: Saraiva, 2006.

CONCÍLIO VATICANO II. A doutrina social da constituição pastoral "gaudium et spes". *Análise Social*, Lisboa, v. 4, n. 14, 2. trimestre 1966. p. 327-346.

CORRÊA, Oscar Dias. Breves observações sobre a influência da constituição portuguesa na constituição brasileira de 1988. *In:* MIRANDA, Jorge (Org.). *Perspectivas constitucionais nos 20 anos da constituição de 1976*. v. I. Coimbra: Coimbra Editora, 1996. p. 71-88.

CORREIA, José Manuel Sérvulo. *Direitos fundamentais*: sumários. Lisboa: Associação Acadêmica da Faculdade de Direito de Lisboa, 2002.

——. Interrelação entre os regimes constitucionais dos direitos, liberdades e garantias e dos direitos económicos, sociais e culturais e o sistema constitucional de autonomia do legislador e de separação de poderes: teses. *In: Estudos em Homenagem ao Prof. Doutor Armando M. Marques Guedes*. Coimbra: Coimbra Editora, 2004. p. 969-970.

——. *Legalidade e autonomia contratual nos contratos administrativos*. Coimbra: Almedina, 1987.

——. *O direito de manifestação*: âmbito de protecção e restrições. Coimbra: Almedina, 2006.

——. *O direito do contencioso administrativo*. v. 1. Lisboa: Lex, 2005.

——. O direito dos interessados à informação: *ubi ius, ibi remedium. In:* ——; MEDEIROS, Rui; AYALA, Bernardo Diniz. *Estudos de direito processual administrativo*. Lisboa: Lex, 2002. p. 313-321.

COSTA, Affonso. *A egreja e a questão social*: analyse critica da encyclica pontifícia *de conditione opificum*, de 15 de Maio de 1891. Fac-símile da edição de 1895. Lisboa: Divisão de Edições da Assembleia da República, 2005.

COURTIS, Christian (org.). *Ni un paso atrás*: la prohibición de regresividad en materia de derechos sociais. Buenos Aires: Del Puerto, 2006.

——. La prohibición de regresividad en materia de derechos sociales: apontes introductorios. *In:* COURTIS, Christian (org.). *Ni un paso atrás*: la prohibición de regresividad en materia de derechos sociales. Buenos Aires: Del Puerto, 2006. p. 3- 52.

DELGADO, Encina. Rendimiento mínimo, cultura de inserción social y desarollo local. *Intervenção Social*, Lisboa, ano VII, n. 15/16, p. 143-166, dez. 1997.

DELPÉRÉE, Francis. O directo à dignidade humana. *In:* BARROS, Sérgio Resende de; ZILVETI, Fernando Aurélio. *Direito constitucional*: estudos em homenagem a Manoel Gonçalves Ferreira Filho. São Paulo: Dialética, 1999. p. 151-162.

DÍAZ REVORIO, Francisco Javier. El control de constitucionalidad de las omisiones legislativas relativas en el derecho comparado europeu. *Revista Española de Derecho Constitucional*, v. 61, p. 81-131, jan./abr. 2001.

DOEHRING, Karl. Estado social, estado de derecho y orden democrático. *In:* ABENDROTH, Wolfgang, FORSTHOFF, Ernst, DOEHRING, Karl. *El estado social*. Madrid: Centro de Estudios Constitucionales, 1986. p. 107-208.

FERNÁNDEZ SEGADO, Francisco. La dignité de la personne en tant que valeur suprême de l'ordre juridique espagnol et en tant que source de tous les droits. *Revue Française de Droit Constitutionnel*, Paris, n. 67, p. 451-482, jul. 2006.

FERRAJOLI, Luigi. El futuro del estado social y la renta mínima garantizada. *In:* PISARELLO, Gerardo; CABO, Antonio de. *La renta básica como nuevo derecho ciudadano.* Madrid: Trotta, 2006. p. 69-75.

FERREIRA FILHO, Manoel Gonçalves. Constitucionalismo português e constitucionalismo brasileiro. *In:* MIRANDA, Jorge (Org.). *Perspectivas constitucionais nos 20 anos da constituição de 1976.* v. I. Coimbra: Coimbra Editora, 1996. p. 55-69.

———. *Direitos humanos fundamentais.* 3. ed. rev. São Paulo: Saraiva, 1999.

FORSTHOFF, Ernst. Concepto y esencia del estado social de derecho. *In:* ABENDROTH, Wolfgang, FORSTHOFF, Ernst, DOEHRING, Karl. *El estado social.* Madrid: Centro de Estudios Constitucionales, 1986. p. 69-106.

———. Problemas constitucionales del estado social. *In:* ABENDROTH, Wolfgang, FORSTHOFF, Ernst, DOEHRING, Karl. *El estado social.* Madrid: Centro de Estudios Constitucionales, 1986. p. 43-67.

FRANCO, Ana María Suárez. Los limites constitucionales a las medidas regresivas de carácter social en alemania: una aproximación al análisis doctrinal. *In:* COURTIS, Christian (org.). *Ni un paso atrás:* la prohibición de regresividad en materia de derechos sociales. Buenos Aires: Del Puerto, 2006. p. 361-386.

FUMAGALLI, Andrea. Doce teses sobre la renta de ciudadanía. *In:* PISARELLO, Gerardo; CABO, Antonio de (org.). *La renta básica como nuevo derecho ciudadano.* Madrid: Trotta, 2006. p. 35-68.

GARCÍA DE ENTERRÍA, Eduardo. *La lingua de los derechos:* a formación del derecho publico europeo trás la revolución francesa. Madrid, 1994.

GAVARA DE CARA, Juan Carlos. *Derechos fundamentales y desarollo legislativo:* la garantía del contenido esencial de los derechos fundamentales en la ley fundamental de Bonn. Madrid: Centro de Estudios Constitucionales, 1994.

GAVIRIA, Mario. Tendencias de la exclusión social en españa y las rentas minimas. *Intervenção Social,* Lisboa, ano VII, n. 15/16, p. 47-65, dez. 1997.

GIMÉNEZ, Teresa Vicente. *La exigibilidad de los derechos sociales.* Valencia: PUV, 2006.

GINER, Salvador. *Historia del pensamento social.* 9. ed. Barcelona: Ariel, 1997.

GONÇALVES, Pedro. *Entidades privadas com poderes públicos:* o exercício de poderes públicos de autoridade por entidades privadas com funções adminsitrativas. Coimbra: Almedina, 2005.

GONZÁLEZ, Horacio. El desarrollo de los derechos a la seguridad social y la prohibición de regresividad en argentina. *In:* COURTIS, Christian (org.). *Ni un paso atrás:* la prohibición de regresividad en materia de derechos sociales. Buenos Aires: Del Puerto, 2006. p. 193-253.

GRAU, Eros Roberto. *A ordem económica na constituição de 1988.* 7. ed. rev. e atual. São Paulo: Malheiros, 2002.

GUEDES, Armando Marques. *O plano beveridge com um estudo do prof. Marques Guedes.* Lisboa: Editorial Século,

HÄBERLE, Peter. *A dignidade humana como fundamento da comunidade estatal. In:* SARLET, Ingo Wolfgang (org.). *Dimensões da dignidade:* ensaios de filosofia do direito e direito constitucional. Porto Alegre: Livraria do Advogado, 2005. p. 89-152.

———. *El estado constitucional.* Buenos Aires: Astrea, 2007.

HESSE, Konrad. *Elementos de direito constitucional da república federal da alemanha.* Trad. Luís Afonso Heck da 20ª ed. alemã. Porto Alegre: Sergio Antonio Fabris, 1998.

———. Significado de los derechos fundamentales. *In:* BENDA, Ernst, MAIHOFER, Werner, VOGEL, Hans-Jochen, HESSE, Konrad, HEYDE, Wolfgang. *Manual de derecho constitucional.* 2. ed. Madrid-Barcelona: Marcial Pons, 2001. p. 83-115.

HILLS, John. *Inequality and the state.* Oxford: Oxford University Press, 2004.

HOBSBAWM, E. J. *A era do capital:* 1848-1875. 2. ed. Lisboa: Editoral Presença, 1988.

HÖFFE, Otfried. *L'état et la justice*: les problèmes éthiques et politiques dans la philosophie anglo-saxonne – john rawls et robert nozick. Paris: Librairie Philosophique J. Vrin, 1988.

HOFFMAN, Daniel. What makes a right fundamental. *The Review of Politics*, 1987, p. 263.

HOLMES, Stephen; SUNSTEIN, Cass R. *The cost of rights*: why liberty depends on taxes. New York: Norton & Co., 1999.

HOVEN, Rudy van den. O rendimento mínimo, o caso holandês. *Intervenção Social*, Lisboa, n. 17/18, p. 227-248, 1998.

INSTITUTO SOCIAL LEÓN XIII. *Comentarios a la mater et magistra*. 2. ed. Madrid: Raycar, 1963.

KANT, Immanuel. *Fundamentação da metafísica dos costumes*. Lisboa: Edições 70, 1997.

KLOEPFER, Michael. Vida e dignidade da pessoa humana. *In*: SARLET, Ingo Wolfgang (org.). *Dimensões da dignidade*: ensaios de filosofia do direito e direito constitucional. Porto Alegre: Livraria do Advogado, 2005. p. 153-184.

KRELL, Andreas J. Controle judicial dos serviços públicos básicos na base dos direitos fundamentais sociais. *In*: SARLET, Ingo Wolfgang (org.). *A constituição concretizada*: construindo pontes com o público e o privado. Porto Alegre: Livraria do Advogado, 2000.

———. *Direitos sociais e controle judicial no Brasil e na Alemanha*. Porto Alegre: Sergio Antonio Fabris Editor, 2002.

———. Realização dos direitos fundamentais sociais mediante controle judicial da prestação dos serviços públicos básicos (uma visão comparativa). *Revista de Informação Legislativa*, Brasília, n. 144, out./dez. 1999. p. 239-260.

LALOIRE, Marcel. Que é o mínimo vital? *Análise Social*, Lisboa, v. 5, n. 19, p. 373-383.

LEÃO XIII. Encíclica "graves de communi". *In*: IGREJA CATÓLICA (Acção social cristã). *A igreja e a questão social*: encíclicas de Leão XIII, Pio X, Pio XI (texto completo) e outros documentos pontifícios. Lisboa: União Gráfica, 1931. p. 67-82.

———. Encíclica "rerum novarum". *In*: IGREJA CATÓLICA (Acção social cristã). *A igreja e a questão social*: encíclicas de Leão XIII, Pio X, Pio XI (texto completo) e outros documentos pontifícios. Lisboa: União Gráfica, 1931. p. 21-66.

LUMIA, Giuseppe. *O existencialismo perante o direito, a sociedade e o estado*. Lisboa: Livraria Morais Editora, 1964.

MACIEL, Adhemar Ferreira. Mandado de injunção e inconstitucionalidade por omissão. *O Direito*, vol. 126, Tomos I e II, p. 83-107, jan./jun. 1994.

MARTÍNEZ, Pedro Soares. *Manual de direito corporativo*. 3. ed. Lisboa: Manuais da Faculdade de Direito de Lisboa, 1971.

MARTINS, José V. de Pina. Estudo introdutório. *In*: MORE, Thomas. *Utopia*. Lisboa: Fundação Calouste Gulbenkian, 2006.

MARTINS, Leonardo (org.). *Cinqüenta anos de jurisprudência do Tribunal Constitucional Federal alemão*. Montevideo: Fundación Konrad-Adenauer, 2005.

MARTINS, Patrícia Fragoso. *Da proclamação à garantia efectiva dos direitos fundamentais*: em busca de um due process of law na união europeia. Estoril: Princípia, 2007.

MARX, Karl; ENGELS, Friedrich. *Manifesto do partido comunista*. Coimbra: Centelha, 1974.

MAURER, Béatrice. *Notas sobre o respeito da dignidade da pessoa humana... ou pequena fuga incompleta em torno de um tema central*. *In*: SARLET, Ingo Wolfgang (org.). *Dimensões da dignidade*: ensaios de filosofia do direito e direito constitucional. Porto Alegre: Livraria do Advogado, 2005. p. 61-87.

MEDEIROS, Rui. *A decisão de inconstitucionalidade*: os autores, o conteúdo e os efeitos da decisão de inconstitucionalidade da lei. Lisboa: Universidade Católica Editora, 1999.

MELLO, Celso Antônio Bandeira de. Eficácia das normas constitucionais sobre justiça social. *Revista de Direito Público*, São Paulo, n. 57-58. p.233-256.

MENDES, Gilmar Ferreira. *Direitos fundamentais e controle e constitucionalidade*: estudos de direito constitucional. 3. ed. rev. ampl. São Paulo: Saraiva, 2006.

MIRANDA, Jorge. Direitos fundamentais e ordem social (na constituição de 1933). *Revista da Faculdade de Direito da Universidade de Lisboa*, Lisboa, v. 46, n. 1, 2005.

O DIREITO AO MÍNIMO PARA UMA EXISTÊNCIA DIGNA

——. *Manual de direito constitucional*. Tomo I. 6. ed. rev. e atual. Coimbra: Coimbra Editora, 1997.

——. *Manual de direito constitucional*. Tomo IV. 3. ed. rev. e atual. Coimbra: Coimbra Editora, 2000.

——. *O constitucionalismo liberal luso-brasileiro*. Lisboa: Comissão Nacional para as Comemorações dos Descobrimentos Portugueses, 2001.

MONDOLFO, Philip. L'impact du rmi sur l'action sociale gereraliste. *Intervenção Social*, Lisboa, ano VII, n. 15/16, p. 83-99, dez. 1997.

MORAIS, Carlos Blanco de. *Direito Constitucional II*: Relatório. Faculdade de Direito da Universidade de Lisboa. Suplemento da Revista da Faculdade de Direito da Universidade de Lisboa, 2001.

MORAIS, José Luís Bolzan de. De sonhos feitos, desfeitos e refeitos vivemos a globalização. *In:* SARLET, Ingo Wolfgang (org.). *Direitos fundamentais sociais:* estudos de direito constitucional, internacional e comparado. Rio de Janeiro – São Paulo: Renovar, 2003. p. 47-76.

MORE, Thomas. *Utopia*. Lisboa: Fundação Calouste Gulbenkian, 2006.

NABAIS, José Casalta. *Por uma liberdade com responsabilidade:* estudo sobre direitos e deveres fundamentais. Coimbra: Coimbra Editora, 2007.

NETTO, José Paulo; BRAZ, Marcelo. *Economia política:* uma introdução crítica. São Paulo: Cortez, 2006.

NETTO, Luísa Cristina Pinto e. *O princípio de proibição de retrocesso social*. 2007. 235 f. Relatório apresentado na disciplina Direito Constitucional (Doutoramento em Ciências Jurídico-Políticas) – Faculdade de Direito, Universidade de Lisboa. Lisboa.

NOVAIS, Jorge Reis. *As restrições aos direitos fundamentais não expressamente autorizadas pela constituição*. Coimbra: Coimbra Editora, 2003.

——. *Contributo para uma teoria do estado de direito*. Coimbra: Almedina, 2006.

——. *Direitos fundamentais:* trunfos contra a maioria. Coimbra: Coimbra Editora, 2006.

——. *Os princípios constitucionais estruturantes da república portuguesa*. Coimbra: Coimbra Editora, 2004.

NOZICK, Robert. *Anarchy, state and utopia*. Oxford: Blackwell, 2003.

OÑA, Fernando Vallespín. *Nuevas teorias del contrato social:* John Rawls, Robert Nozick y James Buchanan. Madrid: Alianza, 1985.

OTERO, Paulo. *A democracia totalitária:* do estado totalitário à sociedade totalitária. A influência do totalitarismo na democracia do século XXI. Estoril: Principia, 2001.

——. *Direito da vida:* relatório sobre o programa, conteúdos e métodos de ensino. Lisboa: Almedina, 2004.

——. *Direitos fundamentais*. Exposição feita em aula de licenciatura em Direito na Faculdade de Direito da Universidade de Lisboa, para o 5º ano, em 17 de abril de 2007.

——. *Dos entes territoriais infra-estaduais no direito constitucional português:* análise do pensamento constituinte. 2 vol. Relatório do seminário de mestrado da disciplina Direito Constitucional. Faculdade de Direito da Universidade de Lisboa, Lisboa, 1987.

——. *Legalidade e administração pública*. Coimbra: Almedina, 2003.

——. *Lições de introdução ao estudo do direito*. v. 1. Tomo I. Lisboa: Pedro Ferreira – Artes Gráficas, 1998.

——. *Lições de introdução ao estudo do direito*. v. 2. Tomo II. Lisboa: Pedro Ferreira – Artes Gráficas, 1999.

——. *O brasil nas cortes constituintes portuguesas de 1821-1822*. *Separata da Revista O Direito*, ano 120, 1988.

——. *O poder de substituição em direito administrativo*. 2 v. Lisboa: Lex, 1995.

——. *Personalidade e identidade pessoa e genética do ser humano:* um perfil constitucional da bioética. Coimbra: Almedina, 1999.

——. Sumários de um curso de direitos fundamentais. *Separata da Revista da Faculdade de Direito da Universidade de Lisboa*. Lisboa: Coimbra Editora, 2000.

——. *Vinculação e liberdade de conformação jurídica do sector empresarial do estado*. Coimbra: Coimbra Editora, 1998.

PAUGAM, Serge. Revenu minimum et politiques d'insertiion. *Intervenção Social*, Lisboa, ano VII, n. 15/16, p. 15-46, dez. 1997.

PAUL, Jeffrey. *Reading nozick*: essays on anarchy, state and utopia. Oxford: Blackwell, 1983.

PAULO VI. "Populorium progressio": carta encíclica sobre o desenvolvimento dos povos. *Análise social*, Lisboa, v. 5, n. 18, 2. trimestre 1967, p. 239-270.

PAUTASSI, Laura; ENRÍQUEZ, Corina Rodríguez. Ingreso ciudadano y equidad de género: ¿modelo para armar? Una aproximación al caso latinoamericano. *In:* PISARELLO, Gerardo; CABO, Antonio de (org.). *La renta básica como nuevo derecho ciudadano*. Madrid: Trotta, 2006. p. 129-153.

PECES-BARBA MARTÍNEZ, Gregorio. *Derechos sociales y positivismo jurídico*: escritos de filosofia jurídica y política. Madrid: Dykinson, 1999.

——. *Lecciones de derechos fundamentales*. Madrid: Dykinson, 2004.

——. Transito a la modernidad y derechos fundamentales. In: PECES-BARBA MARTÍNEZ et al. *Historia de los derechos fundamentales*. Tomo I. Madrid: Dykinson, 1998, p. 13-263.

PÉREZ LUÑO, Antonio Enrique. *Derechos humanos, estado de derecho y constitución*. 9. ed. Madrid: Tecnos, 2005.

PETIT, Javier Mujica; OPIE, Joss. Reformas regresivas de la constituición en peru: um caso de regresividad no autorizado por la convención americana sobre derechos humanos. *In:* COURTIS, Christian. *Ni un paso atrás*: la prohibición de regresividad en materia de derechos sociales. Buenos Aires: Del Puerto, 2006. p. 255-306.

PICO DELLA MIRANDOLA, Giovanni. *Discurso sobre a dignidaue humana*. Lisboa: Edições 70, 1989.

PIO X. Encíclica "motu proprio". *In:* IGREJA CATÓLICA (Acção social cristã). *A igreja e a questão social*: encíclicas de Leão XIII, Pio X, Pio XI (texto completo) e outros documentos pontifícios. Lisboa: União Gráfica, 1931. p. 83-89.

PIO XI. Encíclica "quadragesimo anno". *In:* IGREJA CATÓLICA (Acção social cristã). *A igreja e a questão social*: encíclicas de Leão XIII, Pio X, Pio XI (texto completo) e outros documentos pontifícios. Lisboa: União Gráfica, 1931. p. 105-158.

PIOVESAN, Flávia. Pobreza como violação de direitos humanos. *Revista brasileira de direito constitucional*, n. 4, jul./dez. 2004. p. 113-130.

PISARELLO, Gerardo. Derechos sociales y principio de no regresividad en españa. *In:* COURTIS, Christian (org.). *Ni un paso atrás*: la prohibición de regresividad en materia de derechos sociales. Buenos Aires: Del Puerto, 2006. p. 307-327.

——. *Los derechos sociales y sus garantías*: elementos para una reconstrucción. Madrid: Trotta, 2007.

——; CABO, Antonio de (org.). *La renta básica como nuevo derecho ciudadano*. Madrid: Trotta, 2006.

PIZZOLATO, Filippo. *Il minimo vitale*: profili costituzionali e processi attuativi. Milano: Giuffrè, 2004.

POLAKIEWICZ, Jörg. El proceso historico de la implantación de los derechos fundamentales en alemania. *Revista de Estudios Políticos*, Madrid, n. 81, p. 23-45, jul./set. 1993.

PORRAS RAMÍREZ, José María. Caracterización y garantía de los derechos de prestación en el estado constitucional. *In:* BALAGUER CALLEJÓN, Francisco. *Derecho constitucional y cultura*: estudios en homenaje a peter häberle. Madrid: Tecnos, 2004.

PRIETO SANCHÍS, Luis. Los derechos sociales y el principio de igualdad sustancial. *Revista del Centro de estudios constitucionales*, Madrid, n. 22, set./dez. 1995. p. 9-57.

PROST, Denis. Noveaux défis pour le service social autour du revenue minimum d'insertion. *Intervenção Social*, Lisboa, ano VII, n. 15/16, p. 195-210, dez. 1997.

PULIDO, Carlos Bernal. *El principio de proporcionalidad y los derechos fundamentales*: el principio de proporcionalidad como criterio para determinar el contenido de los derechos fundamentales vinculantes para el legislador. 2. ed. Madrid: Centro de Estudios Políticos y Constitucionales, 2005.

QUARESMA, Maria de Lourdes. Acção social – os desafios do rmg. *Intervenção Social*, Lisboa, ano VII, n. 15/16, p. 101-109, dez. 1997.

RAWLS, John. *Liberalismo político*. Trad. João Sedas Nunes. Lisboa: Editorial Presença, 1997.

———. *Uma teoria da justiça*. Trad. Carlos Pinto Correia. Lisboa: Editorial Presença, 1993.

ROBEYNS, Ingrid. ¿El precio del silencio o una puerta a la emancipación? Un análisis de género de la renta básica. *In:* PISARELLO, Gerardo; CABO, Antonio de (org.). *La renta básica como nuevo derecho ciudadano*. Madrid: Trotta, 2006. p. 77-100.

ROCHA, Cármen Lúcia Antunes. O princípio da dignidade da pessoa humana e a exclusão social. *Interesse Público*, n. 4, 1999. p. 38.

RODRIGUES, Fernanda. Rendimento mínimo garantido: a janela indiscreta. *Intervenção Social*, Lisboa, ano VII, n. 15/16, p. 111-119, dez. 1997.

ROSANVALLON, Pierre. *A crise do estado-providência*. Lisboa: Inquérito, 1984.

ROSSI, Julieta. La obligación de no regresividad en la jurisprudencia del comitê de derechos económicos, sociales y culturales. *In:* COURTIS, Christian (org.). *Ni un paso atrás*: la prohibición de regresividad en materia de derechos sociales. Buenos Aires: Del Puerto, 2006. p. 79-115.

ROTUNDA, Ronald D; NOWAK, John E. *Teatise on constitutional law*: substance and procedure. v. 3. 2. ed. St. Paul: West Publishing, 1992.

SARLET, Ingo Wolfgang (org.). *Jurisdição e direitos fundamentais*. Porto Alegre: Livraria do Advogado, 2006.

———. *A constituição concretizada*: construindo pontes com o público e o privado. Porto Alegre: Livraria do Advogado, 2000.

———. *A eficácia dos direitos fundamentais*. 7. ed. rev., atual. e ampl. Porto Alegre: Livraria do Advogado, 2007.

———. As dimensões da dignidade da pessoa humana: construindo uma compreensão jurídico-constitucional necessária e possível. *In:* SARLET, Ingo Wolfgang (org.). *Dimensões da dignidade*: ensaios de filosofia do direito e direito constitucional. Porto Alegre: Livraria do Advogado, 2005. p. 13-43.

———. *Dignidade da pessoa humana e direitos fundamentais na constituição federal de 1988*. 4. ed. rev. e atual. Porto Alegre: Livraria do Advogado, 2006.

———. *Direitos fundamentais sociais*: estudos de direito constitucional, internacional e comparado. Rio de Janeiro: Renovar, 2003.

———. La prohibición de retroceso en los derechos sociales fundamentales em brasil: algunas notas sobre el desafio de la supervivencia de los derechos sociales en un contexto de crisis. *In:* COURTIS, Christian (org.). *Ni un paso atrás*: la prohibición de regresividad en materia de derechos sociales. Buenos Aires: Del Puerto, 2006. p. 329-359.

———. Os direitos fundamentais sociais na constituição de 1988. *In: O direito público em tempos de crise*. Porto Alegre: Livraria do Advogado, 1999.

SARMENTO, Daniel. *Direitos fundamentais e relações privadas*. Rio de Janeiro: Lumen Júris, 2004.

SEELMAN, Kurt. Pessoa e dignidade da pessoa humana na filosofia de Hegel. Tradução de Rita Dostal Zanini. In: SARLET, Ingo Wolfgang (org.). *Dimensões da dignidade: ensaios de filosofia do direito e direito constitucional*. Porto Alegre: Livraria do Advogado, 2005. p. 45-59.

SEPÚLVEDA, Magdalena. *La interpretación del comitê de derechos económicos, sociales y culturales de la expresión "progresivamente"*. *In:* COURTIS, Christian (org.). *Ni un paso atrás*: la prohibición de regresividad en materia de derechos sociales. Buenos Aires: Del Puerto, 2006. p. 117-150.

SILVA, Jorge Pereira da. *Dever de legislar e protecção jurisdicional contra omissões legislativas*: contributo para uma teoria da inconstitucionalidade por omissão. Lisboa: Universidade Católica Editora, 2003.

SILVA, José Afonso da. A dignidade da pessoa humana como valor supremo da democracia. *Revista de Direito Administrativo*, Rio de Janeiro, v. 212, 1998, p. 125-145.

———. *Aplicabilidade das normas constitucionais*. 2. ed. São Paulo: RT, 1982.

SOUSA, Marcelo Rebelo de. *Direito constitucional*, I: introdução à teoria da constituição. Braga: Livraria Cruz, 1979.

——; ALEXANDRINO, José de Melo. *Constituição da república portuguesa comentada*. Lisboa: Lex, 2000.

——; MATOS, André Salgado de. *Direito administrativo geral:* introdução e princípios fundamentais. Tomo I. 2. ed. Lisboa: Dom Quixote, 2006.

STRECK, Lenio Luiz. A baixa constitucionalidade e a inefetividade dos direitos fundamentais sociais em *terrae brasilis*. Revista Brasileira de Direito Constitucional, n. 4, jul./dez. 2004. p. 272-308.

——. *Jurisdição constitucional e hermenêutica:* uma nova crítica do direito. Porto Alegre: Livraria do Advogado, 2002.

SUPLICY, Eduardo Matarazzo. Legitimizing básica income in developing countries: brazil, or "the answer is blowin' in the wind". *Journal of Post Keynesian Economics*, New York, v. 25, n. 3, p. 407-424, 2003.

TAMER, Sergio Victor. *Atos políticos e direitos sociais nas democracias:* um estudo sobre o controle dos atos políticos e a garantia judicial dos direitos sociais. Porto Alegre: Sergio Antonio Fabris Editor, 2005.

TORRES, Ricardo Lobo (org.). *Legitimação dos direitos humanos*. Rio de Janeiro: Renovar, 2002.

——. A cidadania multidimensional na era dos direitos. In: TORRES, Ricardo Lobo (org.). *Teoria dos direitos fundamentais*. Rio de Janeiro: Renovar, 1999.

——. A metamorfose dos direitos sociais em mínimo existencial. *In:* SARLET, Ingo Wolfgang (Org.). *Direitos fundamentais sociais:* estudos de direito constitucional, internacional e comparado. Rio de Janeiro-São Paulo: Renovar, 2003.

——. O mandado de injunção e a legalidade financeira. *Revista de Direito Administrativo*, Rio de Janeiro, n. 187, p. 94-110, jan./mar. 1992.

——. O mínimo existencial e os direitos fundamentais. *Revista de Direito Administrativo*, Rio de Janeiro, v. 177, 1989. p. 24-49.

TRIBE, Laurence H. *American constitutional law*. 2. ed. New York: The Foundation Press, 1988.

VAZ, Manuel Afonso. *Lei e reserva da lei:* a causa da lei na constituição portuguesa de 1976. Porto: Universidade Católica, 1996.

VERA, Oscar Parra. El contenido esencial del derecho a la salud y la prohibición de regresividad. *In:* COURTIS, Christian (org.). *Ni un paso atrás:* la prohibición de regresividad en materia de derechos sociales. Buenos Aires: Del Puerto, 2006. p. 53-78.

VILLAVERDE MENÉNDEZ, Ignácio. La inconstitucionalidad por omisión de los silencios legislativos. *Anuario de Derecho Constitucional y Parlamentario*, vol. 8, p. 117 e ss, 1996.

VILLELA, Patrícia Couto. *O núcleo essencial do direito fundamental social*. 2005. 433 f. Tese (Mestrado em Ciências Jurídico-Políticas) – Faculdade de Direito, Universidade de Lisboa. Lisboa.

WEBER, Albrecht. Estado social, direitos funndamentais sociais e segurança social na república federal da alemanha. *In:* BARROS, Sérgio Resende de; ZILVETI, Fernando Aurélio (org.). *Direito constitucional:* estudos em homenagem a Manoel Gonçalves Ferreira Filho. São Paulo: Dialética, 1999. p. 13-21.

WEBER, Albrecht. L'etat social et les droits sociaux en RFA. *Revue Française de Droit Constitutionnel*, Paris, n. 24, p. 677-693, 1995.

Impressão:

Evangraf

Rua Waldomiro Schapke, 77 - P. Alegre, RS
Fone: (51) 3336.2466 - Fax: (51) 3336.0422
E-mail: evangraf.adm@terra.com.br